Curso de Filosofía del Derecho

Tomo II

EDICIONES UNIVERSIDAD CATÓLICA DE CHILE
Vicerrectoría de Comunicaciones
Av. Libertador Bernardo O'Higgins 390, Santiago, Chile

editorialedicionesuc@uc.cl
www.ediciones.uc.cl

Curso de Filosofía del Derecho
Tomo II

José Joaquín Ugarte Godoy

Octubre 2019
ISBN N° 978-956-14-2685-6

Diseño:
Francisca Galilea

Impresor:
Imprenta Salesianos S.A.

CIP-Pontificia Universidad Católica de Chile

Ugarte Godoy, José Joaquín, 1945-, autor.
Curso de filosofía del derecho / José Joaquín Ugarte Godoy ; Facultad de Derecho.
Incluye notas bibliográficas.

1. Filosofía del derecho.
2. Metafísica.
3. Derecho natural.
4. Abogados – Ética profesional.
I. t.
II. Pontificia Universidad Católica de Chile. Facultad de Derecho

2010 340.1+22 RDA

FACULTAD DE DERECHO

Curso de Filosofía del Derecho

Tomo II

José Joaquín Ugarte Godoy

EDICIONES UC

CONTENIDO

Capítulo Décimo Cuarto

La Sociedad Civil (I)

NOCIÓN - RÉGIMEN POR EL DERECHO NATURAL - CAUSA FINAL - CAUSA EFICIENTE

A) *Noción de la sociedad civil o Estado*

a) *La sociabilidad*

1118.- Los seres humanos son todos complementarios entre sí porque todos ellos realizan la misma naturaleza esencial, pero limitadamente y cada cual con modalidades diferentes, en una versión distinta de la especie humana. Cada individuo es esencialmente limitado, y la perfección de la especie tiende a darse en el conjunto de ellos. La complementación es cuantitativa, porque entre muchos pueden hacer más que uno solo, y cualitativa, porque unos pueden realizar cosas para las que otros carecen de habilidad, o pueden hacer una cosa mejor que otros.

Así los hombres están todos ordenados no a su propio bien, sino que también, accidentalmente, al de los demás.

Esta ordenación de cada ser humano a los restantes se llama *sociabilidad* y se funda, en definitiva, en la estructura hilemórfica: la forma substancial otorga a los individuos las perfecciones de la especie, las que son limitadas en cada uno por la materia prima y las disposiciones con que ella recibe la forma.[1]

---

[1] La forma universal presente en cada individuo pudo realizarse también en los otros, según la individualidad de cada uno de ellos, y dice por consiguiente relación a ellos como de potencia a acto, siendo por tanto una relación trascendental. Esa relación trascendental es la sociabilidad, dice Manser (Gallus María Manser, O.P., La Esencia del Tomismo, Consejo Superior de Investigaciones Científicas, Instituto Luis Vives de Filosofía, 2ª ed., Madrid, 1953, pág. 789).

1119.- Dante[2] funda la sociabilidad en el hecho de que el intelecto posible no puede ser actualizado completamente por una sola persona, requiriéndose para esta actualización, que viene a ser la adquisición de la ciencia por la especulación, del concurso de todo el género humano. Es decir, el conocimiento intelectual, que es lo distintivo del hombre, lo específicamente humano, no puede llevarse a plenitud sino por la cooperación de todos:

> "Existe, pues —dice el poeta y filósofo—, una operación propia de la comunidad humana, a la cual la totalidad tan numerosa de los hombres está ordenada. Operación que ni un hombre solo, ni una sola casa, ni una sola aldea, ni una sola ciudad, ni un solo reino particular puede realizar. Para determinar la entidad de esta operación es requisito

---

2 Dante Alighieri, célebre poeta y pensador de finales de la Edad Media, considerado como uno de los precursores del Renacimiento, nació en Florencia en 1265, siendo hijo de una de las familias más ilustres de esa república. En Bolonia estudió Retórica y Leyes, y entre 1285 y 1290, al parecer, frecuentó el convento dominico de Santa María Novella, en Florencia, donde fue discípulo de Fray Remigio de Girolami, que lo había sido, a su vez, de Santo Tomás de Aquino. Fue Dante desde su primera juventud un eximio poeta, y se dio a la lectura de los poetas clásicos latinos, a los que profesó verdadera veneración. Actuó en política contingente perteneciendo primero al partido de los güelfos —partidarios del Papa en su confrontación con el Sacro Imperio Romano Germánico— y después al de los gibelinos —partidarios del Emperador—. Era Florencia entonces una república democrática en que los mismos nobles, para ejercer derechos políticos, debían inscribirse en alguno de los gremios o corporaciones. Dante lo hizo en el de los médicos y naturalistas.- Contrajo matrimonio en 1292 con Gemma Donatis, en quien tuvo seis hijos y una hija, y perteneció, por otra parte, a la rama laical de la Orden Franciscana.- En numerosas ocasiones desempeñó misiones diplomáticas cerca de príncipes o gobiernos extranjeros.- Llegó a ser prior —miembro del colegio que detentaba el poder ejecutivo en Florencia— y, luego, a raíz de las discordias entre güelfos y gibelinos, durante una embajada suya ante el Papa Bonifacio VIII, fue condenado a destierro por su propio partido, y sus bienes confiscados. Durante su destierro se hizo gibelino y fue recibido en diversas ciudades y al final en Ravena, donde gobernaba Guido Novello de Polenta, y donde murió el 14-IX-1321.- Entre sus obras literarias, sobresale la Comedia a la que el público llamó "Divina", siendo conocida como la "Divina Comedia", libro en que describe imaginariamente el poeta su viaje al infierno, al purgatorio y al Paraíso, guiado por el poeta latino Virgilio —a quien reconoce como maestro—, hasta antes de entrar al Paraíso; viaje en que ve a las almas de los condenados por diversos pecados, describiendo sus penas. Aparecen allí personajes de su tiempo y de la Antigüedad. En el purgatorio describe el estado de las almas santas que se purifican con diversos dolores antes de ir al Paraíso, y por último conoce este, guiado por Beatriz, joven de quien se enamoró siendo aún niño y que aquí simboliza la Teología. Esta obra ha sido calificada como la mayor obra del mayor poeta de toda la Cristiandad. Otras obras literarias suyas son la *Vida Nueva, De vulgari elloquio*, etc.- Obra filosófico jurídica fue el tratado *Monarchia*, en que Dante preconiza un gobierno mundial a cargo del Emperador, fundado en la existencia de una natural sociedad del género humano. De esa obra son los textos que hemos transcrito.

> previo necesario descubrir en qué consiste la perfección suprema de la humanidad entera".
> "... es evidente que la perfección suprema de la humanidad es la facultad o virtud intelectual. Y como esta potencia no puede ser actualizada total e instantáneamente por un hombre ni por ninguna de las comunidades más arriba señaladas, es necesario que haya en el género humano una multitud por cuyo medio toda esa potencia sea actuada, así como es necesaria también la multitud de las cosas que se generan para que toda la potencia de la materia prima esté siempre realizada; de otro modo tendríamos una potencia separada, lo cual es imposible. Y con esta sentencia concuerda Averroes en su comentario sobre los libros "Del Alma". La potencia intelectual a la cual me refiero, no solo tiende a las formas universales o especies, sino también, por cierta extensión, a las particulares; por eso suele decirse que el entendimiento especulativo, por extensión, se hace entendimiento práctico, cuyo fin es actuar y hacer. Lo cual se refiere a las cosas agibles, reguladas por la prudencia política, y a las cosas factibles, regidas por el arte, todas las cuales se ponen al servicio de la especulación, bien supremo para el cual la Primera Bondad ha creado la totalidad del género humano...".
> "Queda suficientemente declarado que la labor propia del género humano, considerado en su totalidad, es actuar siempre la potencia del entendimiento posible; en primer lugar, para especular, y en segundo lugar y por extensión, para obrar en orden a la especulación".[3]

Aristóteles ve manifestada particularmente la sociabilidad en el lenguaje, que es propio del hombre y que no tienen los demás animales:

> "La razón por la cual el hombre es un ser social, más que cualquier abeja y que cualquier animal gregario, es evidente: la naturaleza, como decimos, no hace nada en vano, y el hombre es el único animal que tiene palabra. Pues la voz es signo del dolor y del placer, y por eso la poseen también los demás animales, porque su naturaleza llega hasta tener sensación de dolor y de placer, e indicársela unos a otros. Pero la palabra es para manifestar lo conveniente y lo perjudicial, así como

---

[3] Dante, *Monarchia*, Lib. III (IV), Obras Completas, Biblioteca de Autores Cristianos, Madrid, 1965, pág. 700.

lo justo y lo injusto. Y esto es lo propio del hombre frente a los demás animales: poseer, él solo, el sentido del bien y del mal, de lo justo y de lo injusto, y de los demás valores y la participación comunitaria de estas cosas constituye la casa y la ciudad".[4]

Santo Tomás de Aquino dice que el hombre es animal social y político más que todos los otros animales, porque "a ellos la naturaleza les preparó el mantenimiento, el vestido de sus pelos, la defensa de los dientes, cuernos y uñas, o a lo menos la velocidad para huir, y el hombre, empero, no recibió de la naturaleza ninguna de estas cosas, mas en su lugar fuele dada la razón, para que mediante ella, con el trabajo de sus manos, lo pudiese buscar todo; a lo cual un hombre solo no basta..."; porque a los demás animales les dio la naturaleza instinto para saber lo que les es nocivo —y así la oveja huye del lobo—, y lo que les es útil —y así hay animales que conocen hierbas medicinales—, mas el hombre, para conocer lo necesario para la vida, tiene la razón que le da un conocimiento general, sin que sea posible que un hombre solo alcance por su razón todas las cosas, por lo cual unos deben ocuparse en inventar unas y otros, otras. Por último, alega Santo Tomás el hecho de que el hombre tiene lenguaje, con el que puede explicar sus conceptos totalmente.[5]

A estas razones agrega Zigliara la del amor natural del hombre por sus semejantes, que lleva a que "los hombres junto con encontrarse contraigan relaciones, las necesarias de deberes y derechos en las que consiste la sociabilidad", de modo que es imposible, ya física, ya moralmente, que un hombre que viva en la tierra no se halle en la necesidad natural de convivir con otros hombres.[6]

b) *Sociedades naturales o necesarias a que da lugar la sociabilidad; el Estado o Sociedad Civil*

1120.- La sociabilidad o tendencia asociativa se manifiesta en dos sociedades que la misma naturaleza instituye, y que por eso se llaman *necesarias* o *naturales*, que son la familia y la sociedad civil o Estado, y se manifiesta

---

4 Aristóteles, Política, 1253 a, traducción de Manuela García Valdés, Gredos, Madrid 1988.

5 Santo Tomás de Aquino, Del Gobierno de los Príncipes, traducción de Don Alonso de Ordóñez das Seijas y Tobar, compuesta en 1624 y revisada por el Padre Ismael Quiles S.J., Editorial Losada, Buenos Aires, 1964, L I, c. I, págs. 17-18. La crítica actual estima que solo son de Santo Tomás el libro primero y la primera parte del libro segundo. El resto sería de Tolomeo de Luca, discípulo de Santo Tomás, o de otro autor de la misma época (Introducción del Padre Ismael Quiles en la edición citada, pág. 8).

6 Zigliara, *Summa Philosophica cit.*, t. 3, pág. 226.

también en múltiples sociedades voluntarias, que los hombres crean según sus necesidades, y que pueden o no formar o integrar, como un club deportivo o filatélico, o una sociedad científica o literaria. Sociedad natural es ante todo la familia, la sociedad primera y más necesaria porque sirve a la reproducción del género humano, a la amistad y mutua ayuda del hombre con la mujer en todas las cosas de la vida, y a la amistad paterno filial, y crianza y educación y asistencia de los hijos. La familia es una sociedad natural o necesaria.

Pero no basta la familia —ni esa cierta prolongación de la familia que es la aldea, vecindario o comuna— para la satisfacción de todas las necesidades humanas que el hombre no puede remediar por sí solo o con la cooperación voluntaria, ocasional o estable, de algunas otras personas. La sociabilidad requiere, para su cabal realización, de una sociedad cuyo objeto sea, en general, procurar a los hombres aquella suficiencia de medios para la vida en orden al fin último, que no es dable obtener a los individuos por sí solos, o en asociaciones parciales voluntarias o mediante la familia, la cual no puede dar a sus miembros todo lo que necesiten para una vida buena ni puede brindarles la conveniente protección. Tal es la llamada sociedad civil: la ciudad —*civitas* o *polis*— del mundo clásico antiguo y el Estado de tiempos posteriores. Ahora podemos hablar indistintamente de la sociedad civil o del Estado, que los constitucionalistas suelen definir como "la nación políticamente organizada dentro de un territorio determinado".

La sociedad civil es una sociedad necesaria o natural, por cuanto poniendo la naturaleza a todo hombre en la necesidad ineludible y en el deber de unirse a otros para el logro del pleno desenvolvimiento y bien suyo y de los demás en este mundo, nadie puede dejar de pertenecer a una sociedad civil o Estado. "Toda ciudad es por naturaleza —expresa Aristóteles—... De todo esto es evidente que la ciudad es una de las cosas naturales, y que el hombre es por naturaleza un animal social".[7]

1121.- Que el Estado sea sociedad natural significa que, de alguna manera, ha existido desde que existe el género humano, aunque sea con otras dimensiones u otra organización que las que después llegó a tener, como Estado propiamente tal o sociedad autosuficiente, en la polis, en el reino o en la forma moderna del Estado. La familia de Adán y Eva —pensamos— coincidió, pues, con el primer Estado, en cuanto en ella tenían que existir, de algún

---

[7] Aristóteles, *Política*, 1252 b-1253 a (versión de Gredos citada).

modo, potestades gubernativas que exceden de la naturaleza de la sociedad doméstica, como la de juzgar e imponer penas, por ejemplo. "El Estado —dice Messner— es una parte de la naturaleza del hombre, y el orden estatal una exigencia de su ley natural".[8]

De lo dicho hasta aquí, se desprende que cabe hablar de "Estado" en dos sentidos: el de una sociedad que tiene la autoridad suficiente para imponer y mantener el orden en la vida de relación de sus miembros, y es autobastante o perfecta sociedad en cuanto a esto, y el de una sociedad en que efectivamente se da la suficiencia en cuanto a los intercambios y al auxilio recíproco en orden a la vida plenamente humana.

La familia, antes de pertenecer a un Estado, dice Pufendorf, se parece mucho a él.[9] Volveremos sobre este punto al tratar del llamado "estado natural" o "de naturaleza".

1122.- Que el Estado o sociedad civil sea sociedad natural, trae por consecuencia que su régimen está dado en lo fundamental por el derecho natural, que le señala su fin y le otorga las atribuciones necesarias para lograrlo, y pone, por otra parte, a su autoridad las limitaciones que derivan de su objetivo, de los derechos naturales de los individuos y familias que lo componen, y de la ley natural en general.

Liberatore define así la sociedad civil: "Unión perfecta de los hombres asociados para gozar del derecho y del bien común".[10]

c) *La sociedad civil es sociedad perfecta*

1123.- La sociedad civil es, además de necesaria o natural, una sociedad perfecta —lo que no ocurre con la familia—, porque realiza plenamente la sociabilidad, en el sentido de que tiene la finalidad y los medios —sin perjuicio de las limitaciones derivadas de la imperfección de las cosas humanas— de hacer posible que sus miembros tengan con suficiencia todo lo necesario para la vida, y posee, por ser tal su objeto, las potestades jurídicas que se requieren para conseguirlo, consistentes, en lo esencial, en la autoridad para dirigir el actuar mancomunado de sus miembros, con el auxilio de la coacción si llega a

---

[8] Messner, "Ética Social, Política y Económica..." *cit.*, págs. 815-816.

[9] *De iure naturae et gentium*, L. VI, c.II, n° X.

[10] "*Coetus perfectus hominun, iuris fruendi et communis boni gratia societas*" (*op. cit.*, n° 149, pág. 247).

ser indispensable, y en un dominio patrimonial público, con facultad de auto alimentar su patrimonio imponiendo tributos a sus asociados.[11]

Aristóteles explica así en la Política, el despliegue de la sociabilidad:

> "Si uno observa desde su origen la evolución de las cosas, también en esta cuestión como en las demás, podrá obtener la visión más perfecta. En primer lugar, es necesario que se emparejen los que no pueden existir uno sin el otro como la hembra y el macho con vista a la generación (y esto no en virtud de una decisión, sino como en los demás animales y plantas; es natural la tendencia a dejar tras sí otro ser semejante a uno mismo)... Por tanto, la comunidad constituida naturalmente para la vida de cada día es la casa... Y la primera comunidad formada de varias casas a causa de las necesidades no cotidianas es la aldea...".
>
> "La comunidad perfecta de varias aldeas es la ciudad, que tiene ya, por así decirlo, el nivel más alto de autosuficiencia, que nació a causa de las necesidades de la vida, pero subsiste para vivir bien. De aquí que toda ciudad es por naturaleza, si también lo son las comunidades primeras".[12]

---

11 El filósofo norteamericano Austin Fagothey explica muy bien lo que significa que el Estado sea una sociedad perfecta: "El término sociedad perfecta —dice— significa una que es autosuficiente, independiente, autónoma, soberana. Como sociedad, sea que funcione bien o mal, no es tributaria o dependiente de otra para la obtención de su fin... La autosuficiencia no significa aquí autarquía o aislamiento económico. El Estado no necesita cultivar todo su propio alimento, o producir todas sus manufacturas, si puede obtenerlos mediante el comercio con otros países. Ni necesita tener un ejército que pueda aventajar a cualquier otro ejército del mundo, si puede asegurarse su defensa con tratados y alianzas. Debe ser independiente en el sentido de que no reciba instrucciones de otras naciones en sus asuntos internos, y de que negocie con otras naciones de igual a igual en los asuntos exteriores. Un Estado tal se autogobierna, es una ley para sí mismo, es autónomo. Considerada como una cualidad de la voluntad de un pueblo y de sus gobernantes, esta autonomía se llama soberanía, el poder independiente de autogobierno por el cual el Estado controla a sus ciudadanos y su territorio de manera tal que no quepa apelar a una autoridad superior en el orden político. La soberanía en el Estado corresponde, análogamente, a la personalidad en el individuo. Es porque la familia no es autosuficiente, porque es incapaz de protegerse a sí misma y de proporcionar a sus miembros todo lo que ellos necesitan para la vida buena, que existe el Estado" (Fr. Austin Fagothey S.J., *Rigth and Reason* (Derecho y Razón), Tan Books and Publishers, Inc., 2ª ed., St. Louis, 2000, págs. 388-389).

12 Aristóteles, Política, 1252 a-b, versión citada.

Más adelante, en la misma obra, indica Aristóteles qué debe tener el Estado para ser autosuficiente, resumiendo ideas que acaba de exponer, con estas palabras:

> "... porque un Estado no es una multitud de gente cualquiera reunida al azar, sino una agrupación autosuficiente para las necesidades de la vida, según decimos, y si alguno de estos recursos es deficiente, es imposible que la agrupación sea absolutamente autosuficiente. Es, por consiguiente, necesario que el Estado esté organizado siguiendo las directrices de estas funciones; en consecuencia, debe tener un número de agricultores que proveerán al alimento, y de artífices, y una clase militar, y los ricos, sacerdotes y jueces, para la decisión de las cuestiones de necesidad y los intereses".[13]

Santo Tomás, en su comentario a la Política de Aristóteles, glosando el texto recién transcrito en que este define la ciudad como sociedad perfecta, dice:

> "La ciudad es la comunidad perfecta... será pues perfecta comunidad aquella que se ordena a que el hombre tenga con suficiencia todo aquello que es necesario para la vida. Tal comunidad es efectivamente una ciudad. Pertenece al concepto de ciudad, pues, el que en ella se halle todo lo que basta para la vida humana".[14]

Vitoria y Grocio tuvieron también el concepto del Estado como de una sociedad perfecta.[15, 16]

Vitoria, en todo caso, refiere el carácter de sociedad perfecta del Estado a los medios jurídicos, de una manera explícita. Dice, en efecto, en su segunda relección *Sobre los Indios*: "... República se llama una comunidad perfecta... aquella que es para sí misma todo, o sea, que no es parte de otra república, sino que tiene leyes propias, consejo propio, magistrados propios, como son los reinos de Castilla y Aragón, el principado de Venecia y otros semejantes" (nº 7).

---

13 Aristóteles, Política, 1328 b, versión de Aguilar, Obras de Aristóteles, Aguilar, Madrid, 1967, 2ª ed.

14 Santo Tomás de Aquino, Comentarios a la Política de Aristóteles: *In I Polit, lect.* nº 31.

15 Francisco de Vitoria, Comentarios a la Segunda Sección de la Segunda Parte de la Suma Teológica de Santo Tomás de Aquino, sobre la cuestión 40, a.1; *De indis*, Relección II, nº 7.

16 Grocio, *De iure belli*, lib. I, c. I, § 14, nº 2.

d) *Las causas de la sociedad civil*

1124.- Desde un punto de vista ontológico, podemos decir que la sociedad civil —como toda sociedad— es un ente de relación: subsiste como entidad accidental en los individuos que la componen, que son las substancias en que inhiere, y consiste en las relaciones de todos los individuos entre sí, y entre cada cual y el todo, en orden al bien común: el conjunto de condiciones que posibiliten la vida buena y virtuosa de todos y cada uno de sus miembros.[17]

Cuando estudiamos la estructura de substancia y accidentes, dijimos que la substancia es causa material, eficiente, final y ejemplar de los accidentes, los que son para ella una cierta forma o actualidad secundaria (*supra*, nº 323).

La sociedad civil, pues, como ente accidental que es, tiene por causa material a los individuos, pues en ellos subsiste y a ellos otorga una cierta determinación o actualidad; tiene como causa eficiente a los individuos, personas humanas, pues es la naturaleza de estos la que impulsa a formarla, haciéndola necesaria; tiene como causa final a los individuos o personas que la componen, para los cuales persigue y logra el bien común, pues existe para el bien de ellos; y tiene como causa ejemplar a la persona humana, a semejanza de la cual es, con la cual guarda analogía —como el accidente con la substancia—, siendo el analogado menor.[18, 19]

---

17 Santo Tomás, comentando la Política de Aristóteles, nos dice: "*Civitas habet solam unitatem ordinis... et ideo pars eius potest habere operatinem quae non est operatio totius*": "La ciudad tiene solo unidad de orden... y por tanto una parte suya puede tener una operación que no sea operación del todo" (Comentarios a la Política de Aristóteles, Lib. 1, lect., 1).

18 A este respecto, decía el filósofo, y político y orador español Don Juan Vásquez de Mella: "La persona humana es el arquetipo de todas las personas colectivas; a semejanza del hombre se constituyen las sociedades; y estas relaciones que se encuentran como esenciales en el hombre [de ser causado por Dios y ordenado a Él como a su fin, igual a sus semejantes y superior al resto de los seres del mundo visible, relaciones que constituyen la ley natural], tienen que encontrarse también de alguna manera en las sociedades, porque dejarían de ser humanas si no se conformasen con la naturaleza del hombre y no la reflejasen. Las leyes psicológicas de la naturaleza humana son el fundamento subjetivo de las leyes sociales" (Juan Vásquez de Mella, Obras Completas, t. X, pág. 167, citado por Osvaldo Lira en su obra Nostalgia de Vásquez de Mella, Editorial Difusión Chilena, Santiago, 1942, pág. 24).

19 Juan Vásquez de Mella nació en Cangas de Onís (Asturias) en 1861 y falleció en Madrid en 1928. Estudió Derecho en la Universidad de Santiago de Compostela, pero no ejerció la profesión de abogado —por amor a la justicia, dijo él—, para dedicarse a la política según el espíritu de la tradición católica. Vertió su pensamiento en incontables discursos que le dieron la fama de ser uno de los mayores oradores de su tiempo, y le valieron ser llamado "el Verbo de la tradición". Escribió también el ensayo "Filosofía de la Eucaristía". Fue diputado a Cortes, y afiliado primero al Partido Carlista, fundó después la agrupación tradicionalista.

La causa material de la sociedad civil, precisando más, son los individuos y también las familias y las asociaciones territoriales y gremiales y demás cuerpos o entidades o consorcios intermedios entre el hombre y el Estado, elementos que constituyen el pueblo, el cual es un todo orgánico.

La causa formal de la sociedad civil es el orden de todos sus integrantes entre sí y respecto del conjunto para poder tener con suficiencia todo lo necesario a la vida humana, o sea, es el propio bien común, que es causa final como preconocido para actuar en orden a su conseguimiento, y causa formal como efecto ya conseguido —aunque siempre haciéndose y conservándose—: una comunidad en la verdad y el bien en general y particularizada también por la individualidad de cada sociedad y por su misión histórica; y una comunidad en los medios espirituales y materiales para el logro de la vida buena en cada sociedad concreta.

Algunos escolásticos piensan que la causa formal de la sociedad civil es la autoridad, porque la multitud humana sin autoridad que la rigiese, solo podría considerarse como una masa informe.[20] Otros autores, como Gredt, piensan que la autoridad es una propiedad connatural de la sociedad, que deriva de ella misma al modo como del alma surgen las varias potencias.[21]

La nación, que políticamente es la sociedad civil, y por tanto esta, es un todo sucesivo, que se despliega en el tiempo, en cuya forma o alma nacional va quedando la huella o el aporte perenne de las generaciones pasadas, y que está abierta a los aportes futuros de la generación actual y de las venideras. El aporte vivo de las generaciones pasadas es la tradición, que no puede dejarse de lado sin menoscabo de la identidad nacional y del bien común. La generación actual no puede estimarse, por así decirlo, dueña ella de la nación: debe considerar la tradición, que en acertada y hermosísima expresión de Vásquez de Mella es *el sufragio universal de los siglos*.[22]

Profundo conocedor de la Sagrada Escritura y de los grandes teólogos y filósofos escolásticos, elaboró una doctrina política cristiana completa y coherente, a la luz de la filosofía perenne, de la historia y de su propia experiencia política.

20 Eustaquio Galán y Gutiérrez, *Ius Naturae*, Sucesores de Rivadeneyra, Madrid, 1961, t. II, págs. 371 y ss, y los autores que cita. Ver también Zigliara, Summa Philosophica *cit.*, t. III, pág. 219.

21 Galán y Gutiérrez, *op.* y t. *cit.*, pág. 372.

22 "Todos los elementos que se han ido considerando hasta ahora [de la nación] llevan consigo una característica común: la de representar y constituir a la nación en un momento determinado de su historia. La tradición y su manifestación externa, el elemento histórico, la van desplegando a lo largo del tiempo, porque como dice con visión aguda y expresión

B) *La causa final de la sociedad civil: el bien común*

a) *El fin de la sociedad civil es el bien temporal en general*

1125.- En cuanto al fin de la sociedad civil, hace notar Fernández Concha que no es algún bien particular, sino el bien temporal —el que se alcanza en este mundo— en general:

> "No hay razón —dice— para limitar al conseguimiento de tal o cual bien particular el fin de la sociedad civil; porque, como es fácil comprenderlo, la naturaleza al dictar la reunión en un cuerpo moral de muchos individuos y de muchas familias, y los individuos y las familias al seguir esos dictados naturales, tienen en vista la necesidad y ventaja de la asociación para la perfección y desenvolvimiento del bien humano en todo el campo de este. En verdad, desde que el concurso y el enlace de las fuerzas particulares son convenientes en toda la esfera de la actividad humana, y necesarios para alcanzar con perfección cualquier bien a que ella mire, no hay razón para circunscribir a los límites de objetos particulares el fin con que los individuos y las familias, movidos por la naturaleza, se reúnen y constituyen en sociedad".
>
> "Solamente es necesario hacer del bien humano aquella distinción general en que se funda la división de la sociedad en civil y religiosa. Por razón de tener el hombre, continua a la vida en este mundo, otra eterna, en que se consuma su fin, existen para él dos bienes, uno temporal y otro espiritual. Constituyen el primero aquellas cosas que miran directamente a la felicidad humana en la presente vida; y el segundo, aquellas que directamente nos disponen para la felicidad de la vida eterna. Aquella forma el fin del Estado o sociedad civil; este, el fin de la Iglesia o sociedad religiosa".[23]

Messner dice, por su parte:

---

certera Vásquez de Mella, la nación más que un todo simultáneo es un todo sucesivo y la tradición vendrá a ser algo como su cuarta dimensión, sufragio universal de los siglos al decir de nuestro pensador". (Osvaldo Lira, Nostalgia de Vásquez de Mella, *cit.*, pág. 79).

23 Fernández Concha, Filosofía del Derecho *cit.*, t. II, n° 897, págs. 167-168.

> "Este fin [el del Estado] consiste en la satisfacción amplia y completa de las funciones sociales fundamentales exigidas por la integración de la naturaleza humana, la defensa de la propia comunidad, así como el mantenimiento de su orden jurídico y de su bienestar general. La doctrina del Derecho natural ha designado por eso al Estado como "sociedad perfecta". Este concepto expresa un rasgo esencial del Estado: es y habrá de ser siempre función del Estado la creación de las condiciones para el pleno desarrollo de la naturaleza humana, fundando, favoreciendo y regulando la cooperación social en todos los aspectos".[24]

b) *El bien que busca la sociedad civil ha de estar ordenado al fin último objetivo del hombre de conformidad con la ley natural, y ha de tener por tanto un contenido moral*

a') *El bien común que busca la sociedad civil ha de referirse al fin último del hombre: a su bien moral*

1126.- La vida a la cual ha de procurar suficiencia de medios la sociedad, es la vida del hombre considerado en todos sus aspectos, como ser corpóreo espiritual ordenado como a fin último, a la contemplación y amor de Dios, que alcanza con el cumplimiento de la ley natural. Aristóteles se encarga de decirlo con toda claridad:

> "... es evidente —expresa— que para la ciudad que verdaderamente sea considerada tal, y no solo de nombre, debe ser objeto de preocupación la virtud, pues si no la comunidad se reduce a una alianza militar que solo se diferencia especialmente de aquellas alianzas cuyos

---

[24] Messner, Ética Social Política y Económica... *cit.*, pág. 12. Aclara Messner que en la antigüedad y en la Edad Media se acentuaba mucho el carácter económico de la autosuficiencia, que es la característica principal de la sociedad perfecta, por las necesidades de defensa del Estado-ciudad, pero que en verdad la autosuficiencia es "la expresión" de la responsabilidad del Estado, derivada de su misma finalidad, con respecto a la satisfacción de las funciones sociales fundamentales, mediante la creación de las condiciones necesarias para una 'buena vida'..." (*loc. cit.*). Añade que en la actualidad cada Estado depende mucho de la cooperación internacional para el cumplimiento de esta función, pero que la responsabilidad de llevarla a cabo sigue siendo de cada Estado, en primer lugar, porque las exigencias del bien común de cada pueblo son distintas, como asimismo la cultura, la forma de vida, el derecho, etc. (págs. 812-813).

aliados son lejanos, y la ley resulta un convenio y, como dijo Licofrón el sofista, una garantía de los derechos de unos y otros, pero no es capaz de hacer a los ciudadanos buenos y justos".[25]

"... El fin de la ciudad es, pues, el vivir bien, y esas cosas son para ese fin. Una ciudad es la comunidad de familias y aldeas para una vida perfecta y autosuficiente, y esta es, según decimos, la vida feliz y buena".[26]

"Por consiguiente, hay que establecer que la comunidad existe con el fin de las buenas acciones y no de la convivencia".[27]

b') *El bien de la sociedad civil debe ordenarse también al fin último sobrenatural del hombre*

1127.- Por cierto, la ordenación del bien común de la sociedad civil al fin último del hombre, si bien por la competencia de ella se refiere específicamente al fin último natural, ha de hacer referencia, también, y en definitiva, al fin último sobrenatural, de la manera que diremos al tratar del culto a Dios de la sociedad civil como tal, y de las relaciones de la Iglesia y el Estado, en el lugar respectivo.

c') *El cometido del Estado es posibilitar a todos el cumplimiento de la ley natural, y hacerla observar cuando corresponda, y su conducta se rige también por esa ley*

1128.- De lo dicho en los dos numerandos que anteceden, resulta que la tarea del Estado como tal está regida por la moral, por la ley moral natural, porque dicha sociedad se ordena a generar y mantener como bien común las condiciones que posibiliten el bien del hombre en cuanto hombre, y ese es

---

[25] Aristóteles, Política, 1280 b, versión citada.

[26] En la Ética Eudemia dice Aristóteles: "Asumamos además que la obra del alma sea hacer vivir y que esto consista en el uso de la vida... De lo que se sigue que toda vez que la obra del alma y la de su virtud son necesariamente una y la misma, la obra de su virtud será la vida virtuosa. Ahora bien, eso es precisamente el bien final, al que llamamos antes la felicidad. Todo lo cual resulta claro de los presupuestos que hemos sentado, donde dijimos que la felicidad es el bien supremo, que en el alma están los fines y los bienes mejores, y que en ella están el hábito o el acto. Mas como el acto es mejor que la disposición, y el mejor acto mejor que el mejor hábito, el acto de la virtud, por consiguiente, es lo mejor del alma. Pero si, como hemos dicho, la felicidad es el bien supremo, resultará entonces que la felicidad es el acto de un alma virtuosa" (1219 a, versión citada de Antonio Gómez Robledo).

[27] Aristóteles, Política, 1280 b-1281 a, versión citada.

el bien moral humano. Además, toda conducta humana tiene una dimensión moral: la de su congruencia con la naturaleza humana por la ordenación el último fin del hombre; y la conducta de los hombres como sociedad tiene que tener esa misma dimensión: si el hombre ha de actuar moralmente, la sociedad humana —conjunto de hombres— no puede dejar de hallarse sujeta a la misma exigencia. De suerte que los actos por los que el Estado procure el bien común —que es un bien moral— han de ser a su vez morales.

Por eso es que las leyes del Estado han de ajustarse a la ley natural, como vimos al tratar de la dictación de la ley positiva, y por la misma norma han de regirse los actos del poder ejecutivo y del poder judicial, y los actos de los simples ciudadanos en cuanto tales.

d') *Pero no incumbe al Estado obligar a la perfección moral ni prohibir todos los actos viciosos*

1129.- Lo dicho en los acápites anteriores es sin perjuicio de la doctrina expuesta más arriba acerca de que no incumbe a la ley humana reprimir todos los vicios, sino solo los más graves y principalmente los que redundan en daño de los demás;[28] y de que el primer precepto del Derecho que enunciaba Ulpiano: *honeste vivere*: vivir honestamente, no puede llevar a exigir la perfección moral o la santidad de los ciudadanos.[29]

e') *La tolerancia de los actos viciosos que no hayan de prohibirse, no puede llevar a prestarles la sanción del orden jurídico*

1130.- En todo caso, la tolerancia de los vicios menos graves, y de los que no redunden en perjuicio de otros, no puede significar nunca una colaboración de la sociedad con las respectivas conductas viciosas, ni el que se reconozca validez y preste la sanción del Derecho a actos jurídicos que sean contrarios a las buenas costumbres —la ley moral natural— y por tanto tengan objeto o causa ilícitos, o condiciones ilícitas. En el Derecho Romano se consideraba nulo el acto jurídico contrario a las buenas costumbres por su objeto o por la condición que en él se pusiese: "Es punto indiscutible de Derecho —decía una constitución del Emperador Antonino—, que los pactos que se hacen contra las leyes y las constituciones, o *contra las buenas costumbres*, no tienen fuerza alguna" (Código, 2.3.6,- Del Emperador Antonio, en el año 213). Respecto de

[28] *Vid.* nº 735.
[29] *Vid.* nº 776 bis.

la condición, decía el Digesto: "Si la estipulación hubiese sido concebida *por causa de cometer un delito*, no será válido desde un principio" (Papiniano, D. 45.1.123); "Si por causa de un delito se hubiese prometido para que no se haga algo, no hay ninguna obligación por esta convención" (Ulpiano, D.2.14.7.3).

Nuestro Código Civil —al igual que otros— declara ilícitos el objeto contrario a las buenas costumbres (art. 1461) y la causa que las contraría, en los actos jurídicos, y los anula absolutamente por la ilicitud del objeto y la de la causa (art. 1682). La condición positiva opuesta a las buenas costumbres se estima imposible (art. 1475), y la que consiste en que el acreedor se abstenga de un hecho inmoral o prohibido, vicia la disposición (art. 1476).

f') *La doctrina del carácter moral del fin de la sociedad civil es la de todos los grandes cuerpos legislativos*

1131.- Esta doctrina que vamos exponiendo se refleja en todos los grandes cuerpos legislativos. Así vemos que en el Digesto se lee:

> "... Como elegantemente define Celso, el derecho es el arte de lo bueno y de lo justo. En razón de lo cual se nos puede llamar sacerdotes; en efecto, rendimos culto a la justicia y profesamos el saber de lo bueno y de lo justo, separando lo justo de lo injusto, discerniendo lo lícito de lo ilícito, anhelando hacer buenos a los hombres, no solo por el temor de los castigos, sino también por el estímulo de los premios, dedicados, si no yerro, a una verdadera y no simulada filosofía" (L.1, tít. 1,1,1-2).
>
> "La jurisprudencia es el conocimiento de las cosas divinas y humanas, la ciencia de lo justo y de lo injusto. "(Ulpiano) (L.1, tít.1,10).
>
> "El orador Demóstenes la define (la ley) así: "Es ley aquello a lo que todos deben obedecer, entre otras muchas razones, principalmente porque toda ley es hallazgo y don de Dios, dogma de hombres prudentes, corrección de las faltas tanto voluntarias como involuntarias, y convenio común de la ciudad, según el cual deben vivir todos los que en ella se encuentran". Y también Crisipo, filósofo estoico de gran sabiduría, empieza así un libro que escribió "sobre la ley": "La ley es la reina de todas las cosas divinas y humanas. Debe regir así a los buenos como a los malos, ser gobierno y guía y por ello regla de lo justo y de lo injusto, que mande hacer las cosas que se deben hacer y prohíba las que no se deben hacer" (Marciano, 1 inst.) (D, I, III, 2).

En las Instituciones de Justiniano se lee: "Pero los preceptos de derecho natural ciertamente que en todas las naciones por igual se observan, constituidos por cierta providencia divina, siempre permanecen firmes e inmutables" (L. I, II, XI).[30]

En el Código de las Siete Partidas se nos dice: "El facedor de las leyes debe amar a Dios, e tenerle ante sus ojos, *quando las ficiere*, porque sean derechas *e complidas*. E otrosí debe amar justicia, e pro comunal de todos. E debe ser entendido para saber departir el derecho del tuerto" (P. I, I, XI).

En el discurso preliminar del Código Civil francés —redactado por Portalis— se lee: "Las buenas leyes civiles son el mayor bien que los hombres pueden dar y recibir... Alcanzan a cada individuo, se mezclan en las principales acciones de la vida, le siguen por doquier; frecuentemente, son la única moral del pueblo, y siempre forman parte de su libertad".[31]

g') *La doctrina del carácter moral del bien común de la sociedad civil, es también la de la Iglesia*

1132.- La expuesta precedentemente es también la enseñanza de la Iglesia. En efecto, leemos en la Encíclica *Veritatis Splendor* de San Juan Pablo II°:

> "Solo Dios, el Bien Supremo, es la base inamovible y la condición insubstituible de la moralidad, y por tanto de los mandamientos, en particular de los negativos, que prohíben siempre y en todo caso el comportamiento y los actos incompatibles con la dignidad personal de cada hombre. Así el Bien Supremo y el bien moral se encuentran en la *verdad*: la verdad de Dios Creador y Redentor, y la verdad del hombre creado y redimido por Él. Únicamente sobre esta verdad es posible construir una sociedad renovada y resolver los problemas complejos y graves que la afectan, ante todo, el de vencer las formas más diversas de *totalitarismo* para abrir el camino a la auténtica *libertad* de la persona." (n.° 99).

"... Después de la caída, en muchos Países, de las ideologías que condicionan la política a una concepción totalitaria del mundo —la primera entre ellas, el marxismo—, existe hoy un riesgo no menos grave debido

---

30 "*Sed naturalia quidem iura, quae apud omnes gentes peraeque servantur, divina quadam providentia constituta, semper firma atque immutabilia permanent*".

31 Edición de Edeval, traducción de Manuel de Rivacoba, Valparaíso, 1978, pág. 30.

a la negación de los derechos fundamentales de la persona humana y por la absorción en la política de la misma inquietud religiosa que habita en el corazón de todo ser humano: *es el riesgo de la alianza entre democracia y relativismo ético*, que quita a la convivencia civil cualquier punto seguro de referencia moral despojándola más radicalmente del reconocimiento de la verdad. En efecto, "si no existe una verdad última —la cual guía y orienta la acción política—, entonces las ideas y las convicciones humanas pueden ser instrumentalizadas fácilmente para fines de poder. Una democracia sin valores se convierte con facilidad en un totalitarismo visible o encubierto como demuestra la historia (n° 101).

Por su parte, el Catecismo del Papa Juan Pablo II° dice:

> "La autoridad solo se ejerce legítimamente si busca el bien común del grupo en cuestión y si, para alcanzarlo, emplea medios moralmente lícitos. Si los dirigentes proclamasen leyes injustas o tomasen medidas contrarias al orden moral, estas disposiciones no pueden obligar en conciencia". (n° 1903).
> "El ejercicio de una autoridad está moralmente regulado por su origen divino, su naturaleza racional y su objeto específico. Nadie puede ordenar o establecer lo que es contrario a la dignidad de las personas y a la ley natural" (n° 2235).

h') *Error de la doctrina liberal de la neutralidad moral del Estado*

1133.- Es errónea, pues, la doctrina según la cual el Estado, ante la existencia de diversas concepciones morales entre sus ciudadanos, debe ser moralmente neutro, o carecer de una concepción moral, neutralidad que algunos creen una exigencia de la libertad democrática. Es lo que dice, por ejemplo, Rawls, cuando expresa: "el pueblo de una democracia constitucional no tiene, como pueblo liberal, una doctrina general del bien".[32]

También es errada la opinión del ilustre filósofo francés Jacques Maritain, según la cual, en una sociedad con pluralidad de concepciones morales, por el principio del mal menor, el Estado debería reconocer las reglas morales de conducta de las minorías, o de los diversos grupos espirituales, permitiendo derogaciones "de las exigencias más elevadas del derecho natural", "para

[32] Derecho de Gentes, ed. *cit*., pág. 53. *Vid*, n.° 847 *supra*.

beneficio del bien común": por ejemplo, aceptando el divorcio para los que no hayan contraído matrimonio católico.[33, 34]

---

[33] Jacques Maritain, El Hombre y el Estado, versión de Editorial del Pacífico, Santiago, 1974, págs. 217-219, y nota 25 de la pág. 217.

[34] Jacques Maritain nació en París en 1882. Fue bautizado primero como protestante y educado en un ambiente liberal racionalista, y en su adolescencia adhirió al socialismo. A comienzos del siglo XX hizo sus estudios en la Sorbona, donde prevalecían un espíritu laicista y sectario, y en filosofía, el positivismo. Un tiempo siguió a Spinoza, de quien se decepcionó, llegando a creerse ateo, o agnóstico. Luego fue discípulo de Bergson. En 1905 terminó sus estudios recibiendo la licencia en filosofía. En 1904 se casó con Raïssa Oumansoff, rusa de origen judío establecida con su familia en París, que compartía su vocación filosófica. Habiendo conocido los esposos Maritain al escritor católico León Bloy, quien daba con su vida un profundo testimonio cristiano, terminaron convirtiéndose, bajo su influjo, al catolicismo, recibiendo el bautismo en 1906. Poco después se trasladaron a Heildelberg con una beca y estudiaron biología con Hans Driesch, que habiendo hecho notables descubrimientos en embriología se había convencido de la imposibilidad de explicar mecánicamente la vida, dedicándose a elaborar una filosofía del organismo, una teoría vitalista. Dos años después volvieron los esposos a París y tuvieron otra conversión, esta vez filosófica, al tomismo. Luego de estudiar profundamente a Santo Tomás, Maritain emprenderá la labor de enseñar y redactar obras para dar a conocer la filosofía tomista.

En el curso 1914-1915 fue designado como profesor de historia de la filosofía moderna en el Instituto Católico de París. Después de la Primera Guerra Mundial, estableció Maritain un Círculo de Estudios Tomistas en su residencia de Meudon Val Fleury, el que funcionó con gran éxito entre 1919 y 1939.- Adhirió al movimiento monárquico y nacionalista de Charles Maurras: Acción Francesa, hasta que los escritos de este y el movimiento mismo fueron condenados en 1926 por Pío XI, a causa de sus errores. Maritain, entonces, rompió con Acción Francesa.

A raíz de la Segunda Guerra Mundial, para salvar a su esposa de la persecución antijudía, Maritain se fue a vivir a Estados Unidos. Dio cursos en el famoso Instituto de Estudios Medievales de Toronto (Canadá), y en las Universidades de Princeton (1941-1942) y Columbia (1941-1944).

Entre 1945 y 1948 fue embajador de Francia en El Vaticano. En 1960 volvió a París, y al morir ese año su esposa, se retiró al convento de Dominicos de Toulouse. En 1971 profesó en el Instituto de los Hermanitos de Jesús.

Murió de noventa y un años en 1973. Había sido el único laico invitado al Concilio Vaticano II (Teófilo Urdánoz, Historia de la Filosofía *cit.*, t. VIII, págs. 417 y ss).

Entre sus obras se destacan Arte y Escolástica (París, 1920), Tres Reformadores: Lutero, Descartes, Rousseau (París, 1925); Primacia de lo Espiritual; El Doctor Angélico (1930); Del régimen temporal y de la libertad (1933), Siete lecciones sobre el ser y los primeros principios de la razón especulativa; El Orden de los conceptos (tratado de lógica formal); Humanismo Integral; Los derechos del hombre y la ley natural; la persona y el bien común; El Hombre y el Estado; Los Grados del Saber; La ley natural, El Campesino del Garona. Maritain fue, sin duda, uno de los más importantes exponentes y promotores de la filosofía cristiana, particularmente de la de inspiración tomista, en el siglo XX.

Ni resulta admisible el planteamiento del profesor suizo de Ética y Filosofía Política Martín Rhonheimer, en el sentido de que las exigencias de la ley natural para el bien común solo pueden imponerse por ley positiva, aun a los que por sus prejuicios, pasión o incluso corrupción moral, no están de acuerdo con ellas, presentadas como exigencias, de la "razonabilidad pública", y no por ser expresión de la verdad y de la recta razón. Ello se debe, argumenta Rhonheimer, a que la ignorancia, la influencia irracional, y adicionalmente los influjos causados por los personales intereses —acaso ilegítimos—, prejuicios culturales o religiosos, y muchos otros factores, verdaderos lastres del juicio, interfieren seriamente con, y disminuyen la, evidencia de la ley natural y su accesibilidad racional. Las razones públicas se justifican a sí mismas, en definitiva —sostiene este autor— por el hecho de corresponder a valores políticos generalmente reconocidos.[35]

---

[35] Martín Rhonheimer, *The Common Good of Constitutional Democracy*, *The Catholic University of America Press*, Washington D.C., 2013, págs. 243-244: "Las modernas sociedades democráticas, así, necesitan un concepto de razón pública que no se legitime a sí mismo por ser verdadera o recta razón. En esto y parcialmente estoy de acuerdo con Rawls. Lo que se necesita es, en un cierto sentido, una razonabilidad pública libre —o, quizás mejor, "específica"—, en el sentido de que se refiere a los valores fundamentales y específicamente políticos. Esto, para repetir, está lejos de significar que la cuestión de la verdad o de la "recta razón" se elimina de la razonabilidad pública, o que los valores políticos no tengan relación con la verdad moral. Esto solo significa que las exigencias de la verdad son políticamente legítimas solo en cuanto pueda mostrarse que participan de la razonabilidad específicamente pública (lo que a su turno no contradice lo que yo he dicho antes, o sea, que la razón pública es plenamente razonable solo en la medida en que corresponda a, o no contradiga, la verdad de la ley natural). Ahora bien las razones públicas se justifican a sí mismas sobre la base de ser la clase de razones que pueden ser consideradas políticamente legítimas también por aquellos que —tal vez no razonablemente y a causa de prejuicios, pasión, o incluso corrupción moral— no están de acuerdo con ellas considerando las concretas consecuencias, y para los cuales estas razones son, de la forma en que un ciudadano tal argumentaría, no basadas en criterios de evidencia. Sin embargo, aquellos ciudadanos serían compelidos a reconocerlas como razones públicas legítimas, precisamente porque son presentadas en la esfera pública en el nombre, no de la recta razón, sino de valores políticos generalmente reconocidos (como yo hago en este ensayo en el caso del matrimonio, la familia, el aborto, y la eutanasia). Así incluso si ellos discuerdan, y sopesan estos valores de distinta manera, deben reconocer que ellos son la clase de razones que pertenecen a la razonabilidad pública...". "En virtud de tal reconocimiento como razones públicas válidas; independientemente del reconocimiento de su verdad, la legislación y la política basadas en tales razones, pueden ser legítimamente (y sin poner en peligro la paz social, la cooperación y las libertades fundamentales), puestas en vigor también respecto de aquellos que no están de acuerdo con ellas" (*op. cit.*, págs. 243-244).

Hay en este razonamiento un grave error, pues las exigencias del bien público serán obligatorias, en definitiva, por ser exigencias de la ley natural, y, es dicha ley la que las contiene, y podrán y deberán imponerse porque esta manda hacerlo para la consecución del bien común, y no será —a la inversa— obligatoria la ley natural por exigencia del bien público. Otra cosa es que a veces, por razones estratégicas, pueda invocarse antes la llamada "razón pública" que la ley natural. Hay que recordar, a este respecto, que "*ens et bonum convertuntur*": "el ser y el bien se identifican, se convierten".

Por otra parte, el legislador humano no puede dejar de aplicar la ley natural porque haya quienes desconozcan preceptos de ella.

C) *La causa eficiente de la sociedad civil*

I°) *La institución natural y el papel de la voluntad en el origen de la sociedad civil en concreto: el pacto social*

1134.- La sociedad civil considerada en abstracto, se funda en la naturaleza humana, como hemos visto, siendo necesaria en virtud de esta. Pero cabe preguntarse en qué se funda una concreta sociedad civil o Estado, o en virtud de qué hecho o acto muchos individuos pasan a formar un Estado determinado. En general el iusnaturalismo de la filosofía perenne estima que hay un pacto en el origen de la sociedad civil, aunque puede ser obligado y meramente tácito. Los iusnaturalistas del racionalismo piensan que ha existido antes del pacto social que origina el estado civil o sociedad civil, un estado pre-social, que llaman de naturaleza, en que los hombres han coexistido con sus familias sin sujeción a ninguna autoridad común, en forma independiente y libre: este estado de naturaleza habría terminado, en cada caso, por la conveniencia de la agrupación en la sociedad civil, la que habría llevado al pacto social, pasando con él los hombres al estado civil.

Primero veremos la doctrina del pacto social en la filosofía perenne, y después examinaremos y criticaremos la doctrina del estado pre-social o de naturaleza, para ver en la sección IIª, la doctrina positivista del contrato social.

a) *La doctrina del pacto social en el iusnaturalismo de la filosofía perenne*

a') *El pacto de sociedad que da origen a cada estado o sociedad civil en concreto*

1135.- A este respecto, los autores que aceptan que el Estado es una sociedad natural, generalmente sostienen, con todo, que en el origen de cada sociedad civil en concreto, hay un pacto o convenio, en cuanto no se concebiría su fundación sin un acuerdo de varios individuos o jefes de familia, acuerdo que por cierto puede ser tácito; y en cuanto la pertenencia a la sociedad civil de los individuos que por nacimiento se han ido incorporando a ella, supone su voluntad, dado que ellos por sí, o por sus padres, durante su menor edad, pueden retirarse de esa sociedad para pasar a formar parte de otra distinta.

Ocurre como con el matrimonio, que siendo sociedad natural no se da en cada caso concreto sin el consentimiento, o sin el contrato de matrimonio, de la respectiva pareja.

b') *El pacto de sociedad iusnaturalista y el del contractudismo voluntarista*

1136.- Esta concepción de quienes aceptan que el Estado es una sociedad natural, y por tanto regida en lo substancial por leyes naturales, independientes de la voluntad humana, y gobernada por una autoridad que ha de atenerse a esas leyes naturales, no debe confundirse con la tesis —a que luego nos referiremos— de aquellos según los cuales el Estado o sociedad civil se funda, al menos en la práctica, únicamente en la voluntad humana, y sus leyes rectoras y su actividad tienen por origen solo la libertad contractual del hombre, que podría modificarlas como quisiera. Esta última es la teoría del *contrato* o *pacto social*, de Hobbes y Rousseau, pues aunque uno y otro admiten una ley natural establecida por Dios, ambos en definitiva remiten todo a la ley positiva, ante la falta de una autoridad humana que entre el Estado y sus miembros, pueda dirimir un diferendo y declarar que una ley positiva se opone al Derecho natural.

c') *El pacto de sociedad y el pacto de sujeción*

1137.- Tampoco se ha de confundir el pacto o acuerdo que quienes reconocen al Estado como sociedad natural suelen admitir como fundamento de cada sociedad civil en concreto —llamado *pactum societatis* o pacto de la sociedad—, con el pacto o acuerdo de los miembros de la sociedad sobre su constitución política o forma de gobierno y otorgamiento del poder a quien o a quienes lo hayan de ejercer —llamado *pactum subjectionis*, o pacto de sujeción—, y que varios doctores escolásticos y los antiguos juristas iusnaturalistas estiman necesario para que exista un poder legítimo. Este otro pacto, que tendría lugar en su primera celebración conjuntamente con el que originaría la sociedad, sería, con todo, conceptualmente distinto, y se hablará de él al estudiar la autoridad de la sociedad civil.

Bástenos de momento citar a Vitoria, que hace clara y sencillamente la distinción entre ambos pactos. Hablando en la Primera Relección Sobre los Indios de la causa de la aparición de los primeros Estados, después de aludir a una posible violencia y tiranía dice: "... o ya acaeciera que reunidos muchos en un lugar, por consentimiento común se constituyeran en una república, estableciendo sobre sí un príncipe". Como puede verse, Vitoria supone dos acuerdos de la muchedumbre: uno para formar una república o sociedad civil, y otro para establecer como autoridad de la misma un príncipe.[36]

A continuación veremos el origen de la sociedad civil en concreto según las enseñanzas de quienes postulan que es una sociedad instituida por la naturaleza, y regida, por tanto, en lo substancial, por el derecho natural, pero que supone un pacto.

d') *Diversos autores antiguos y modernos*

1138.- Históricamente, como lo dicen Aristóteles —en el texto más arriba transcrito—, Cicerón[37] y otros, la sociedad civil proviene de la familia y su multiplicación. Liberatore adhiere a esta explicación y observa que interviene, con todo el consentimiento para la formación de la sociedad civil, pues dependerá de la voluntad de los descendientes de la familia permanecer en la sociedad ya constituida, o irse, a menos que tengan el deber de quedarse por haber algo que las familias deban llevar a cabo y que no podría obtenerse por ellas fuera de esa unión civil a que actualmente pertenecen.

> "... la sociedad civil —expresa Liberatore— se dice natural para el hombre no solamente porque está muy en armonía con su naturaleza, y todo lo que hay en él lo impele a ingresar a la misma; sino también, en verdad, porque aquel elemento que debe satisfacer esta ordenación

---

[36] Francisco de Vitoria, De los indios recientemente descubiertos, Relección primera, 2, nº 1, en Obras de Francisco de Vitoria, Relecciones Teológicas, versión española e introducciones de Teófilo Urdánoz O.P., Biblioteca de Autores Cristianos, Madrid, 1960, pág. 672.

[37] Cicerón, De los Deberes, I, c. 17.

y propensión, si se considera en su primera fuente, es un hecho natural, o sea, la multiplicación de los individuos y las familias por obra del matrimonio. Y no te ponga en dificultad el que dependa de la voluntad de los individuos que los vástagos de la familia se vayan a otra parte y se separen. Porque, en primer lugar, tal voluntad frecuentemente deja ver el deber, y por él se es obligado, esto es, cuando aparece algo que ha de llevarse a cabo por las familias, que no puede ser proveído ni obtenido fuera de aquella sociedad civil, de la cual pudieran separarse. De lo que resulta, en general, que no todas las sociedades sean *voluntarias*, sino que algunas sean *obligatorias*".

"Además, incluso si para mantener aquella unión no obliga algún deber preexistente, sin embargo no por ello resulta que la sociedad haya de considerarse artificial. Pues la voluntad, en ese caso, se requeriría no para crear el orden, sino solo para hacerlo aplicable a uno; lo cual ciertamente, para que se haga de modo humano, requiere la intervención de la voluntad".[38]

Como puede apreciarse, Liberatore solo ve el pacto en los casos en que algunos individuos puedan lícitamente separarse de una sociedad civil ya existente, y debida simplemente a la multiplicación de la especie, y quieran además formar nueva sociedad.

1139.- Esta doctrina de que la sociedad civil en concreto requiere un acuerdo, había sido considerada por Cicerón en su famosa definición de la república como "la unión de la multitud, asociados mediante el consentimiento de derecho y la comunidad de la utilidad".[39]

---

[38] Liberatore, *op. cit.*, nº 149, págs. 248-249. "... *patet civilem societatem pro homine naturalem apellari, non modo quía eius naturae apprime consonat et omnia quae in ipso sunt ad illam ineundam impellunt; verum etiam quia elementum illud, quod hanc ordinationem et propensionem explere debet, si in primo suo fonte consideretur, factum aliquod naturale est, nempe individuorum et familiarum multiplicatio ope coniugii. Nec difficultatem tibi ingerat quod a voluntate individuorum pendet ne succrescentes familiae alio discedant et mutuo separentur. Nam in primis eiusmodi voluntas saepe officium subaudit ab eoque obligatur, cum videlicet aliquid a familiis implendum apparet, quod extra consortium ut non omnes societates sint voluntariae, sed aliquae sint obligatoriae. Deinde etiamsi ad coniunctionem illam retinendam praecedens officium non adstringat, nihilominus non inde efficitur ut societas factitia dicatur. Voluntas enim in eo casu requireretur non ad creandum ordinem, sed mere ad ordinem sibi applicandum; quod certe, ut humano modo fiat, voluntatis interventum requirit*".

[39] "... *coetus multitudinis iuris consensu et utilitatis communione sociatus*" (República I, c. 25, n. 32, 40, citado por Teófilo Urdánoz O.P. en su introducción a la Relección de Vitoria sobre

San Agustín por su parte, según el Padre Urdánoz, sustenta la doctrina del pacto cuando dice que el que comete actos contrarios a las costumbres —derecho consuetudinario— viola el pacto mutuo de la ciudad o nación confirmado por la ley o la costumbre.[40]

1140.- Santo Tomás de Aquino en sus comentarios a la Política de Aristóteles (lect. 1), después de decir que del patriarcado de la casa en que la autoridad la tenía naturalmente el padre, y del régimen de vecindarios, en que la autoridad la tenía el que era principal en el parentesco de consanguinidad, se pasó a las ciudades, regidas por reyes, añade: "Las ciudades son instituidas por obra del hombre".[41] Es decir, reconoce que hay una voluntad del hombre en la fundación de la sociedad civil propiamente tal.

---

la Potestad Civil, en Francisco de Vitoria, Obras, Relecciones Teológicas, Biblioteca de Autores Cristianos, Madrid, 1960, pág. 129).

40 "Las cosas que son delitos contra las costumbres de los hombres también deben evitarse, según la diversidad de las costumbres, para que el pacto mutuo de la ciudad o nación corroborado por la costumbre o por la ley, no sea violado por ningún antojo de un ciudadano o peregrino" (San Agustín, Confesiones, L. III, c. 8): "*Quae autem contra mores hominum sunt flagitia, pro morum diversitate vitanda sunt, ut pactun inter se civitatis aut gentis consuetudine vel lege firmatum nulla civis aut peregrini libidine violetur*" (citado por Urdánoz, *op. cit.*, pág. 130).

41 "Toda casa se rige por algo antiquísimo, como son regidos los hijos por el padre de familia. Y de allí sucede que también todo vecindario que era instituido con consanguíneos, se regía a causa del parentesco de sangre por alguien que era el principal en dicho parentesco, como la ciudad es regida por el rey. Por donde Homero dijo que cada cual instituye leyes para su esposa y sus hijos, como el rey en la ciudad. Por esto, pues, el gobierno pasó de las familias y vecindarios a las ciudades, porque diversas aldeas son como una ciudad dispersa en diversas partes; y por eso antiguamente habitaban los hombres dispersos por las aldeas, y no reunidos en una ciudad. Así pues, es patente que el gobierno del rey sobre la ciudad o la nación procede de un gobierno más antiguo en la familia o en la aldea. ... Las ciudades y naciones se constituyen con aquellos que están sometidos a un rey... Las ciudades son instituidas por obra del hombre": "*Omnis domus regitur ab aliquo antiquissimo, sicut a paterfamilias reguntur filii. Et exinde contingit, quod etiam tota vicina, quad erat instituta ex consanguineis, regabatur propter cognationem ab aliquo qui erat principalis in cognatione, sicut civitas regitur a rege. Unde Homerus dixit quod unusquisque uxori et pueris suis instituit leges, sicut rex in civitate. Ideo autem regimen a domibus et vicis processit ad civitates, quia diversi vici sunt sicut civitas dispersa in diversas partes; et ideo antiquitus habitabant homines dispersi per vicos, non autem congregati in unam civitatem. Sic ergo patet, quod regimen regis super civitatem vel gentem processit a regimine antiquiori in domo vel vico*".
"*Civitates et gentes constituuntur ex his quae sunt subjecti regi... Civitates sunt institutae humana industria.*" (*In Politicorum, Lect. I*, citado por Zigliara, Summa Philosophica *cit.*, t. III, págs. 237-238).

En la misma parte de sus comentarios a la Política de Aristóteles, (lib. I, lect. I), expresa Santo Tomás: "... es necesario que este todo que es la ciudad sea más principal que todos los otros todos que por la razón humana pueden conocerse y constituirse";[42] y también: "... Como sea la ciudad un cierto todo del cual la razón humana no solo es cognoscitiva sino también operativa... Es pues la ciudad una cosa principalísima de aquellas que pueden constituirse por la razón humana".[43] De estos textos aparece que para Santo Tomás la sociedad civil —no obstante que hay una inclinación natural a formarla— es algo que constituye o hace la razón del hombre, y habría que añadir que también la voluntad, sin la cual no podría actuar la razón.

Explicando el pensamiento de Santo Tomás sobre este punto, dice el profesor español Eustaquio Galán y Gutiérrez:

> "Que el Estado es un producto natural significa también que no es nada artificial, que no es una casual o libremente querida situación de la vida humana, porque surge como consecuencia del instinto social del hombre. Claro está que, como el hombre es un ser racional, la obra de este impulso puede y debe ser racionalizada, es decir, voluntariamente querida, libremente determinada, asistida de un espontáneo consentimiento. En este sentido, el estado aparece también como un hecho voluntario, como una coincidencia de voluntades, en suma, como un convenio o contrato. Sin embargo, Santo Tomás no es un contractualita. Es más: Santo Tomás no habla expresamente de un modo intencionado de contrato político, como hablaron, por ejemplo, Victoria y Suárez".[44]

1141.- Vitoria, tratando del sujeto de la autoridad política, que identifica con la misma comunidad o sociedad civil, por no haber existido antes de su fundación alguien que fuera superior a los demás, y por ello pudiera atribuirse el mando, parte del supuesto de que la sociedad se forma por mutuo acuerdo:

---

[42] *"Necesse est, quod hoc totum quod est civitas sit principalius ómnibus totis quae ratione humana cognosci, et constitui possunt".*

[43] *"Cum civitas sit quoddam totum, cuius humana ratio non solum sit cognoscitiva, sed etiam operativa... Est enim civitas principalissimun eorum, quae humana ratione constitui possunt".* Esta cita y la anterior están tomadas de la obra del profesor español Eustaquio Galán y Gutiérrez, *Ius naturae*, Madrid, 1961, Sucesores de Rivadeneyra S.A., t. II, pág. 296.

[44] Eustaquio Galán y Gutiérrez, *op.* y *t. cit.*, págs. 294-295.

"Si, pues —dice—, antes que los hombres convinieran en formar una ciudad (sociedad civil o Estado), nadie era superior a los otros...".[45]

Suárez, por su parte, pone también en un convenio el origen de la sociedad civil en concreto, al refutar la tesis de que el poder político haya residido en Adán naturalmente al principio de la creación, y que de él se haya derivado a sus sucesores por vía de primogenitura o según la voluntad del mismo Adán. Dice Suárez:

> "El poder político, pues, no comenzó hasta que varias familias empezaron a congregarse en una comunidad política. Por donde así como aquella comunidad no empezó por la creación de Adán, ni por la sola voluntad suya, sino por la de todos los que en ella se reunieron, no podemos decir con fundamento que Adán, por la naturaleza de las cosas, hubiera tenido la autoridad política en aquella comunidad".[46]

1142.- También para Grocio hay un pacto en el origen de la sociedad civil, pacto al que impulsa la sociabilidad. Según Grocio, "una de las cosas propias del hombre es el deseo de la sociedad, es decir, una cierta inclinación a vivir con sus semejantes, no de cualquier manera que sea, sino pacíficamente, y en una comunidad de vida tan bien reglamentada como sus luces se lo sugieran: disposición que los estoicos expresan con una palabra tomada de los sentimientos que las personas de una misma familia tienen las unas para con las otras";[47] y la naturaleza humana "nos llevaría a buscar el trato y relación con nuestros semejantes incluso si no tuviéramos necesidad de nada".[48] Pero la utilidad acompaña al derecho natural "pues el autor de la naturaleza —dice Grocio— ha querido que cada persona particular fuera débil por sí misma, y estuviese en la indigencia de varias cosas necesarias para vivir cómodamente, a fin de que fuésemos llevados con más ardor a mantener la sociedad".[49]

---

[45] De la Potestad Civil, n° 7; "*Si enim priusquam in civitatem homines convenirent, nemo erat aliis superior...*".

[46] Suárez, De las leyes y de Dios legislador, L. III, c. 2, n° 3: "*Potestas autem política non coepit, donec plures familiae in unam communitatem perfectam congregari coeperunt. Unde sicut illa communitas non coepit per creationem Adae, nec per solam voluntatem eius, sed omnium, qui in illa concurrerunt; ita non possumus cum fundamento dicere, Adamum ex natura rei habuisse primatum politicum in illa communitate*".

[47] *De iure belli*, Discurso preliminar, § VI.

[48] *De iure belli*, Discurso preliminar, § XVII.

[49] *De iure belli*, Discurso preliminar, § XVII.

Y se refiere Grocio al pacto en varios lugares: "Es así —expresa— que muchos sintiéndose débiles por sí mismos, y temiendo ser oprimidos por personas más poderosas, se unieron en un todo, a fin de que por este medio todos juntos fueran más fuertes que aquellos a los cuales cada uno de ellos no habría estado en condición de resistir".[50]

Grocio habla incluso, expresamente, del estado de naturaleza como etapa de la vida del hombre previa a su ingreso al Estado: "Está fuera de duda —dice—, que la permisión que uno tenía a este respecto en el estado de naturaleza [de hacer la guerra a otro particular], ha sido muy restringida por el establecimiento de los tribunales de justicia".[51]

Al definir el Estado, insiste Grocio implícitamente en la idea del pacto: "El Estado es —dice— un cuerpo perfecto de personas libres que se han reunido formando un todo para gozar pacíficamente de sus derechos, y para su común utilidad".[52]

Más adelante añade nuestro autor:

> "A la verdad, cada uno tiene naturalmente el derecho de resistir para ponerse a cubierto de las injurias que le quieren hacer, como lo hemos dicho más arriba. Pero desde el momento en que se ha entrado a una sociedad civil, establecida para mantener la tranquilidad pública, el Estado adquiere sobre nosotros, y sobre lo que nos pertenece un derecho superior, en la medida en que es necesario para ese fin".[53]

Por último, conviene anotar que el carácter de sociedad natural del Estado no queda tan claro en Grocio, pues dice, a propósito de su opinión de que a veces está permitida la guerra de particular a particular:

> "... alguno podría imaginarse que, después del establecimiento de los jueces públicos, esta licencia no subsiste ya. Pues, aunque los tribunales sean solamente obra de los hombres... sin embargo, como es mucho más honesto y más ventajoso para la tranquilidad del género humano entregar la decisión de los diferendos y de las querellas, que permitir a cada cual hacer justicia en la propia causa... la equidad

50 *De iure belli*, Discurso preliminar, § XX.
51 *De iure belli*, L. I, c. III, § 11, 1.
52 *De iure belli*, L. I, c. I, § XIV, 2.
53 *De iure belli*, L. I, c. IV, § II.

misma y la razón natural quieren que uno se atenga a una institución tan laudable".[54]

1143.- Nuestro Fernández Concha sostiene:

I°) Que no hay que confundir el hecho que origina la sociedad con el que la conserva, pues durante la vida de la sociedad civil ya fundada se produce una continua incorporación a ella de nuevos miembros, lo que ordinariamente sucede por extracción —ser hijos de quienes ya son miembros de la sociedad— unida al nacimiento dentro del territorio de la nación;

II°) Que lo que se busca es el hecho que da origen a una sociedad que antes no existía;

III°) Que la sociedad no es un mero agregado de personas, pues requiere un vínculo moral que ordene las acciones de todos al conseguimiento del bien común;

IV°) Que ni la propagación de las familias, ni la prepotencia de un individuo que mediante el fraude o la fuerza se constituya en jefe de muchos otros, ni el advenimiento de peregrinos o colonos a un mismo lugar, ni otros hechos análogos, pueden dar razón del elemento formal de la sociedad, que es el expresado vínculo moral;

V°) Que el único hecho capaz de crear ese vínculo es el universal consentimiento de los asociados;

VI°) Que este consentimiento puede producirse también con posterioridad a la reunión física de las personas, y que puede no solo ser expreso, sino también tácito;

VII°) Que a veces puede, incluso, ser obligatorio y no libre dicho consentimiento, "como en el caso de que, formada poco a poco o de repente una gran reunión de personas, no sea dado a estas ni separarse, ni seguir juntas sin un gobierno común", y

VIII°) Que no obstante ser el consentimiento de los asociados indispensable para la formación de Estado, siendo este una sociedad instituida por la naturaleza, es ella —es decir, la ley natural— la que determina su objeto y principios fundamentales, "contra los cuales nada pueden las convenciones humanas", de manera semejante a como las leyes

---

[54] *De iure belli*, L. I. c. III, § I, 2.

naturales que rigen el matrimonio no pueden ser alteradas por las estipulaciones de los cónyuges.[55]

1144.- Johannes Messner dice que los grandes exponentes del iusnaturalismo en lo relativo a la teoría del Estado, han reconocido que es parte esencial de este el autosometimiento de sus miembros a esa unidad de personas que es la sociedad civil; y que tales autores, considerando que el Estado se apoya por su naturaleza en el consentimiento de sus miembros, hablan, aunque con reservas, de pacto (*pactum*). Cita Messner a San Agustín (La ciudad de Dios, Lib. IV, c. 4, y Lib. II, c. 21), a Santo Tomás, que da la definición de Estado de San Agustín, tomada por este de Cicerón Suma Teológica, (1-2, q. 105, a. 2).

Expresa Messner que estos pensadores en modo alguno han pretendido fundar el Estado en la libre voluntad del hombre, y en un pacto social entendido en sentido individualista, "es decir, en una simple voluntad popular". Y añade que "si el Estado no fuera una unidad voluntaria de seres libres, no sería distinto en el fondo de un enjambre de abejas"; y que el consentimiento de los miembros ha de referirse a la unión en una sociedad, y a la forma de gobierno, y dice que se puede designar con Pufendorf a estos dos aspectos del consentimiento como "*pactum unionis*" y "*pactum subjectionis*", mas haciendo ver que Pufendorf incurre ya en el error fundamental de ver el origen del Estado y del poder estatal en un pretendido acto constituyente.[56]

Para Messner, el Estado se origina en la familia, que con las familias de los hijos pasa a tribu bajo la autoridad del más viejo, o de los más viejos. La tribu es una primitiva formación estatal.[57]

1145.- Osvaldo Lira nos dice que la sociedad civil es *originariamente* natural y formalmente artificial, por hacerla necesaria la naturaleza lo primero, y por ser fruto inmediato de la actividad humana lo segundo, toda vez que su existencia supone un pacto. "El error del ginebrino dieciochesco —dice, refiriéndose a Rousseau— no consistió en hacer de la sociedad el fruto de un contrato. Fue algo incomparablemente más profundo, consistió en despojar a ese contrato de todo fundamento que no fuera el puro y simple arbitrio humano...". Luego agrega: "... un contrato social elaborado conforme con las normas esenciales

[55] Rafael Fernández Concha, Filosofía del Derecho *cit.*, t. II, n°s 899-900, págs. 169-170.
[56] Johannes Messner, Ética Social... *cit.*, págs. 833-835.
[57] Messner, *op. cit.*, pág. 814, pág. 816.

de la persona racional ofrecerá garantías suficientes para el desarrollo de una auténtica vida en sociedad".[58]

e') *Momento en que tendría lugar el pacto que origina la sociedad civil*

1146.- De los autores que acabamos de citar, Suárez (*supra*, nº 1141) y Liberatore (*supra* 1138) ponen el pacto en el tránsito de la familia a la aldea o vecindario, que así vendría a ser ya el Estado o sociedad civil en estado rudimentario: ellos niegan que la potestad del padre de familia pueda extenderse sin un pacto a las familias de sus hijos. Dice Fernández Concha, en el mismo sentido, que cuando hay transición de la familia a la aldea —reunión de familias de origen común—, la aldea, "que es la sociedad civil en rudimento", no se forma sin un pacto o acuerdo.[59]

Santo Tomás, en cambio, pareciera sostener que el acuerdo como causa de la sociedad civil, interviene en el tránsito de la aldea a la ciudad (*supra*, nº 1140).

f') *Características particulares de este pacto: solo es pacto por analogía*

1147.- Como hemos visto, según Liberatore y Fernández Concha, este pacto podría ser tácito y a veces obligado; y Fernández Concha solo lo estima necesario para dar razón del origen de la sociedad civil, pero no de su conservación después de fundada, toda vez que ya establecida se incrementaría sin necesidad de pacto, ni aun tácito, con los hijos que van teniendo los ciudadanos.

El pacto de sociedad se produce a veces obligatoriamente, nos dice Liberatore (*supra* nº 1138), cuando los vástagos que pueden irse a otra parte, y separarse de la familia originaria, ven que hay una tarea necesaria para la comunidad que no puede llevarse a cabo si la segregación tiene lugar. Esta tarea puede ser —agregamos nosotros— la defensa contra enemigos de fuera, actividad de procura de sustento, etc. Liberatore entiende que los vástagos que aceptan quedarse, en estos casos, celebran el pacto de sociedad obligados, es decir, por cumplir un deber.- Fernández Concha (*supra*, nº 1143, VIIº) también se pone en el caso de que el pacto sea obligado, lo que a su juicio no le quita el carácter de tal.

Pufendorf sostiene, por su parte, que cuando una familia vive fuera de los límites de un Estado, se asemejan mucho a los Estados, no siendo Estado por

---

58 Osvaldo Lira, El Orden Político, Santiago de Chile, Editorial Covadonga, 1985, pág 39.

59 Fernández Concha, *op. cit.*, t. II, nº 915, págs. 183-184.

faltar la autosuficiencia, pero rigiéndose por una autoridad que tiene poder de vida o muerte en los casos criminales, como asimismo el uso de las armas y el cuidado de las confederaciones y alianzas; y que este dominio del padre sobre los hijos —que se extiende más allá de la educación— es establecido por pacto tácito, y poniéndose los hijos libremente en un estado de obediencia al padre, "porque las leyes de la equidad y la gratitud mandan que el hijo debería ceder su esfuerzo y servicio principalmente a él, a quien debe todo lo que él ahora es o disfruta, hasta el momento en que con el consentimiento del padre sea liberado de la sujeción".[60]

O sea, para Pufendorf el pacto social puede ser también celebrado por obligación.

Parece claro que, en los primeros tiempos, esta hipótesis de pactos sociales producidos por obligación con la comunidad previa, debe haber sido muy frecuente, o acaso la más común.

Por otra parte, los hijos mayores que solos, o con sus propias familias ya formadas por ellos, no han podido separarse de su comunidad de origen, por imposibilidad práctica de llevar una vida independiente, al no contar ni con medios de defensa, ni de procurarse el sustento, o al tener allí todas sus relaciones humanas y medios de tener éxito, deben haber sido muchísimos. Su permanencia ha importado un pacto social tácito también obligado.

Cabe preguntarse hasta qué punto son pactos libres —es decir, acuerdos voluntarios— los así celebrados. Solo lo son en el sentido en que se tiene por libre la decisión de arrojar la mercadería al mar para salvar la nave y con ella la vida (Aristóteles, Ética Nicomaquea, L.III, 1110a). Otro tanto cabría decir del consentimiento en el pacto social de quien no se va del país y se nacionaliza en otro Estado, porque no puede prescindir de la situación, raíces e intereses que tiene en su patria.

Nos parece en definitiva deber admitirse un pacto que en general resulta necesario, y que puede llamarse pacto solo por analogía; porque la sociedad civil se produce como prolongación natural de la familia, sin que quepa, ni convenga a nadie, ni resulte viable, formar una sociedad aparte, por la fuerza y dinámica misma de las cosas. Además, este pacto será muchas veces implícito, y no vendrá a ser otra cosa que la voluntad que se requiere para todo acto humano, como muy acertadamente ponen de relieve Galán y Gutiérrez,

---

60 Pufendorf, *De iure Naturae et Gentium*, L. VI, C. II, X.

glosando a Santo Tomás (*Vid.* n° 1140), y Messner, explicando a los grandes exponentes del iusnaturalismo (*Vid.* n° 1144).

g') *Autores iusnaturalistas que consideran una mera ficción el pacto social*

1148.- Otros autores iusnaturalistas —tal vez por las características tan especiales que tendría, y tan ajenas a la noción común de contrato— niegan realidad al pacto social. Para ellos la familia origina naturalmente —sin necesidad de contrato alguno— el clan —grupo de descendientes de un ancestro común— y, después, la tribu —grupo más amplio formado por varios clanes en que no siempre está claro el parentesco de consanguinidad—. La aldea es el clan, o la tribu, asentado territorialmente, y no es aún autosuficiente, como ha de serlo el Estado o sociedad civil.

Requiere todavía —dice Fagothey— organización militar contra los enemigos de fuera, organización económica contra el hambre y las necesidades, organización legal para dirimir las disputas internas; cosas todas que son manejadas en forma más bien arbitraria —continúa el citado autor— por el jefe de la tribu con su consejo de ancianos, pudiendo ser el jefe el patriarca o fundador de la familia total, o su hijo mayor, o uno de sus descendientes designado por él, o uno elegido por la tribu para ser su dirigente, o uno que, simplemente, asume la autoridad y la conserva por su capacidad.

La aldea, por natural crecimiento, puede llegar a la autosuficiencia y convertirse en Estado. Más probablemente el Estado resultará de la reunión de varias aldeas que se organizan para la común defensa y comercio entre ellas, y para tener un sistema legal común. Determinadas estas cosas y establecida una autoridad para hacerlas efectivas, ha surgido un Estado —dice Fagothey, quien estima que este es el pensamiento de Aristóteles—.[61]

En cuanto al pacto social, Fagothey se expresa así:

> "El contrato social como origen de la sociedad política es pura ficción. Que algunos Estados más modernos se hayan originado de esa manera, fácilmente se concede, pero es absurdo pensar que esta es la única manera en que los hombres pudieran haber pasado de un estado no social a un estado de sociedad civil. La familia constituye un vínculo natural entre los dos".[62]

---

[61] Fagothey, *op. cit.*, pág. 388, n° 3, y págs. 382-383, n°s 1-5.

[62] Fagothey, *op. cit.*, pág. 388, n° 4.

Esta crítica a la teoría del pacto social está también dirigida —en la persona de Locke— por Fagothey, contra los iusnaturalistas que creen que el hombre es naturalmente sociable, pero que la sociedad civil no puede comenzar sin un contrato que los hombres son naturalmente impelidos a celebrar.[63]

b) *El llamado estado presocial o de naturaleza. Iusnaturalistas del racionalismo que creen que hay un estado de naturaleza o presocial, pero que en él la tribu o la aldea, o la familia tienen potestades propias del Estado*

a') *El estado de naturaleza*

1149.- Hay iusnaturalistas racionalistas que miran el Estado como sociedad voluntaria, en el sentido de que, siendo conveniente para el hombre, y conforme con su instinto social el formarla, sin embargo, él es relativamente libre de constituirla o no. Para estos autores, antes de la formación de la sociedad civil, se da un estado que llaman "de naturaleza", un estado que pudiéramos decir "presocial", en que los hombres viven libremente, sin estar sujetos a autoridad alguna con sus respectivas familias, y en que cada cual tiene el poder de castigar las injusticias que contra él se cometan, o contra otros, y el poder de reparar a costa del hechor los daños que se le infieran. La sociedad hace entrar a los hombres en el *estado civil*, y ellos pueden o no constituirla.

b') *Algunos autores importantes de esta corriente doctrinal*

1150.- Entre estos iusnaturalistas racionalistas podemos citar a Pufendorf y Heinecio. Ellos, con todo, reconocen a la familia, o a la tribu, potestades que son propias del Estado, como las de aplicar penas, incluso la capital, hacer la guerra, pactar alianzas, etc., y dan a entender que el otorgamiento de tales poderes al padre de la familia originaria por parte de los hijos mayores, es obligatorio o necesario, con lo cual, en el fondo, siendo la tribu con potestades estatales el Estado en rudimento, vienen a incurrir en contradicción y a considerar al Estado sociedad necesaria y no voluntaria.

1151.- Veámoslo. Pufendorf sostiene en su célebre *Derecho de la naturaleza y de gentes*:

---

[63] Fagothey, *op. cit.*, págs. 386-388, nº 4.

I°) Que los hombres estuvieron al principio bajo la autoridad familiar, de modo que toda la humanidad junta nunca existió en estado de naturaleza;

II°) Que es fábula el estado de naturaleza de Hobbes, de guerra de todos contra todos;

III°) Que solo existió cualificado y solamente en parte, un estado de naturaleza, mientras se formaba un cuerpo político o sociedad civil, y todavía retenían los hombres un poco de libertad natural los unos frente a los otros; y que vivieron los hombres en estado de naturaleza cuando la humanidad estaba dividida en distintas familias, y luego ellos formaron parte de comunidades separadas, sin obedecer ninguno a los otros y sin reconocer nadie un señor común entre los hombres;[64]

IV°) Las familias que viven aparte, fuera de los límites de un Estado, se asemejan mucho a Estados o reinos, y son así gobernadas por sus cabezas de familia de una manera que guarda cierta proporción con el poder real (de un rey);

V°) Estas familias, instituidas con fines distintos de los del Estado, carecen de muchas partes de la soberanía civil;

VI°) Pero la autoridad de la familia en esta condición de estar fuera de los límites de un Estado, está tan cerca de la autoridad legislativa, como para tener el poder de vida o muerte en los casos criminales, como asimismo el uso de las armas y el cuidado de confederaciones y alianzas;

VII°) "Este dominio del padre sobre los hijos, ahora aumentado, es establecido por pacto tácito; extendiendo el padre sus mandatos más allá de la materia de la educación, y poniéndose los hijos libremente en estado de obediencia al padre, porque las leyes de la equidad y la gratitud mandan que el hijo debería ceder su esfuerzo y servicio principalmente a él, a quien debe todo lo que ahora es o disfruta; hasta el momento en que con el consentimiento del padre sea liberado de la sujeción";[65]

VIII°) La verdadera y principal causa por la cual los padres de familia quisieron consentir en renunciar a su libertad natural y en formar una república, fue protegerse con ello contra aquellas violaciones del derecho (injurias) que un hombre puede sufrir por parte de otro;[66]

---

64 Pufendorf, *De iure naturae et gentium*, L. II. C. II, 16.

65 Pufendorf, *op. cit.*, L. VI. C. 2, X.

66 Pufendorf, *op. cit.*, L.VII, C. 1, VII.

IX°) La sociedad civil o Estado se forma por un pacto, que requiere unanimidad (*pactum societatis*), y otro pacto sobre la forma de gobierno (*pactum subjectionis*), que deberá ser unánime si alguien condicionó su adhesión al primer convenio, a que se estableciera una determinada forma de gobierno, o adoptado —de no haber puesto nadie esa condición— por mayoría.[67]

1152.- En su obra "De la obligación del hombre y del ciudadano según la ley natural", compendio del "Derecho de la Naturaleza y de Gentes", Pufendorf define así el estado de naturaleza: "Hablamos de hombres que viven juntos en el estado natural, si ellos no tienen amo común, y uno no está sujeto al otro, y no se conocen entre ellos por la bondad o injuria. En este sentido el estado natural se opone al estado civil".[68]

Más adelante afirma:

I°) "Pero el estado de naturaleza que realmente existe, tiene esta característica, que uno esté unido a algunos hombres por una alianza especial, pero con los otros no tiene nada en común, excepto la propia humanidad sin deberles otra cosa. Dicha condición existe ahora entre los diferentes Estados, y entre los ciudadanos de diferentes naciones, y primeramente se tuvo entre los patriarcas esparcidos";[69]

II°) Los primeros hombres, para llenar un mundo vacío aún, y buscar habitación más espaciosa para ellos y sus rebaños, se esparcieron y dispersaron, y después comenzaron a unirse, al ver los inconvenientes de la vida aislada, para formar sociedades, primero más chicas y después más grandes siendo la unión ya voluntaria ya obligada;[70]

III°) Los deseos y necesidades naturales de los hombres se habrían satisfecho con creces por medio de las comunidades primitivas y los deberes cumplidos por humanidad o por pactos,[71] y

---

67 Pufendorf, *op. cit.*, L. VII, c. II, VII.

68 Samuel Von Pufendorf, De la obligación del hombre y del ciudadano según la ley natural, en dos libros (Cambridge. De la Casa de John Hayer, Impresor para la celebrada Universidad, 1682, traducción de Lelia B.V. de Ortiz, Universidad Nacional de Córdoba. Dirección General de Publicaciones, 1980, t. II, L. II, c. I, n° 5, págs. 178-179).

69 Pufendorf, De la obligación... *cit.*, L. II, c. I, n° 6, pág. 179.

70 Pufendorf, De la obligación... *cit.*, L. II, c. I, n° 7, págs. 179-180.

71 Pufendorf, De la obligación... *cit.*, L. II, c. 5, n° 2. pág. 202.

IVº) La razón verdadera y principal por la que los patriarcas abandonaron su libertad natural y fundaron ciudades, fue para poder fortificarse contra los males que los amenazaban de parte de los demás hombres.[72]

1153.- Todo este recorrido por los textos de Pufendorf nos permite, creemos, concluir que para él las potestades de gobierno propias de la sociedad civil o Estado, las tenían los patriarcas de las tribus o familias ampliadas, o comunidades primitivas, que sí eran sociedades naturales, y el Estado sería la sociedad más autosuficiente en cuanto al poder de proteger a sus miembros, y a los medios de vida, contraída libremente por los patriarcas, o los grupos menores.

1154.- *Heinecio*.- Las ideas de este autor pueden resumirse así:

Iº) Siendo todos los hombres iguales por naturaleza, el estado natural es el de igualdad, en el que no caben el imperio ni la sujeción.[73] Por lo tanto, el estado natural del hombre es el de libertad, y en él no caben leyes positivas ni magistrados.[74]

IIº) Por la esperanza de mayor seguridad y comodidad, en parte, y en parte por la misma malicia de los hombres —dice Heinecio—, ellos se coligaron en sociedad;

IIIº) "Y porque en el estado natural —continúa Heinecio— el vínculo más fuerte donde poder contenerse los hombres son precisamente los pactos y las convenciones, por esto, se sigue que las sociedades son constituidas y formadas por medio de pactos y de las convenciones";[75]

IVº) Incluso la familia se basa en el consentimiento de los hijos, los cuales se presumen consentir por la naturaleza de las cosas, aun si se rebelan contra la autoridad paterna, queriendo sacudirse de ella: se presume que consienten, entonces, porque no pueden no querer vivir con los padres en sociedad, sin la cual no podrían conservarse ni recibir educación; idea esta de Heinecio cuya absurdidez es innecesario subrayar;[76]

---

72 Pufendorf, De la obligación... *cit.*, L. II, c. 5, nº 6, pág. 204.

73 Heinecio, Elementos de Derecho de la Naturaleza y de Gentes, ed. italiana con la nueva versión del sacerdote Silvestro Pisani, 2ª ed., vol. II, Nápoles, *Stablimento all insegno dell' Ancone*, 1840, § V.

74 Heinecio, *op.*, y ed. *cit.*, vol. II, § VI.

75 Heinecio, *op.*, ed. y vol. *cit.*, § XII.

76 Heinecio, *op.* y vol. *cit.*, § XVI, y nota a.

V°) Además del pacto por el que se constituye la sociedad, se requiere otro para establecer la forma de gobierno, y quiénes detentarán la autoridad;[77]

VI°) La familia en el estado natural no solo tiene el fin de adquirir las cosas necesarias para mantener cómodamente la vida, sino también, el de la "recíproca defensa contra todos los enemigos, y de aquí por tal motivo, piensan muy bien aquellos que creen que una tal familia viene a formar una especie de pequeña ciudad";[78] extendiéndose el poder del padre en la familia a los derechos de soberanía: hacer leyes, castigar a los culpables, formar tratados con los otros, y así llevar la guerra y la paz con los enemigos.[79]

1155.- *Locke*.- Parecidas son las ideas de John Locke, expuestas en su obra "Segundo Tratado sobre el Gobierno Civil":

I°) la familia se asemeja a un pequeño Estado, pero difiere mucho de él, porque el poder del padre solo dura hasta la edad en que los hijos se consideran mayores, y no comprende el poder de vida o muerte sobre los miembros de la familia (n° 86);

II°) por el consentimiento tácito de los hijos ya mayores podía el padre adquirir poderes de gobierno, propios del Estado, sobre la familia (n°s 74-76);

III°) antes de formar sociedad civil, los hombres, todos libres e iguales, se hallan por naturaleza en un estado de perfecta libertad para ordenar cada cual sus acciones y disponer de sus bienes y personas como juzgue oportuno, dentro de los límites de la ley natural, establecida por Dios, y cada uno tiene el derecho de castigar a los transgresores de la ley natural, y de exigir la reparación de los daños que otro le haya inferido injustamente (n°s 7-12);

IV°) los hombres permanecen en este estado de naturaleza hasta que por su propio consentimiento, se hacen a sí mismos miembros de alguna sociedad política (n° 15);

---

77 Heinecio, *op.* y vol. *cit.*, § CX y CXI.

78 Heinecio, *op.* y vol. *cit.*, § XCI.

79 Heinecio, *op.* y vol. *cit.*, § XCIII. En nota a, pone el autor ejemplos tomados de la Sagrada Escritura, de Abraham, Isaac y Jacob.

V°) esto puede ocurrir porque un número de hombres en estado natural entre en sociedad para formar un cuerpo político bajo un gobierno supremo; o porque alguno ingrese a una sociedad civil ya establecida (n° 89), y

VI°) el fin principal de los hombres al entrar en sociedad es disfrutar de sus propiedades en paz y seguridad (n° 134), y preservar sus vidas, sus libertades y sus fortunas, y no podría suponerse que su intención ha sido —de tener poder para ello— dar a uno o más individuos un poder absoluto y arbitrario sobre sus personas y propiedades (n° 137).

c') *Crítica de la teoría del estado de naturaleza*

1156.- Cabe preguntarse si, supuesto el instinto social del hombre, y la realidad y urgencia de las necesidades en que se funda —de cooperación, intercambio de bienes y servicios, protección, solución imparcial de controversias, etc.—, es concebible el llamado estado de naturaleza: si puede haber tenido realmente lugar alguna vez.

Para responder a esta interrogante, nos parece conveniente, ante todo, precisar el concepto que del *estado de naturaleza* dan los autores que hablaron de él, los cuales pertenecen a los siglos XVII y XVIII, y al iusnaturalismo racionalista; para luego ver las opiniones de autores posteriores sobre el tema, y por último examinar brevemente el proceso de formación del Estado.

a") *Concepto del estado de naturaleza*

1157.- Grocio habla del estado de naturaleza como del que tenía el hombre antes de pertenecer al Estado o sociedad civil;[80] pero no hemos encontrado en su obra una definición del mismo.

Para Hobbes, según su obra *De cive* (Del ciudadano) (1642), el pacto social no habría sido —según una interpretación— un acontecimiento histórico referido a un estado primitivo, sino algo implícito en la naturaleza misma del hombre, que entregada a sus pasiones daría lugar a un estado de violencia y a la lucha de todos contra todos.[81] Dalmacio Negro Pavón nos dice que el estado de naturaleza de Hobbes "es un simple marco de referencia de la extremada fragmentación en que caería la naturaleza humana si no existiera poder político.

---

80 *De iure belli*, L. I, c. III, § II, 1.

81 *Vid.* Hobbes, *De Cive*, traducción española de Carlos Mellizo, Alianza Editorial, Madrid, 2016, págs. 195-196.

Es un modelo como los de la física".[82] Pero leyendo el Levietán el estado de naturaleza aparece como etapa previa a la formación del Estado.

1158.- Pufendorf dice en su Derecho Natural y de Gentes, que los hombres vivieron en estado de naturaleza cuando la humanidad estaba dividida en distintas familias, y luego ellos formaron parte de comunidades separadas, sin obedecer ninguno a los otros y sin reconocer nadie un señor común entre los hombres (*supra*, nº 1150, IIIº). Añade este autor en su obra "La obligación del hombre y del ciudadano según la ley natural", que hablamos de hombres que viven juntos en estado natural, si ellos no tienen amo común, y uno no está sujeto al otro, y no se conocen entre ellos por la bondad o injuria" (*supra*, nº 1152).

1159.- Locke consideró el estado de naturaleza como una etapa real, previa a la formación de Estado, en que todos los hombres, libres e iguales, ordenan sus acciones y disponen de sus bienes y personas como juzguen oportuno, dentro de los límites de la ley natural, sin pedir permiso ni depender de la voluntad de ningún otro hombre.[83] (*supra*, nº 1155). Respondiendo este autor a la objeción de que "no se encuentran en la historia ejemplos de una agrupación de hombres independientes e iguales entre sí" que se unieran para establecer un gobierno,[84] dice que los orígenes de Roma y Venecia tuvieron lugar con la unión de varios hombres libres e independientes los unos de los otros, entre los cuales no había ni superioridad ni sujeción naturales, y añade:

"Y si aceptamos la palabra de José de Acosta,[85] lo que este historiador nos dice es que en muchas partes de América no había gobierno en absoluto. "Hay grandes y evidentes indicios", nos dice refiriéndose a los nativos del Perú, "de que estos hombres carecieron por mucho tiempo de reyes y de Estados; y que vivieron en hordas, como hacen en el día de hoy los Cheriquanas de Florida, los indios del Brasil y muchos otros pueblos que no tienen reyes fijos sino que,

---

[82] En Thomas Hobbes, Elementos de Derecho Natural y Político, Centro de Estudios Constitucionales, Madrid, 1979, pág. 42.

[83] Locke, Segundo Tratado sobre el Gobierno Civil, nº 4.

[84] Locke, Segundo Tratado..., nº 100.

[85] Historiador y misionero español, jesuita, autor de la obra "Historia Natural y Moral de las Indias" (Sevilla 1590).

cuando la ocasión se presenta, ya sea en tiempo de paz o en tiempo de guerra, escogen a capitanes según les place".[86]

1160.- Heinecio (*supra* nº 1154) nos dice que el estado natural es el de igualdad de todos los hombres entre sí, y que en él no hay imperio ni sujeción, leyes ni magistrados.

1161.- Para todos estos autores, según resulta de la exposición del pensamiento de cada cual hecha más arriba, los hombres fundan la sociedad civil o Estado en virtud de un pacto, llevados por la necesidad de asegurarse contra el atropello de sus derechos por parte de otros, y preservar sus vidas y bienes y su libertad. O sea, estos autores reconocen una cierta necesidad natural en la formación de los Estados, aunque dan a entender, en forma poco realista, que predomina la libertad en su constitución.

Por otra parte, Pufendorf y Heinecio reconocen a la familia o a la tribu potestades cuasi estatales, con lo que el Estado viene a estar siempre en la vida del hombre, al menos incoativamente o en forma rudimentaria (*supra*, 1151, IVº a VIIº; 1154, VIº).

b") *El estado de naturaleza no ha podido existir nunca*

1162.- La verdad es que, como dice Aristóteles, el hombre es por naturaleza sociable; no puede vivir solo, y donde hay sociedad tiene que haber autoridad, y la sociedad que, formada a partir de una familia, contiene ya varias, es un Estado rudimentario.

Por otra parte, el pacto de sociedad, que puede ser tácito e incluso obligatorio moralmente, será obligado en el hecho las más de las veces, en el sentido de que los miembros de la sociedad que ha sobrepasado los límites de la familia no tendrán otra posibilidad real que permanecer en ella (*supra*, nº 1147).

Así las cosas, el estado de naturaleza, es decir aquel en que no se pertenece a una sociedad civil ni se obedece a nadie, no puede haber existido nunca.

1163.- Es lo que nos dice Fernández Concha: "... dicho estado [el de naturaleza] no es ni el primitivo ni el natural del hombre, y no se ha verificado

---

[86] Locke, *op. cit.*, nº 102.

ni puede verificarse sino a lo sumo respecto de unas cuantas personas como una situación accidental y extraordinaria...".[87]

En el mismo sentido, expresa Giorgio Del Vecchio, notable filósofo del Derecho italiano del siglo XX: "Esta suposición [la de haber existido un estado de naturaleza], referida a una fase histórica cualquiera, esto es, entendida en sentido empírico, hay que abandonarla pura y simplemente, por la razón ya enunciada por Locke, de que el estado natural para el hombre es precisamente el estado de sociedad".[88, 89]

"... es absurdo —dice Fagothey al admitir que algunos Estados modernos puedan haberse formado contractualmente— pensar que esta es la única manera en que los hombres pudieran haber pasado de un estado no social a un estado de sociedad civil. La familia constituye un vínculo natural entre los dos".[90]

Ya el célebre jurisconsulto inglés del siglo XVIII —época de auge de la teoría del contrato social— William Blackstone había hecho una demoledora crítica de la doctrina del estado de naturaleza, en su famosa obra —fundamental en la bibliografía jurídica anglosajona— Comentarios a las leyes de Inglaterra:

> "El único y natural fundamento de la sociedad —decía— son las necesidades y temores de los individuos. No que podamos creer, con algunos escritores teóricos, que alguna vez hubo un tiempo en que no existía una realidad tal como la sociedad; y que, a partir del impulso de la razón, y por un sentido de sus necesidades y debilidades, los individuos reunidos en una ancha llanura, entraron en un contrato originario y eligieron por gobernante suyo al mejor hombre presente. La noción de un estado de naturaleza sin relaciones, existente en acto,

---

87 Fernández Concha, Filosofía del Derecho *cit.*, t. II, n° 11, pág. 13.

88 Giorgio Del Vecchio, Filosofía del Derecho, 9ª ed. española, Bosch, Barcelona, 1974, pág. 417.

89 El profesor Giorgio Del Vecchio, nació en Bolonia en 1878 y murió en 1970. Fue profesor de Filosofía del Derecho en Ferrara, Bolonia y Roma. Escribió Teoría del Contrato Social (1906), Los Principios Generales del Derecho (1912), La Justicia, Lecciones de Filosofía del Derecho, Teoría del Estado, etc. Participó como voluntario en la Primera Guerra Mundial, llegando a obtener los grados de capitán y comandante. Comenzó como neokantiano, cultivando un iusnaturalismo de corte idealista, pero con los años recibió la influencia del neotomismo. Ya maduro se bautizó como católico. Pío XI y Pío XII le habían manifestado su aprecio por las ideas cristianas de su pensamiento. (Datos biográficos contenidos en la citada edición española de su Filosofía del Derecho, págs. IX-XIII; Luis Recasens Siches, Panorama del Pensamiento Jurídico en el siglo XX, Editorial Porrúa, México, 1963, t. 1, págs. 79 y ss).

90 Fagothey, *op. cit.*, pág. 388, n° 4.

es muy disparatada como para ser admitida seriamente; y, además, es claramente contradictoria con la narración revelada del primitivo origen de la humanidad, y de su preservación dos mil años después, cosas ambas que fueron realizadas por medio de una sola familia".

Poco más adelante, añade este autor acerca del alcance con que puede hablarse de contrato de sociedad:

> "... con todo, es el sentido de sus debilidades e imperfección el que mantiene a la humanidad unida; que demuestra la necesidad de esta unión; y que, por tanto, es el sólido y natural fundamento, como el cemento de la sociedad. Y esto es lo que queremos decir cuando hablamos del contrato primero de sociedad: el cual, aunque tal vez en ningún suceso determinado ha sido nunca formalmente expresado como la primera institución de un Estado, con todo, en la naturaleza y la razón debe siempre ser subentendido y dado a entender en el mismo acto de unirse en sociedad: o sea, que el todo debería proteger todas sus partes y que cada parte debería prestar obediencia a la voluntad del todo; o, en otras palabras, que la comunidad debería custodiar los derechos de cada miembro individual, y que (en retribución por esta prestación) cada individuo debería someterse a las leyes de la comunidad...".[91, 92]

c") *La formación del Estado es progresiva, y no debe confundirse el Estado incipiente con el supuesto estado presocial o estado de naturaleza*

1164.- Lo que ocurre es que la formación del Estado es progresiva, y se ha confundido el Estado incipiente con un supuesto estado presocial o asocial.

---

91 William Blackstone, *Commentaries on the Laws of England*, vol. 1, 1765, facsímil de la 1ª edición, Prensas de la Universidad de Chicago, Chicago y Londres, 1979, págs. 47 y 48.

92 William Blackstone —citado por don Andrés Bello en los proyectos del Código Civil chileno— nació en Londres en 1723, fue admitido en el Rembroke College de Oxford a los quince años, haciendo excelentes estudios de los clásicos y de matemáticas. Se graduó en 1741. En 1758 fue nombrado como primera persona a cargo de la cátedra de legislación inglesa, primera establecida para la materia, fundada por Charles Viner. Dejó este cargo en 1766 para dedicarse a la práctica profesional. Entre 1761 y 1770 fue miembro del Parlamento. Desde 1770 hasta su muerte fue Ministro de la *Court of Common Pleas* (tribunal de primera instancia). Murió en 1780. (Introducción a la edición facsimilar citada de sus Comentarios a las leyes de Inglaterra, págs. III-V).

La formación del Estado es un proceso largo, nos dice Del Vecchio, que ha estudiado particularmente este tema, y cuya explicación seguiremos: se pasa de la familia —patriarcal, en general— al clan: la *gens* o grupo gentilicio, formado por los que tienen ascendientes comunes. Las *gentes* o clanes se unen a veces para la guerra y nombran un jefe militar. De ahí se pasa a la unión permanente y, por tanto, al Estado, que termina de formarse cuando logra avocarse todos los conflictos y hacer que los fallos de los jueces tengan fuerza obligatoria.

Del carácter tan solo militar y temporal de la autoridad supragentilicia se pasa a la autoridad propia de la sociedad civil, porque: I°) ella se necesita para el orden interior de modo que la acción hacia el exterior pueda realizarse bien, y así el nuevo poder se usa para lograr que los acuerdos substituyan a la venganza en la solución de los conflictos; II°) se produce una adaptación a la relación de soberano a súbdito; III°) se ve que tras la guerra hay que mantener un dominio sobre los vencidos, recoger los frutos de la victoria y precaver los peligros que traería la disolución de la unión que se ha logrado, y IV°) los grupos con sólida disciplina sobreviven más y pueden prevalecer sobre los restantes.

En todo este proceso, que es largo, hay un período de pugna entre las *gentes* o clanes y el poder central.[93]

"Lo que, sin embargo, se presenta como firme [al margen de la discusión sobre patriarcado y matriarcado] —dice también Del Vecchio—, es que la organización jurídica primitiva se fundamenta sobre el *vínculo de la sangre*. Aquellos que tienen una *descendencia común* constituyen, también, con respecto al Derecho, una unidad, lo cual se traduce en una *tutela recíproca*".[94]

En la *gens* o grupo gentilicio —constituido según un vínculo de sangre—, "domina esencialmente la autoridad de la costumbre: todo individuo se considera obligado a seguir el ejemplo de sus mayores…".[95]

1165.- Parecidos conceptos encontramos en la obra del antropólogo Godfrey Lienhardt.

Según este autor, cuya ciencia —la antropología social— se basa en el estudio de pueblos primitivos que aún conservan ese carácter, la idea de Estado supone un territorio delimitado y un gobierno que administre el territorio. Y añade que los antropólogos, cuando usan la palabra "Estado", tienen en mente

[93] Del Vecchio, Filosofía del Derecho *cit.*, págs. 467-474.
[94] Del Vecchio, *op. cit.*, pág. 469.
[95] Del Vecchio, *op. cit.*, pág. 469.

alguna forma de gobierno central o, por lo menos, de hegemonía política permanente, efectiva en toda una definida área territorial.[96]

Donde no hay autoridad central —añade—, "el consejo de ancianos y jefes puede escuchar las disputas y expresar sus opiniones estableciendo las tradicionales reglas de conducta de la comunidad; pero tienen muy poco poder (o ninguno), para hacer cumplir esas reglas".[97]

Lienhardt se refiere también a la justicia privada, que se usaba tradicionalmente en las sociedades no centralizadas: "Todo demandante podía, por sí mismo, hacer valer sus derechos mediante el apoyo que pudiera conseguir entre la familia y sus amigos".[98]

Era de gran interés público la reconciliación, dice también el citado autor, y agrega que los que se negaban persistentemente a conformarse a las normas sociales, perdían el apoyo de sus parientes y cualquiera podía levantar su mano contra ellos.[99]

1166.- El profesor Julio Philippi, en su estudio *La estructura social del pueblo yámana*, nos describe una sociedad civil primitiva, o si se quiere, un cierto Estado en formación. Hasta no hace mucho, habitaban en la gran isla Tierra del Fuego los yámanas o yaganes, canoeros y cazadores, del nivel cultural pre alfarero, recolectores, y que no conocían los metales. Eran monoteístas, monógamos, carentes de organización política, de jefes tribales y de castas sacerdotales, y su cultura era elemental o arcaica.[100]

Del trabajo del profesor Philippi se desprende que la estructura social del pueblo yámana tenía las siguientes características fundamentales:

1°) "No constituían políticamente un pueblo o nación en el sentido de un conglomerado unido bajo autoridades superiores";[101]

---

96 Godfrey Lienhardt, Antropología social, Fondo de Cultura Económica, traducción de Demetrio Aguilera, de la edición de la *Oxford University Press*, México, 1966, pág. 94.

97 *Op. cit.*, pág. 102.

98 *Op. cit.*, pág. 102.

99 Lienhardt, *loc. cit.*

100 Julio Philippi Izquierdo, La estructura social del pueblo yámana, en Academia Chilena de Ciencias Sociales, Políticas y Morales del Instituto de Chile, Testimonio de la Sociedad Chilena en su Transición hacia un Nuevo Siglo, vol. II, Santiago, 2000, págs. 291 y 294.

101 *Op. cit.*, pág. 302.

2°) "Su estructura estaba constituida únicamente por familias, manteniendo el conjunto su unidad natural debido al parentesco sanguíneo, tanto por la línea paterna como materna";[102]

3°) En los distritos que habitaban podían distinguirse subgrupos de familias especialmente unidas, pero sin una autoridad con imperio político, judicial o religioso;[103]

4°) Con frecuencia los conflictos dentro del grupo de familia se resolvían gracias al consejo de una persona anciana que sobresaliese por méritos y virtudes, la cual, sin embargo, no tenía oficialmente esa función, sino que la ejercía de hecho: era el "tiámuna", y "su autoridad era meramente moral y emanaba de sus cualidades personales";[104]

5°) Existía entre los yámanas el Consejo de Ancianos y Prudentes que actuaba "en las decisiones que, de vez en cuando, habían de tomarse en interés del conjunto"; por ejemplo para la "organización de las grandes ceremonias rituales de iniciación de la juventud";[105]

6°) La vida social se regulaba por costumbres; habiendo un claro conocimientos de ellas y de su obligatoriedad en orden al bien de todos;[106]

7°) La estructura social de los yámanas es análoga a la de los pigmeos, pueblo de cultura arcaica del África;[107]

8°) Poseían —como los grupos humanos más antiguos conocidos— el matrimonio monógamo, ocupando la mujer una posición digna, y disfrutando los niños del cariño de sus padres y de la protección de toda la tribu, según la observación del eminente antropólogo Martín Gusinde (en *Hombres Primitivos en la Tierra del Fuego*, pág. 231);[108]

9°) En cuanto al matrimonio, se observaban las siguientes reglas: I) Estaba absolutamente prohibido entre consanguíneos; II) La afinidad no era impedimento, salvo entre el segundo marido de una mujer y las hijas de ella; III) Los jóvenes tenían plena libertad en la elección del que había de ser su consorte; IV) Era requisito para contraer matrimonio el haber participado en las ceremonias de iniciación a la pubertad, en las

---

[102] *Loc. cit.*

[103] *Loc. cit.*

[104] *Loc. cit.*, págs. 302-303.

[105] *Loc. cit.*, pág. 303.

[106] *Loc. cit.*

[107] *Loc. cit.*

[108] Philippi, *op. cit.*, pág. 304.

cuales los jóvenes y las muchachas eran instruidos minuciosa y claramente sobre sus deberes sociales y las tradiciones yámanas; V) Imperaba la monogamia, y VI) Existía la institución del levirato según la cual una mujer que quedaba viuda sin hijos, debía ser tomada por esposa por un hermano del marido fallecido para que tuviera familia;[109]

10°) Relativamente a la organización jurídica, cabe decir que no existía autoridad que pudiese actuar coactivamente frente a las infracciones a las normas de convivencia, salvo los padres respecto de sus hijos, lo que podía llevar a la violencia; y que los delitos contra las personas se castigaban por el ofendido mediante la venganza, y en caso de homicidio, existía una verdadera obligación "de cobrar el precio de la sangre";[110] y se consideraba que la vida humana era sagrada, y

11°) Por lo tocante a la propiedad, hay que apuntar: I) que había bienes de la comunidad y otros de propiedad privada; II) que los yámanas consideraban derecho exclusivo suyo el cazar y pescar en su territorio, si bien la invasión por razas vecinas no era resistida con armas por la falta de una estructura política y militar que organizase la defensa; III) que no había propiedad sobre la tierra; IV) que el dominio sobre los productos susceptibles de recolección, caza o pesca "se adquiría solo por la recolección o captura del animal"; V) que en el matrimonio se distinguía entre los bienes propios de cada cónyuge, los que los contrayentes tenían antes del matrimonio, y los de uso personal; y los bienes comunes o familiares; VI) que había un claro sentido de la propiedad privada y de la función social de la propiedad, no siendo lícito desperdiciar alimentos; VII) que para el yámana era evidente que todas las cosas pertenecían a Dios; no siendo permitido recolectar más de lo necesario y aprovechable, y VIII) que la propiedad se adquiría por la ocupación y el trabajo.[111]

1167.- Nos advierte Philippi que según el autorizadísimo veredicto del etnólogo Martín Gussinde, que efectuó cuatro expediciones a la zona de los yámanas entre los años 1918 y 1924, incorporándose plenamente a su forma de vida durante largos períodos, "el fueguino se encuentra más cerca del principio de la humanidad que ninguna otra tribu americana", y "con más seguridad

---

109 *Op. cit.*, págs. 304-306.
110 Philippi, *op. cit.*, pág. 309.
111 Philippi, *op. cit.*, págs. 309-313.

que ninguna otra, nos permite una visión exacta de la esencia y la vida de los primeros seres humanos al empezar el desarrollo de nuestro género".[112] "En la segunda mitad del siglo XIX y en los primeros decenios del siglo XX —dice también Philippi— se multiplican los viajes e investigaciones en la región, pues la ciencia se había ya alertado sobre la importancia que para la historia de la cultura humana representaban esos pueblos [los de la Tierra del Fuego]. Es así como hacia 1930, pueden contarse alrededor de ciento veinte obras sobre la materia. Entre los numerosos estudios se destaca la acabadísima publicación del destacado etnólogo Martín Gusinde, de la Sociedad del Verbo Divino [Die Feuerländ Indianer]".[113]

---

112 *Op. cit.*, págs. 299 y 295. Martín Gusinde nació en Breslavia, entonces territorio alemán, en 1886, y fue sacerdote de la Congregación del Verbo Divino. Llegó a Chile el 21-IX-1912, e hizo clases por diez años en el Liceo Alemán de Santiago. Se dedicó aquí a los estudios etnológicos y arqueológicos, y desde 1913 colaboró con el Museo de Etnología y Antropología, llegando a ser Conservador del mismo, para cuya revista escribió numerosos artículos. En 1916 realizó una investigación de campo sobre los araucanos, concluyendo, por el grado de conocimiento que poseían de las plantas medicinales, que mucho antes de recibir la influencia incaica tenían una cultura propia con importante desarrollo. Publicó su estudio con el título "Medicina e Higiene de los antiguos araucanos" (Revista del Museo, 1917, año 1, n°s 2 y 3, págs. 87-120 y n°s 3 y 4, págs. 177-293). A partir de 1918, realizó cuatro viajes de estudio a la Tierra del Fuego (1918; 1920; 1921; 1922-1923), redactando los correspondientes informes para el Museo (ahora publicados en un volumen con el título de *Expedición a la Tierra del Fuego*, Editorial Universitaria, 2015, reimpresión de la 3ª ed.). En tales informes hay un resumen de los estudios de Gusinde sobre los onas, yámanas o yaganes y alacalufes, estudios que después desarrollaría en su magna obra *Die Feuerland Indianer*: Los Indígenas de la Tierra del Fuego, que se publicó en cuatro volúmenes entre 1931 y 1974, y en español, en Argentina en nueve tomos, entre 1982 y 1991. El profundo conocimiento que obtuvo Gusinde de los yámanas, le permitió contradecir a Carlos Darwin, que en su obra *Viaje de un Naturalista alrededor del mundo*, había dicho de ellos que eran antropófagos, seres sin Dios ni moral, que podían compararse a los animales, etc. (Expedición a la Tierra del Fuego *cit.*, págs. 83-84). Denunció Gusinde el exterminio de los onas, cazadores de la Isla Grande, que habían sido lanzados por los civilizados de su territorio, e incluso eran asesinados por encargo de los estancieros que querían "limpiar de ellos sus tierras", y pagaban por pares de ovejas de onas, y también por encargo de comerciantes que vendían sus cráneos al Museo de Londres. Estudió también el Padre Gusinde, en 1928 y 1929, a los aborígenes de Arizona y Nuevo México; en 1934, a los pigmeos de Bambuti, en Congo Central, y luego a los Bosquimanos en el Sur de África, en otros viajes (1950-1952); en 1954 hizo estudios entre los indios Yupas en Venezuela. —La Universidad de Nagoya de Japón, lo invitó a ese país para que realizase estudios etnológicos y arqueológicos.— Murió el Padre Martín Gusinde en Mödling, Austria, en 1969 (Mario Orellana Rodríguez, *La personalidad científica y humanística de Martín Gusinde*, en Martín Gusinde, Expedición a la Tierra del Fuego, *cit.*, estudio introductorio, págs. 9 y ss.).

113 Philippi, *op. cit.*, pág. 299.

1168.- Del trabajo del profesor Philippi cabe concluir que los yámanas, que representan el más primitivo modo de vida de la humanidad, formaban una sociedad civil o Estado —aunque incipiente—, pues constituían una comunidad que intentaba como tal la posible suficiencia de la vida; se regían por un derecho consuetudinario en cuya observancia iban formando a su descendencia, y si bien no tenían tribunales, existía entre ellos el Consejo de Ancianos. Por otra parte, tenían asiento en un cierto territorio, sintiéndose con derecho exclusivo a cazar y pescar en él.[114]

Ahora bien, es evidente que todo esto es ajeno al supuesto estado de naturaleza, definido como aquel en que ninguno obedecía a los otros (*supra*, nº 1158). Aquí todos obedecían el derecho consuetudinario establecido por la comunidad, que organizaba la propiedad, el matrimonio, etc. Este análisis confirma, entonces, que lo que algunos tomaron por estado de naturaleza o ausencia de Estado, era, en realidad, el Estado en las primeras etapas de su formación.

1169.- Este planteamiento nos parece confirmado por lo que dice Platón en su diálogo Las leyes, tratando de precisar cómo se habría formado la primera sociedad civil a partir de los pocos sobrevivientes del Diluvio. Dice que los que escaparon a él fueron pastores montaraces que se salvaron en la cumbre de los montes;[115] y que andando el tiempo y propagándose nuestro linaje, avanzó hasta alcanzar el presente estado de cosas, en larguísimo lapso de tiempo;[116] que primeramente se amaban por causa de su soledad, unos a otros, porque el alimento y los pastos no eran escasos, ni por tanto objeto de disputa; no eran indigentes ni ricos, lo que generaba buenas costumbres.[117]

Y a este modo de vida social lo considera Platón un régimen político. Dice que no tenían necesidad de legisladores, no conociendo la escritura, y añade que vivían atenidos "a las costumbres y a las llamadas normas patrias". Luego agrega:

"Pero ya había un modo de régimen político que era el siguiente...". "Me parece que en general al régimen de aquel tiempo se le da el nombre de señorío, el que aún existe en muchos sitios entre los griegos y entre los bárbaros; también Homero cuenta que este se había dado en la vida de los Cíclopes, pues dijo":

---

114 Philippi, *op. cit.*, pág., 309.
115 Platón, Leyes, 677.
116 Leyes, 678 b.
117 Leyes, 678 b-679 a.

"No tienen ellos asambleas deliberantes ni leyes, sino que habitan en las cimas de las altas montañas en las cóncavas grutas, y cada uno da normas a sus hijos y esposas, sin preocuparse de los demás". (Odisea IX, 112-115).[118]

II°) *La doctrina positivista del origen meramente contractual del Estado*

A) *Noción de esta doctrina*

1170.- Dijimos en el acápite "El pacto de sociedad iusnaturalista y el contractualismo voluntarista" (*supra* n° 1136), que los sostenedores de la doctrina iusnaturalista según los cuales la sociedad civil en cada caso concreto se forma por un pacto, piensan que, como sociedad natural, ella se rige, con todo, por el derecho natural en primer lugar, y solo además y en segundo lugar por la ley positiva; y dijimos también que para las doctrinas voluntaristas, como las de Hobbes y Rousseau, el Estado, además de originarse en un contrato, no se rige, al menos en la práctica, por la ley natural, sino solo por convenciones y leyes positivas. Veremos a continuación las doctrinas de Hobbes y de Rousseau.

a) *Hobbes*

1171.- En el n° 723 de esta obra —al que nos remitimos para no repetir—, vimos la teoría del Estado de Hobbes: antes de formarse la sociedad civil, se da el estado de naturaleza; el hombre no es naturalmente sociable, y cada cual solo mira a su defensa y tiene derecho a hacer cualquier cosa, incluso en el cuerpo de los demás, por lo que hay una condición de guerra, y siendo una ley natural que todos tiendan a la paz, los hombres forman el Estado, transfiriendo cada cual su poder de autogobernarse a un gobernante; la ley positiva es, en definitiva, la medida de la justicia y rectitud de las acciones de los hombres, sin que nadie pueda apelar a la recta razón, porque pondría como tal la suya propia.

b) *Rousseau*

1172.- Juan Jacobo Rousseau, filósofo suizo de habla francesa, del Siglo de las Luces (1712-1778), considerado como uno de los padres del pensamiento

[118] Leyes, 680 a-c, traducción de José Manuel Pabón y Manuel Fernández Galiano, Centro de Estudios Constitucionales, Madrid, 1983.

democrático y liberal, cuyas ideas influyeron en la Revolución Francesa y sus hombres, fue el más caracterizado teórico de la explicación contractualista del origen de la sociedad, y también de su régimen, que remite en definitiva —no obstante admitir, en el caso de dicho autor, la ley natural— a las leyes y convenciones humanas.[119]

---

[119] Juan Jacobo Rousseau nació en Ginebra en 1712. Su madre, Susana Bernard, era hija de un pastor calvinista y murió con ocasión de darlo a luz, y su padre tuvo que dejar Ginebra en 1722 por un problema con un militar francés perteneciente a una familia poderosa de la ciudad. Quedó Juan Jocobo a cargo de un tío que lo puso como aprendiz en un taller de grabado. A los dieciséis años se fue de su casa y tiempo después fue recogido por un párroco católico que lo recomendó a Luisa Eleonora, baronesa de Warens, italiana, por cuya influencia se bautizó como católico, sin verdadero convencimiento, en 1728, como que en 1754 había de volver a la Iglesia calvinista. Llevó durante años vida de vagabundo, como gitano —según sus palabras—, y en 1732 entró como escribiente al Catastro de Saboya. Reanudó relaciones con Madame de Warens, y arrendaron una casa de campo en "Les Charmettes", cerca de Annency. Estuvo allí hasta 1738, y estudió esos años en la biblioteca abundante de su protectora, física, química, astronomía, botánica, filosofía, derecho. Allí adquirió Rousseau lo más de su cultura, pues fue un autodidacta. Indispuesto con la Sra. de Warens, se fue a Lyon, donde fue preceptor, y en 1742 entró en París al servicio del embajador de Francia en Venecia, Conde de Montaigu, con quien recorrió varias ciudades de Italia. Despedido de este puesto, vivió pobremente en París, enseñando música y copiando partituras.- Compuso la ópera *Le Devin du Village* (El Adivino de la Aldea). En 1742 fue a París a presentar a la Academia un nuevo sistema de notación musical. En 1745 conoció a Teresa Lavasseur, sirvienta vulgar e ignorante —dice Fraile en su Historia de la Filosofía—, con quien tuvo cinco hijos, los cuales fueron todos entregados por él a una casa de expósitos —niños abandonados—. "Mi tercer hijo —dice a este respecto en sus *Confesiones* (autobiografía)— fue, pues, colocado en una casa de niños abandonados, lo mismo que los otros dos; y lo mismo ocurrió con los dos siguientes; pues yo he tenido cinco en total", y añade que, a pesar de eso, su conciencia le dice que "jamás un solo instante de su vida Juan Jacobo ha podido ser un hombre sin entrañas, sin moralidad, un padre desnaturalizado" (*Confesiones*, II,8, La Renaissance du Livre, París, t. II, pág. 133).

Con el tiempo entró en relación con los filósofos de la Ilustración, y en forma particular con Diderot, quien le pidió artículos sobre música para la Enciclopedia. En 1749, yendo a visitar a Diderot a la cárcel de Vincennes, donde se encontraba preso, al cruzar el bosque de Vincennes, meditando sobre el tema propuesto por la Academia de Dijon para un concurso: si el restablecimiento de las ciencias y de las artes ha contribuido a purificar las costumbres; tuvo Rousseau —según él narra en una carta Malesherbes— una súbita iluminación interior sobre la bondad natural del hombre y la falsedad de la sociedad y la civilización, que hacen malo al hombre, lo que se remediaría volviendo a la vida natural. Rousseau presentó en 1750 a la Academia de Dijon, con este motivo, el "Discurso sobre las Ciencias y las Artes", y obtuvo el premio ofrecido. Al año siguiente presentó a la misma Academia el "Discurso sobre el origen y fundamentos de la desigualdad entre los hombres", sin ganar el premio esta vez. Entre sus obras se cuentan el artículo "Sobre la Economía política", escrito para la Enciclopedia (1758), Carta a D' Alembert sobre los espectáculos (1758), La nueva Heloísa (1761), Emilio (1762), sobre la educación, y El Contrato Social (1762). En esta última obra

El pensamiento de Rousseau sobre la sociedad y su origen está expuesto principalmente en dos obras: El Contrato Social, publicado en 1762, y el Discurso sobre el Origen y los fundamentos de la desigualdad entre los hombres presentado a la Academia de Dijon en 1753, obra que difiere en parte de la anterior, según después se verá.

a') *El contrato social*

1173.- Las ideas de Juan Jacobo Rousseau expuestas en su obra "El Contrato Social", sobre el origen de la sociedad civil, pueden resumirse así:

Sobre el origen contractual del Estado

I°) El Estado no es sociedad natural, siendo el estado natural del hombre el de independencia o libertad.— El Estado no es sociedad natural —solo lo es la familia—, porque el hombre es por naturaleza libre y dueño de sí mismo, llegado a la edad de la razón, y juez exclusivo de los medios adecuados para conservarse.[120] Para que un pueblo pueda

sostuvo el origen contractual de la sociedad, bien que reconociendo la necesidad de formarla —en un cierto momento del devenir histórico, por la imposibilidad práctica de continuar los hombres en el *estado de naturaleza*— postuló una alienación completa de los individuos a la sociedad para pasar a ser regidos por la voluntad general, y sostuvo que el gobernante puede ser establecido y destituido por el pueblo, que es el soberano. Añadió que el Estado debe tener una religión civil —sin la cual, no puede haber moral—, cuyos dogmas son la existencia de un Dios omnipotente, previsor y providente, la vida futura, y la felicidad en ella de los justos y el castigo de los malvados. Valoró al Cristianismo como religión santa, sublime y verdadera, diciendo referirse al del Evangelio, que sería totalmente distinto al de su época; mas declaró al Cristianismo contrario al espíritu social, por desapegar los corazones de los ciudadanos del Estado, como de todas las cosas terrenales (libro III, c.8).- Este libro fue condenado, el mismo año de su publicación, por las autoridades civiles y eclesiásticas de París. También fue condenado el Emilio por el Parlamento (Tribunal) parisiense, ordenándose la detención de Rousseau. Poco después ambas obras fueron prohibidas en Ginebra. Asimismo, en 1762, fue condenado el Emilio por el Arzobispo de París. Rousseau murió el 2-VII-1778, dejándonos su autobiografía en las Confesiones. "Conservó siempre —escribe Fraile— su fe viva en la existencia de Dios, ser supremo y autor de la naturaleza, y en la inmortalidad del alma". "Tuvo el mérito —añade este historiador— de haber proclamado su fe en Dios frente a una sociedad materialista y atea" (t. III, pág. 944). (Guillermo Fraile, Historia de la Filosofía, t. III, pp. 930 y ss; Cronología de Rousseau, por Mauro Armiño, en la edición de El Contrato Social de Biblioteca Edaf, Madrid, 2013).

120 Juan Jacobo Rousseau, El Contrato Social, edición en francés de Metalibri Digital Library, http://metalibri wikidot.com metalibri@yahoo.com, pág. 2.

elegir un rey, y la mayoría obligar a la minoría, tiene que haber habido una convención unánime que constituya al pueblo como tal;[121]

II°) En un momento, para que no perezca el género humano, el hombre tiene que pasar al estado civil o social mediante el pacto respectivo.- En un momento dado, cuando los obstáculos que impiden la conservación del hombre en su estado natural —o de naturaleza— superan a las fuerzas que cada individuo puede emplear para mantenerse en dicho estado, los individuos no tienen otro medio, para su conservación que asociarse, dado que "este estado primitivo no puede ya subsistir; y el género humano perecería si no cambiara de manera de ser";[122]

III°) La Sociedad debe ser tal que el hombre uniéndose a los demás no obedezca sino a sí mismo.- Como la fuerza y la libertad son los principales instrumentos que tiene el hombre para su conservación, la sociedad que se forma debe ser tal que defienda y proteja a cada individuo en su persona y bienes, pero tal que el hombre, uniéndose a todos los demás, no obedezca más que a sí mismo. El pacto en que se conviene esta sociedad es el Contrato social;[123]

IV°) Las cláusulas esenciales de este contrato se reducen a una sola: "la alienación total de cada asociado con todos sus derechos a toda la comunidad", teniendo que ser total la alienación, porque si los particulares conservasen algún derecho, podrían presentarse conflictos entre ellos y el Estado, y no habiendo un superior común para fallarlos, pretenderían hacerlo los particulares y se volvería al estado de naturaleza;[124]

V°) El pacto puede expresarse así: "Cada uno de nosotros pone en común su persona y todo su poder bajo la suprema dirección de la voluntad general; nosotros recibimos otra vez cada miembro como parte indivisible del todo";[125]

VI°) "Lo que cada uno enajena por el pacto social de su poder, bienes y libertad, es solamente la parte de todo ello cuyo uso importa a la comunidad; pero hay que convenir también en que el soberano —el Estado— es el solo juez de esta importancia";[126]

---

[121] *Op. cit.*, pág. 8.
[122] *Op. cit.*, págs. 8 y 9.
[123] *Op. cit.*, pág. 9.
[124] *Op. cit.*, pág. 9.
[125] *Op. cit.*, págs. 9-10.
[126] *Op. cit.*, pág. 20.

VII°) El pacto social puede ser dejado sin efecto por la unanimidad de los ciudadanos, y Grocio piensa, incluso, que cada cual puede renunciar al Estado del que es miembro y retomar su libertad natural y sus bienes saliendo del país;[127]

En cuanto a si el Estado se rige por la ley natural o solo por el pacto social y leyes positivas a que él da lugar

VIII°) Rousseau considera que la existencia de Dios en un dogma de la religión civil —necesaria a la ciudad—, que debe reconocer el Estado, junto con las verdades de ser Dios inteligente, bienhechor y providente; de la vida futura y de la felicidad de los justos y el castigo de los malvados; verdades que si alguien no las acepta —dice Rousseau—, debe ser desterrado, y si aceptadas, reniega de ellas, debe ser muerto;[128]

IX°) Rousseau admite la ley natural: "Lo que es bien y conforme al orden —dice— es tal por la naturaleza de las cosas e independientemente de las convenciones humanas. Toda justicia viene de Dios";[129]

X°) Pero —prosigue Rousseau, atemperando o contradiciendo este iusnaturalismo—, en cierto modo, "esta justicia universal emanada de la sola razón, para ser admitida entre nosotros, debe ser recíproca". Considerando humanamente las cosas, a falta de sanción natural, las leyes de la justicia son vanas entre los hombres; "no hacen sino el bien del malo y el mal del justo, cuando este las observa para con todo el mundo sin que nadie las observe para con él. Se necesitan, pues, convenciones y leyes para unir los derechos a los deberes y llevar la justicia a su objeto. En el estado de naturaleza, en que todo es común, yo no debo nada a aquellos a quienes nada he prometido... No es así en el estado civil, en que todos los derechos son fijados por la ley";[130]

XI°) Por otra parte, según los puntos IV° y VI° precedentes, por el pacto social enajena totalmente cada asociado su persona y sus derechos a la comunidad; y si bien esa alienación es solo en cuanto el uso de la persona y derechos de los asociados interese a la comunidad, como el único juez de ese interés es el Estado, los ciudadanos no podrán reclamar

127 *Op. cit.*, pág. 73.
128 *Op. cit.*, pág. 101.
129 *Op. cit.*, pág. 24.
130 *Op. cit.*, pág. 24.

de que una ley o una conducta estatal sea contraria al Derecho Natural, de modo que en definitiva la única ley valedera será la positiva, y el Estado no se regirá sino por el pacto social, y

XII°) Es verdad que para Rousseau la ley es la declaración de la voluntad general;[131] que la voluntad general es siempre recta porque tiende a la utilidad pública;[132] y que la voluntad general no es la voluntad de todos, porque esta mira al interés privado y no es sino una suma de voluntades particulares;[133] y si sobre la voluntad general prevalecen otras guiadas por intereses particulares, "se hacen pasar bajo el nombre de leyes decretos inicuos";[134] es decir, es verdad que Rousseau admite que pueden dictarse leyes positivas injustas, pero no es menos verdad que no podría reclamarse de ellas, conforme a lo establecido en el numerando precedente; conclusión que, con todo, podría ser ilegítima por fundarse en una interpretación un tanto literal; de modo que la inclusión de Rousseau entre quienes postulan que el Estado debe regirse solo por las leyes positivas no es completamente cierta.[135]

b') *El discurso sobre el origen y fundamentos de la desigualdad entre los hombres*

1174.- Las ideas de Juan Jacobo Rousseau sobre la sociedad vertidas en el famoso Discurso sobre el Origen y los fundamentos de la desigualdad entre los hombres, son bastante distintas de las del Contrato Social, en substancia, porque la sociedad —que allí aparece como buena— y el progreso, son vistos como algo en definitiva malo y negativo para el hombre, llegando el autor a decir que el estado ideal de la humanidad sería el de la sociedad naciente, es decir, el de la iniciación de la vida social, antes de las leyes y con vindicta privada, que es el estado en que estaban —dice— los salvajes encontrados por

---

[131] *Op. cit.*, pág. 17.

[132] *Op. cit.*, pág. 18.

[133] *Op. cit.*, págs. 18 y 19.

[134] *Op. cit.*, págs. 74-75.

[135] Guillermo Fraile en su Historia de la Filosofía, en la cual sigue siempre la ortodoxia de la filosofía cristiana, dice sobre "El Contrato Social": "El Contrato social tiene graves inexactitudes y sofismas, pero también aciertos y doctrinas aceptables. En conjunto es una justificación de la sociedad civil y un intento noble y bien intencionado de oponerse al absolutismo de Hobbes, salvando la libertad posible de los individuos dentro del Estado; si bien, a pesar de sus buenas intenciones, incurre en otro absolutismo, que es el de substituir el soberano persona por la soberanía colectiva del pueblo" (*op. cit.*, t. III, pág. 945).

los europeos. El pacto fundamental no es de todos los ciudadanos entre sí, como en el Contrato Social, sino de la sociedad con el gobernante, y el pueblo no puede independizarse si el gobernante incumple el pacto, porque vendría el caos; de modo que hay que agradecer a la religión su doctrina del origen divino del poder. El pensamiento de Rousseau en este Discurso puede resumirse así:

En cuanto a la desigualdad

I°) La hay natural, debida a las diferentes cualidades corporales y del espíritu, y convencional, que consiste en los diferentes privilegios de los cuales gozan algunos en perjuicio de los otros, como riqueza, honra, poder;[136]

II°) La desigualdad es casi nula en el estado de naturaleza, aumenta con el desarrollo de nuestras facultades y los progresos del espíritu humano; y se hace estable y legítima por el establecimiento de la propiedad y de las leyes;[137]

III°) La desigualdad moral, autorizada por el solo derecho positivo, es contraria al derecho natural, todas las veces que no concurra en la misma proporción con la desigualdad física (natural);[138]

IV°) "Esto determina... lo que se debe pensar sobre la clase de desigualdad que reina entre todos los pueblos civilizados; porque es manifiestamente contrario a la ley natural, de cualquier manera que se la defina, que un niño dirija a un anciano; que un imbécil conduzca a un hombre sabio, y que un puñado de gentes rebose de cosas superfluas, mientras la multitud hambrienta carece de lo necesario";[139]

En cuanto al estado de naturaleza

V°) Los hombres esparcidos en los bosques no tenían ninguna necesidad el uno del otro;[140] debió costar un tiempo infinito la primera invención del lenguaje, y fueron necesarios miles de siglos para desarrollar

---

[136] *Discours sur l' origine et les fondements de l' inégalité parmi les hommes* (Discurso sobre el origen y los fundamentos de la desigualdad entre los hombres). Sitio web http://www.uquac.uquebec.ca/zone30/·Classiques des sciences sociales/index. Html., p.18.

[137] Discurso... *cit.*, pág. 54.

[138] Discurso... *cit.*, pág. 54.

[139] Discurso... *cit.*, pág. 54.

[140] Discurso... *cit.*, pág. 27.

sucesivamente en el espíritu humano las operaciones de que es capaz;[141] la familia no existe para el salvaje que vive en estado de animalidad;[142]

VI°) No existe prácticamente la sociabilidad natural, lo que se ve en el poco cuidado que ha tenido la naturaleza de acercar a los hombres por relaciones mutuas, y facilitarles el uso de la palabra; "es imposible imaginar por qué en este estado primitivo, un hombre tenga más bien necesidad de otro hombre que un mono o un lobo de su semejante";[143] la vida civil está más afecta a la posibilidad de hacerse insoportable que la natural; los salvajes no se quejan ni se suicidan;[144]

VII°) El estado natural está al margen de la moral: al no haber entre los hombres relaciones morales ni deberes conocidos, ellos no pueden ser buenos ni malos;[145] la moral sexual es un sentimiento artificial, producto del uso social;[146] los salvajes no tienen sentimiento de amor, por faltar las ideas abstractas de regularidad y de proporción;[147] casi no hay desigualdad en el estado de naturaleza: la educación produce grandes diferencias;[148] el hombre no podía progresar sin la casualidad: sin el concurso de muchas causas extrañas que podían no darse jamás, y sin las cuales el hombre habría podido permanecer eternamente en su condición primitiva: "me queda considerar y aproximar las diferentes casualidades que han podido perfeccionar la razón humana, y deteriorando la especie, hacer malo a un ser haciéndolo sociable";[149]

VIII°) Bondad del hombre primitivo.- El hombre en estado de naturaleza era bueno y la sociedad lo hizo malo;[150] no hay nada más sosegado que el hombre en su estado primitivo, "colocado por la naturaleza a distancias iguales de la estupidez de los brutos y de las luces funestas del hombre civil": "la piedad natural le impide hacer mal a nadie... incluso después de haberlo sufrido.[151]

---

141 Discurso... *cit.*, pág. 27.
142 Discurso... *cit.*, nota 10, de la pág. 27, pág. 71.
143 Discurso... *cit.*, pág. 30.
144 Discurso... *cit.*, pág. 30.
145 Discurso... *cit.*, págs. 30-31.
146 Discurso... *cit.*, pág. 33.
147 Discurso... *cit.*, pág. 33.
148 Discurso... *cit.*, pág. 35.
149 Discurso... *cit.*, pág. 36.
150 Discurso... *cit.*, pág. 36.
151 Discurso... *cit.*, pág. 41.

En cuanto a la sociedad

IX°) Familia y propiedad.- Con el hogar material: ramada endurecida con arcilla y lodo, surgieron la familia y una suerte de propiedad; y del hábito de la vida común nacieron el amor conyugal y el amor paterno, y de allí surgió la diferencia en la manera de vivir de ambos sexos: las mujeres se encargaron del cuidado de la casa y los niños, y el hombre de buscar la subsistencia común, el uso del lenguaje se estableció y perfeccionó en cada familia;[152]

X°) Las aldeas o vecindarios.- Comenzaron a fundarse vecindarios, con costumbres y caracteres comunes que los unían; no leyes y reglamentos; antes los hombres habían estado errantes en los bosques; el primer paso hacia la desigualdad fue la mayor consideración tributada a los mejores en cualquier cosa, en la sociedad incipiente.[153]

XI°) La época de la sociedad naciente es la mejor de la humanidad.- Aquella en que se introduce la moralidad en las acciones, pero en que, antes de las leyes, cada uno era el solo juez y vengador de las injusticias que sufría, y en que el terror de las venganzas ocupaba el lugar del freno de las leyes: había un justo medio entre la indolencia del estado primitivo y la petulante actividad de nuestro amor propio; este estado era el menos sujeto a revoluciones, el mejor del hombre; "el ejemplo de los salvajes, a casi todos los cuales se ha encontrado en este punto, parece confirmar que el género humano estaba hecho para quedarse ahí siempre, que este estado es la verdadera juventud del mundo, y que todos los progresos ulteriores han sido en apariencia otros tantos pasos hacia la perfección del individuo, y realmente hacia la decrepitud de la especie".[154]

XII°) El trabajo de varios en una obra colectiva.- Con la aplicación de los hombres a obras colectivas —la agricultura y la metalurgia—, vino la desigualdad, por la diferencia de talentos y de circunstancias, y con ello la propiedad y el trabajo, la existencia de ricos y pobres: "... para el filósofo, son el fierro y el trigo lo que ha civilizado a los hombres y perdido al género humano".[155]

---

[152] Discurso... *cit.*, págs. 39-40.
[153] Discurso... *cit.*, pág. 40-41.
[154] Discurso... *cit.*, pág. 41.
[155] Discurso... *cit.*, pág. 42.

XIII°) El nacimiento de la sociedad por invento de los ricos.- Vino un conflicto perpetuo entre el derecho del más fuerte y el derecho del primer ocupante, que no terminaba sino por combates y asesinatos.[156] Entonces el rico persuadió a los pobres y débiles de que debía fundarse la sociedad civil para proteger de la inseguridad a los pobres y ricos, y asegurar a cada cual la posesión de lo que le pertenecía, y así justificó la propiedad, que no era conforme al derecho natural, y usó la fuerza de sus propios atacantes en provecho de él, y los otros lo aceptaron, no pudiendo prever los peligros del establecimiento de la sociedad; habiendo sido este el origen de la sociedad y de las leyes que dieron nuevas trabas al débil y nuevas fuerzas al rico, destruyeron sin vuelta la libertad natural, fijaron para siempre la ley de la propiedad y de la desigualdad; de una diestra usurpación hicieron un derecho irrevocable, y en provecho de algunos ambiciosos sujetaron para el futuro a todo el género humano al trabajo, a la servidumbre y a la miseria";[157]

XIV°) El pacto fundamental.- El pacto fundamental es un contrato entre todos los miembros del pueblo, cuyas voluntades están reunidas en una sola, y los jefes que el pueblo se escoge, contrato por el cual las dos partes se obligan a la observancia de las leyes que están estipuladas ahí, y que constituyen los lazos de su unión;[158]

XV°) "Todos los artículos del pacto pasan a ser otras tantas leyes fundamentales que obligan a todos los miembros del estado sin excepción, y una de las cuales regula la elección, y el poder de los magistrados encargados de velar por el cumplimiento de las otras; poder que se extiende a todo lo que pueda mantener la constitución, sin llegar hasta cambiarla";[159]

XVI°) Necesidad de la institución del poder por Dios.- Por la sola razón, así como el magistrado tiene derecho de abdicar si el pueblo infringe sus obligaciones, el pueblo tendría el derecho de renunciar en igual caso a la dependencia, pero ello significaría desórdenes infinitos, y por eso era necesario a la tranquilidad pública "que la voluntad divina interviniera para dar a la autoridad soberana un carácter sagrado e inviolable que quitara a los súbditos el funesto derecho de disponer de ella"; de modo que "si la religión no hubiese hecho más que este bien a los hombres,

---

156 Discurso... *cit.*, pág. 44.
157 Discurso... *cit.*, pág. 45.
158 Discurso... *cit.*, pág. 49.
159 Discurso... *cit.*, pág. 49.

él sería bastante para que ellos debiesen todos amarla y adoptarla, incluso con sus abusos, porque ella ahorra todavía más sangre que la que hace correr el fanatismo".[160]

1175.- Excusado es decir las afirmaciones de que la sociabilidad no es natural en el hombre; de que el estado ideal de la humanidad es el de los salvajes descubiertos por los europeos hasta ese tiempo; de que la agricultura y la metalurgia fueron la perdición del género humano; de que la sociedad la inventaron los ricos para avasallar a los pobres; de que la propiedad es una usurpación, etc., estas afirmaciones, no pueden sino calificarse como insensatas; tacha que no merecen las ideas de El Contrato social, aunque sean muchas veces censurables.

c') *El porqué de las diferencias entre ambas obras*

1176.- ¿Cómo explicar las grandes diferencias entre las ideas de El Contrato Social, y las del Discurso sobre el origen de la desigualdad entre los hombres? El Discurso se publicó en 1753 y El Contrato Social en 1762. Pero se piensa que El Contrato Social es un trabajo anterior, destinado a formar parte de unas Instituciones Políticas que Rousseau dice en ese libro haber tenido el propósito de escribir, y que no llegó a terminar; trabajo que el autor quiso, no obstante, aprovechar y publicar. El Discurso sobre la desigualdad entre los hombres, responde a un cambio de concepción de la sociedad que tuvo después Rousseau, al experimentar la llamada "iluminación del bosque de Vincennes". Consistió este suceso, acaecido en 1749, en que yendo Rousseau a visitar a su amigo Diderot, que estaba preso, al atravesar el bosque de Vincennes, se detuvo para descansar, leyó en el periódico "Mercure de France" el aviso del concurso abierto por la Academia de Dijon para premiar el mejor ensayo sobre el tema de "si el restablecimiento de las ciencias y las artes ha contribuido a depurar las costumbres"; y experimentó súbitamente una iluminación que le mostró las contradicciones del sistema social, y cómo el hombre es naturalmente bueno y se hace malo por las instituciones sociales. Este suceso fue decisivo

[160] Discurso... *cit.*, pág. 49-50. Este reconocimiento de que la autoridad proviene de Dios por parte de Rousseau, es de la más alta importancia para conocer bien su pensamiento; y la consecuencia de que el pueblo no puede, porque quien detenta el poder falte a sus obligaciones, abandonar la obediencia, no resulta fácil de armonizar con la doctrina de El Contrato Social. Cabe observar que no se trata el derecho de rebelión en caso de tiranía, surgiendo la duda de si resulta excluido.

en el pensamiento de Rousseau —que lo describió en carta a Malesherbes—, y explica —dice Guillermo Fraile— las substanciales diferencias que existen entre El Contrato Social y el Discurso sobre el origen de la desigualdad entre los hombres;[161]

d') *Influencia de Rousseau*

1177.- La influencia del Contrato Social, en cuanto presenta a la sociedad civil como obra meramente humana, fruto de un pacto libre, y como pudiendo legislar sin sujeción a la ley natural —según la interpretación que generalmente se da—, ha sido inmensa, y se deja sentir hasta hoy. Estas ideas, en efecto, han quedado como la explicación mayoritariamente admitida —al menos, implícitamente—, de lo que es la sociedad y de su poder virtualmente absoluto, con capacidad, en la práctica, de establecer el bien y el mal. Lo que dice Rousseau de la religión civil con sus dogmas sobre la existencia de un Dios bienhechor y providente, y sobre el premio de los buenos y castigo de los malos en la vida futura, pasó más o menos inadvertido para la posteridad, lo cual es bien explicable, desde que el mismo Rousseau no lo aplicó para privar de validez a las leyes injustas. Si se compara la influencia de esta concepción con la de la concepción iusnaturalista de la filosofía perenne, para la cual la sociedad civil es instituida por la naturaleza —por Dios— y debe atenerse a la

---

161 Guillermo Fraile, Historia de la Filosofía *cit.*, t. III, págs. 945-946 y 932. En las Confesiones, dice Rousseau que después de haber leído en esa ocasión la convocatoria del concurso de la Academia de Dijon, vio otro universo y pasó a ser otro hombre. Allí hace constar Rousseau que en carta a Malesherbes describió lo que había experimentado (Confesiones de J.J. Rousseau, ed. de Garnier Frères, Libraires-Éditeurs, 1886, págs. 308-309); y en la carta a Malesherbes, que transcribe Fraile, dice Rousseau: "... si jamás alguna cosa se ha parecido a una inspiración súbita, es el movimiento que aquella lectura causó en mí. De pronto sentí mi espíritu deslumbrado por mil luces; tropeles de ideas vivas se me presentaron a la vez con una fuerza y una confusión que me arrojó en una turbación inexpresable. Sentí mi cabeza poseída por un aturdimiento semejante a la embriaguez. Una violenta palpitación me oprime y me levanta el pecho, no pudiendo respirar andando me dejé caer sobre uno de los árboles de la avenida, y ahí pasé media hora en una agitación tal, que al levantarme noté que tenía bañada en lágrimas toda la delantera de mi chaleco, sin haberme dado cuenta de que las derramaba. ¡Oh, Señor, si yo hubiera podido escribir la cuarta parte de todo lo que vi y sentí debajo de aquel árbol, con qué claridad habría podido hacer ver las contradicciones del sistema social, con qué fuerza habría expuesto todos los abusos de nuestras instituciones, con qué sencillez habría demostrado que el hombre es naturalmente bueno y que se hace malo solamente por las instituciones!" (2ª carta a Malesherbes) (Fraile, *op.* y *t. cit.*, pág. 932, nota 4).

ley natural, no pudiendo dictar normas que la contravengan, ni omitir las que ella exige, se verá que en muchas cosas han prevalecido las ideas de Rousseau.

"Lafayette —dice Guillermo Fraile— llevó al continente americano las ideas del Contrato Social, y estas ideas —añade—, junto con el humanitarismo, el igualitarismo y la proclamación de la libertad, fueron incorporadas a la 'Declaración de los derechos del hombre en la Revolución francesa'".[162]

[162] Fraile, *op.* y t. *cit.*, pág. 952.

Capítulo
Décimo Quinto
La Sociedad Civil (II)

LA AUTORIDAD - LEGITIMIDAD DE TÍTULO Y DE EJERCICIO - LA TIRANÍA

A) *La autoridad*

a) *La autoridad de la sociedad civil*

1178.- *Concepto de la autoridad social.-* La autoridad en toda sociedad o grupo humano organizado es el poder o facultad moral de mandar a todos los integrantes de esa sociedad o grupo, exigiendo la obediencia correlativa, para dirigir al bien común la parte de sus actividades que haya de ordenarse a él.

Si la sociedad es una sociedad natural, la autoridad incluye el poder de disponer, cuando ella sea indispensable y no resulte contraproducente, el uso de la coacción para que los súbditos que deban hacerlo, realicen las acciones o conductas ordenadas o se abstengan de las prohibidas.

Tratándose del Estado el uso de la coacción se lleva a cabo, en general, mediante la llamada "fuerza pública".

Lo esencial de la autoridad es su aspecto intelectual, su fuerza directiva; la fuerza coactiva o compulsiva es una parte instrumental. Corrientemente los súbditos acatan los actos de la autoridad —leyes, decretos, sentencias judiciales, etc.—, bien sea persuadidos por la razón que encierran, bien sea porque la razón dicta obedecer las órdenes de la autoridad mientras no conste que sean injustas. El uso de la coactividad es generalmente excepcional.

1179.- Este que hemos expuesto es el sentido que se da a la palabra *autoridad* cuando se habla de la autoridad de la sociedad —que es lo que ahora hacemos—, o se dice que en toda sociedad debe haber una autoridad; mas la palabra tiene también otras acepciones, como cuando se dice que el dictamen u opinión de un perito, debido a su ciencia, tiene mucha *autoridad;* o que un autor, seguido por muchos en vista de su sabiduría y apego a la verdad, goza de gran autoridad; o que en la misma dirección de la vida social o de la conducta ajena, un consejero de buen criterio pero que no posee facultad de mandar, tiene mucha autoridad.

1180.- Volviendo a la autoridad de la sociedad como poder de mandar, diremos que ella es a manera de lo que son en la persona individual sus potencias activas o facultades: un poder para obrar: su obra es dirigir a los súbditos al bien común.

1181.- *La autoridad es necesaria en la sociedad: es una propiedad suya.-* En toda sociedad tiene que haber un poder de mando, y esto se da principalmente en el Estado, sociedad necesaria y perfecta, porque siendo limitada la inteligencia humana, siempre habrá multiplicidad de opiniones distintas sobre cómo lograr el bien común, y además porque nunca faltarán quienes se resistan indebidamente a poner por su parte las acciones necesarias para conseguir aquel bien, o quienes privilegiando su interés particular o siguiendo sus malas inclinaciones, incurran en conductas intrínsecamente malas y aun delictuales. En conclusión, es por la naturaleza misma de las cosas indispensable que en el Estado o sociedad civil haya una autoridad, y que ella está dotada de facultades coactivas. O sea, por derecho natural tiene que haber autoridad con poder directivo y coactivo en el Estado. Por eso se dice que la autoridad —desde el punto de vista filosófico— es una *propiedad* del Estado, esto es, un accidente derivado de su esencia y que, por tanto, no puede faltar.

1182.- *Causalidad que ejerce la autoridad.-* El sujeto que ejerce la autoridad es causa eficiente del bien común en cuanto este es el orden social; y los actos de la autoridad: leyes, decretos, sentencias de los tribunales, etc., son la causa ejemplar del orden social, el cual es la forma que según ellos se introduce en la sociedad.

b) *Cosas a que se extiende la autoridad y cosas en que los súbditos le deben obediencia*

1183.- La sociedad civil existe para que los individuos y las familias puedan obtener lo que según la naturaleza humana o las circunstancias de hecho, no pueden conseguir por sí solos. Por la naturaleza misma de las cosas, ni los individuos ni las familias pueden dirimir sus pleitos, administrando justicia, ni realizar obras públicas, ni poner los medios necesarios a la vida humana cuyo costo exceda de las posibilidades de los particulares, etc. Por circunstancias de hecho, los particulares y las familias pueden estar, en casos concretos, impedidos de obtener algo que naturalmente les sería posible lograr: por ejemplo, atender a la salud en caso de indigencia, etc.

La autoridad social puede dar normas o realizar actos en orden al conseguimiento de lo que naturalmente, es decir, por la naturaleza de las cosas, compete al Estado, y también para la obtención de lo que debe asumir por circunstancias accidentales, porque todo eso forma parte del fin social o bien común. Pero ello no significa que la autoridad pueda exigir a los súbditos acciones y omisiones en todo ese campo.

Como enseña Santo Tomás, los súbditos no están obligados a obedecer a sus superiores sino en aquellas cosas exteriores que se obran por el cuerpo, y exceptuadas las que pertenecen a la naturaleza del mismo; pues en ellas, solo a Dios están sujetos, porque por la naturaleza todos los hombres son iguales, como, por ejemplo, lo tocante al sustento del cuerpo y a la generación de la prole.[1]

Sin embargo, fuera de estas cosas en que la autoridad puede exigir obediencia a los súbditos, sin duda le es dado a ella, para el bien común, estimular conductas que lo promuevan, y así, por ejemplo, podrá dictar leyes que fomenten el estudio, y fundar universidades, o promover la formación musical, etc.

c) *Origen divino de la autoridad*

1184.- Como todos los hombres son esencialmente iguales, ninguno puede por sí mismo tener autoridad sobre otro. ¿De dónde vienen entonces los diversos poderes que se ejercen en la Tierra: el de la familia, el del Estado, etc.? Vienen de Dios. Todo poder viene de Dios, no hay autoridad sino por Dios.

La autoridad de las sociedades naturales: la familia y el Estado, en este caso la del Estado, viene de Dios, porque Él hace al hombre sociable, y la naturaleza impulsa a los hombres a formar las sociedades naturales o necesarias, y las sociedades por exigirlo su misma esencia, tienen que tener autoridad.

Lo dicho no significa que Dios designe al rey o al presidente de la república. En la familia, la propia naturaleza designa para ejercer la autoridad a los

---

[1] Suma Teológica, 2-2, q. 104, a. 5.

padres, con un cierto predominio del marido, como vimos en su oportunidad; en el Estado la naturaleza no designa a una o más personas para detentar la autoridad. Cómo pueda hacerse esta designación, lo veremos más adelante.

1185.- San Roberto Belarmino,[2] célebre teólogo italiano del siglo XVI, explica en estos términos el origen divino del poder:

> "... Pero aquí hay algunas cosas que observar. En primer lugar la potestad política considerada en general, no descendiendo en particular a la monarquía, aristocracia o democracia; inmediatamente viene solo de Dios: pues se sigue necesariamente de la naturaleza del hombre, y por tanto, existe por aquel que hizo la naturaleza del hombre. Además, esta autoridad es de derecho natural, y no depende por tanto del consentimiento de los hombres: pues quieran o no, deben ser gobernados por alguno, a menos que quieran que el género humano perezca, lo que es contra la inclinación de la naturaleza. Mas el derecho natural es derecho divino. Por el derecho divino ha sido, pues, introducido al gobierno, y esto propiamente quiere significar el Apóstol cuando dice: "El que resiste a la autoridad, a la ordenación de Dios resiste".[3]

Lo mismo había dicho Vitoria en su Relección sobre la Potestad Civil: "... Y si las repúblicas y sociedades han sido constituidas por derecho divino

[2] Nació en Montepulciano (Toscana) en 1542. A los 18 años ingresó a la Compañía de Jesús. Fue ordenado sacerdote en Lovaina en 1570. Compuso una gramática hebrea y un Tratado sobre los escritores eclesiásticos con apreciaciones sobre más de cuatrocientos de ellos. En el Colegio Romano enseñó Controversia y se recopilaron sus lecciones en las *Disputationes de Controversiis fidei Christianae*. Se ocupó asimismo en la corrección de la Vulgata. Fue Rector del Colegio Romano en 1592 y Provincial de la Compañía de Jesús en Nápoles, teólogo del Papa Clemente VIII, y consultor del Santo Oficio. En 1599, fue hecho Cardenal y Arzobispo. Murió en Roma el 17-IX-1621. En 1931, sería proclamado Doctor de la Iglesia. (Diccionario Hispanoamericano).

[3] Belarmino, *De laicis*, c. 6: *"Primo, politicam potestatem in universum consideratam, non descendendo in particulari ad monarchiam, aristocratiam vel democratiam; immediate esse solo a Deo: nam consequitur necessario naturam hominis, proinde esse ab illo, qui fecit naturam hominis. Praeterea haec potestas est de iure naturae, non enim pendet ex consensu hominum: nam veliut nolint, debent regi ab aliquo nisi velint perire humanum genus: quod est contra naturae inclinationem. At ius naturae est ius divinum, iure igitur divino introducta est gubernatio, et hoc videtur proprie velle Apostolus, cum dicit: Qui potestati resistit, Dei ordinationi resistit".-*

o natural, por el mismo derecho lo están las potestades, sin las cuales las repúblicas no pueden subsistir".[4]

Añadimos en nota teológica que el origen divino del poder es enseñado expresamente por San Pablo: "Todos habéis de estar sometidos a las autoridades superiores, que no hay autoridad sino por Dios, y las que hay, por Dios han sido ordenadas, de suerte que quien resiste a la autoridad resiste a la disposición de Dios, y los que la resisten se atraen sobre sí la condenación...".[5]

1186.- En consecuencia, es un grave error pensar que la soberanía, o la autoridad política, es de institución humana y proviene del pueblo como de su primer fundamento, según enseñan Hobbes y Rousseau. Para uno y otro es un pacto el origen del Estado como institución, y quien lo rige, en consecuencia, deriva su poder solo del pueblo.

Para Rousseau, el individuo es parte del Estado, que él —si quiere salir del estado de naturaleza— concurre libremente a formar por un contrato que celebra con otros —el pacto social—; y con el contrato social queda sometido a la voluntad del todo —la voluntad general—. El pueblo como conjunto es el soberano:

"Lo que el hombre pierde con el contrato social —dice—, es su libertad natural y un derecho ilimitado a todo lo que le tienta y que él puede alcanzar; lo que gana es la libertad civil y la propiedad de todo lo que posee".

"La libertad natural no tiene por límite sino las fuerzas del individuo. La libertad civil está limitada por la voluntad general...".[6]

Para evitar repeticiones, remitimos al lector al capítulo anterior, n°s 1173 y 1174.

d) *El sujeto primero de la autoridad es la sociedad misma*

1187.- La razón de esto la da en forma sencilla también San Roberto Belarmino en el mismo lugar que ya hemos traído a colación, y a continuación de las palabras citadas:

> "En segundo lugar, advierte que esta autoridad existe como en primer sujeto, en la multitud toda: pues esta potestad es de derecho divino.

---

[4] Vitoria, Relección sobre la Potestad Civil, n° 6: "*Et si respublicae societatesque iure divino seu naturali sunt constitutae, potestates etiam sine quibus respublicae stare non possunt*".

[5] San Pablo, Epístola a los Romanos, 13, 1-2 (Versión de Nácar y Colunga, 8ª ed.).

[6] Rousseau, El Contrato Social, ed. *cit*., págs. 12 y 13.

Mas el derecho divino no dio esta autoridad a ningún hombre en particular: luego la dio a la comunidad. Además, quitado el derecho positivo, no hay ninguna razón por la cual entre muchos iguales, mande uno más bien que otro. Luego la autoridad pertenece a la comunidad. En fin, la sociedad humana debe ser una república perfecta: luego debe tener el poder de conservarse a sí misma, y por tanto, de castigar a los perturbadores de la paz, etc.".[7]

Por su parte había dicho Vitoria:

"Luego por constitución divina la república tiene esta potestad [el poder civil], causa sin duda material, en la cual tal potestad reside por derecho natural y divino, es la misma república, a la cual de suyo le compete gobernarse a sí misma, y administrar y dirigir todas sus facultades al bien común. Lo cual se demuestra así: En efecto, como por derecho natural y divino existe un poder de gobernar la república, y quitado el derecho común positivo y humano, no haya mayor razón para que aquella potestad, exista en uno más que en otro, es necesario que la misma comunidad sea autosuficiente, y tenga el poder de gobernarse. Si pues, antes de que los hombres convinieran en formar la ciudad, ninguno era superior a los otros, no hay ninguna razón, por la cual en la misma unión o congregación civil, alguno reivindicase poder sobre los otros".[8]

La doctrina expuesta, de que el primer sujeto de la autoridad es la sociedad misma, o si se quiere el pueblo, es la doctrina común de los escolásticos,

---

[7] *Secundo nota, hanc potestatem immediate esse tamquam in subiecto, in tota multitudine: nam haec potestas est de iure divino. At ius divinum nulli humani particulari dedit hanc potestatem: ergo dedit multitudini. Praeterea, sublato iure positivo, non est maior ratio cur ex multis aequalibus unus potius, quam alius dominetur. Igitur potestas totius est multitudinis. Denique humana societas debet esse perfecta respublica: ergo debet habere potestatem seipsam conservandi, et proinde puniendi perturbatores pacis, etc.*".

[8] Francisco de Vitoria. De la potestad civil, n° 7; "*Constitutione ergo divina Respublica hanc potestatem (civilem) habet. Causa vero materialis, in qua huiusmodi potestas residet iure naturali et divino, est ipsa respublica, cui de se competit gubernare se ipsam, et administrare, et omnes potestates suas in commune bonum dirigere. Quod sic probatur: Nam cum eum de iure naturali et divino est aliqua potestas gubernandi rempublicam, et sublato communi iure positivo et humano, non sit maior ratio, ut potestas illa sit in uno, quam in altero, necesse est, ut ipsa communitas sit sibi sufficiens, et habeat potestatem gubernandi se. Si enim prius quam in civitatem homines convenirent, nemo erat aliis superior, non est aliqua ratio, cur in ipso coetu, seu conventu civili, quisque sibi super alios potestatem vindicaret*".

como lo reconoce Zigliara —que no la comparte—. Zigliara cita en este sentido a Vitoria (Relección sobre la Potestad civil, nº 7), Domingo de Soto (De la Justicia y el Derecho, libro IV, Q. IV, art. 1); Bañez (*Decisiones de iure et iustitia* —Decisiones sobre el Derecho y la Justicia— Q. LXIV, artic. LXIII); Suárez, *De Legibus* —Tratado de las Leyes—, Lib. III, cap. II, párrafos IV y VI, y *Defensione fidei catholicae adversus Regem Angliae* —Defensa de la fe católica contra el Rey de Inglaterra— Lib. III, cap. I y II); Belarmino, (De laicis —De los laicos— lib. VI, cap. VI).[9]

Suárez dice: "No existe esta potestad en una persona, ni en una congregación particular de muchos, sino en todo el pueblo perfecto o cuerpo de la comunidad. Esta decisión, en todas sus partes, es común no solo entre los teólogos sino también entre los jurisconsultos".[10]

"Se sigue de lo que va dicho que siempre que la potestad civil se encuentre en un hombre o príncipe, por derecho legítimo y ordinario, ha emanado del pueblo y de la comunidad, o próxima o remotamente, y que para que sea justa no puede tenerse de otra forma".[11]

1188.- Esta doctrina tiene raigambre tomista. En efecto, Santo Tomás de Aquino enseña, tratando de la esencia de la ley, que no puede constituir ley la razón de cualquier particular, y lo justifica así:

> "La ley propia, primera y principalmente mira al orden al bien común. Mas ordenar algo al bien común corresponde a la comunidad toda, o a alguien que haga las veces de ella. Y, por tanto, establecer la ley pertenece o a toda la multitud, o a la persona pública que tiene el cuidado de la multitud toda. Porque también en todas las otras cosas, ordenar al fin corresponde a aquel del cual es propio aquel fin".[12]

---

9 Zigliaria, *op. cit.*, t. III-VIII, pág. 233.

10 *Defensio fidei*, 1, 3, c. 2, nº 5, citado por Fernández Concha, t. II, ed. *cit.*, pág. 191: "*Non est haec potestas in una persona, neque in peculiari congregatione multarum, sed in toto perfecto populo seu corpore communitatis. Haec resolutio quoad omnes partes communis est, non solum theologorum, sed etiam jurisperitorum*".

11 "*Sequitur ex dictis potestatem civilem, quoties in uno homine vel príncipe reperitur, legitimo ac ordinario iure, a populo et communitate manasse, vel proxime, vel remote, nec posse aliter haberi ut iusta sit*" (*De legibus*, 1,3, c. 4, nº 2).

12 Suma Teológica, 1-2, q, a. 3, c: "*Respondeo dicendum quod lex proprie, primo et principaliter respicit ordinem ad bonum commune. Ordinare autem aliquid in bonum commune est vel totius multitudinis, vel pertinet ad personam publicam quae totius multitudinis curam habet. Quia et in aliis ordinare in finem est eius cuius est proprius ille finis*".

Santo Tomás dice, pues, que ordenar al bien común pertenece a la comunidad toda o a la persona pública que haga sus veces, o tenga el cuidado de ella. Al hablar Santo Tomás de la persona pública que haga las veces de la multitud, se refiere al magistrado o al organismo o corporación, o conjunto de organismos, designado por la comunidad para gobernar, porque, como veremos en el apartado siguiente, la comunidad no puede, en general, ejercer por sí misma la autoridad, por no tener la capacidad necesaria para ello, por carecer de la posibilidad real de hacerlo, y debe, en consecuencia, transferir el poder a una o más personas que tengan la posibilidad o capacidad de hacerlo.

1189.- Aristóteles en la Política, tratando de la monarquía, considera legales las de los reyes que mandan con el consentimiento de los súbditos.[13]

e) *La comunidad debe transferir el poder político a una o más personas que tengan la capacidad de ejercerlo, las cuales reciben el poder de Dios y no de la comunidad, que solo las designa, y al designarlos, determina la forma de gobierno*

1190.- Dice al respecto Belarmino en el texto fundamental antes citado:

> "En tercer lugar, advierte que esta autoridad se transfiere por la multitud a uno o varios en virtud del mismo derecho natural; pues la república no puede por sí misma ejercer esta autoridad; luego, está obligada a transferirla, a uno o a unos pocos; y de esta manera, la autoridad de los príncipes, considerada en general, es también de derecho natural y divino; y ciertamente no puede el género humano, aunque todo juntamente conviniera, estatuir lo contrario: que no hubiera príncipes o rectores".[14]

Según Belarmino, entonces: I°) la república no puede por sí misma ejercer esta autoridad; II°) está por ello obligada a transferirla a uno o a unos pocos; III°) así la autoridad de aquellos a quienes el poder se transfiere: príncipes, en sentido de principales en la sociedad: reyes, presidentes de la república,

---

13 Aristóteles, Política, 1285 a.

14 "... *Tertio nota, hanc potestatem transferre a multitudine in unum vel plures eodem iure naturae; nam respublica nom potest per seipsam exercere hanc potestatem, ergo tenetur eam transferre in aliquem unum, vel aliquos paucos; et hoc modo potestas principum in genere considerata, est etiam de iure naturae et divino, nec potest genus humanum, etiam si totum simul conveniret, contrarium statuere, nimirum ut nulli essent principes vel rectores*".-

parlamentarios, jueces, etc., es también, considerada en general —no con relación a determinados individuos—, de derecho natural y divino, y IV°) por ello, ni la unanimidad del género humano podría disponer lo contrario, es decir que no hubiera príncipes o gobernantes (rectores).

1191.- En el mismo sentido había enseñado ya Vitoria:

"... como la república tenga potestad sobre todas sus partes, mas esta potestad no puede ser ejercida por la misma multitud (pues no podría eficientemente establecer leyes y proponer edictos, fallar pleitos y castigar a los transgresores), por tanto, ha sido necesario que la administración de la potestad fuese encomendada a alguno o a algunos, que se hicieran cargo de tal cuidado (...). Se ve, por lo tanto, que la potestad del rey no viene de la república, sino del mismo Dios, como piensan los doctores católicos. Porque, aunque sea constituido por la república (pues la república crea al rey), no transfiere un poder, sino su propia autoridad al rey y no existen dos potestades, una del rey, y otra de la comunidad. Y por tanto, así como hemos dicho que la potestad de la república ha sido constituida por Dios y el derecho natural, lo mismo absolutamente es necesario que digamos de la potestad del rey, lo que se ve muy conforme con la Sagrada Escritura y con las costumbres, que llama a los príncipes ministros de Dios y no de la república".[15]

Insiste Vitoria en que el poder de los magistrados a quienes se debe transferir el ejercicio de la autoridad, no viene del pueblo por un contrato o pacto libre, sino de Dios, pues tales magistrados tienen que constituirse necesariamente, aunque el constituirlos sea contra la voluntad de todos los ciudadanos.[16]

---

15 Vitoria, Potestad Civil, n° 8: "... *cum respublica potestatem habeat in reipublicae partes, haec autem potestas per ipsam multitudinem exerceri nom potest (nom enim commode posset leges condere atque edicta proponere, lites dirimere et transgressores punire) necesse ergo fuit ut potestatis administratio alicui aut aliquibus commendaretur, qui huiusmodi curam gererent...*".
"*Videtur ergo quod regía potestas sit non a respublica, sed ab ipso Deo, ut catholici doctores sentiunt. Quamvis enim a republica constituatur (creat namque respublica regem) non potestatem, sed propriam auctoritatem inregem transfert, nec sunt duae potestates, una regiaaltera communitatis. Atque ideo sicut potestatem reipublicae a Deo et a iure naturali constitutam esse dicimus, ídem prorsus de regio potestate dicamus necesse est, quod satis consonum Scripturae videtur consuetudinique, quae principes Dei, non reispublicae ministros appellat*".

16 "*Errare ergo videntur auctores concedentes reipublicae potestatem esse de iure divino, non auten regiam potestatem. Quod si homines vel respublica non haberent potestatem a Deo, sed ex condicto*

Es del mayor interés la explicación de Vitoria que acabamos de ver, y según la cual la autoridad de la comunidad y la del rey —lo mismo vale para los magistrados de cualquier otro sistema de gobierno distinto de la monarquía— es una misma, que ejerce en un primer momento la comunidad, y luego la o las personas que ella debe poner y pone a cargo del gobierno.

En el siglo XX Jacques Maritain llega a igual conclusión que Vitoria —si bien no lo cita—, de que la autoridad que ejercen los magistrados que el pueblo constituye es la misma de este, es decir de la comunidad, y por tanto, recibida de Dios:

> "... el pueblo —dice este filósofo— no da a los hombres que él elige o designa una autoridad de la cual él sería, aun secundariamente, la fuente y el origen. Les hace participar en una medida dada en la autoridad que no es sino un todo con su derecho de gobernarse. Precisamente porque él no se despoja de esa autoridad y porque la autoridad de los gobernantes no es una autoridad de otra naturaleza que la suya y sobreajustada a la suya, el pueblo no les daría una autoridad de la cual él sería el principio. Él no da un poder que él tenía y que él perdería. Él da participación de una autoridad que él tiene. Si se dice que confiere autoridad a sus gobernantes es solamente en el sentido que les hace participantes de la autoridad que en él reside y de la cual Dios es la fuente única e inmediata. Dios es el fundamento inmediato de su autoridad, porque la autoridad de ellos no es otra que la del pueblo, recibida inmediatamente de Dios y participada por ellos".[17]

1192.- Fernández Concha dice que la naturaleza exige la delegación al pueblo "por cuanto la democracia directa, esto es, el gobierno del pueblo por

---

omnes convenirent, et pro bono publico vellent potestatem contra se constituere, illa quidem esset ab hominibus sicut est, quam religiosi tribuunt abbati. Non ita vero est. Constituta est enim in republica omnibus etiam civibus invitis, potestas seipsam administrandi, in quo officio civiles reges constituti sunt": "Se ve, pues, que yerran los autores que conceden ser de derecho divino la autoridad de la república, pero no la del rey. Porque si los hombres o la república no tuvieran autoridad por Dios, sino que por acuerdo todos quisieran constituir una autoridad al frente de ellos, aquella sin duda existiría por obra de los hombres, como existe la que los religiosos otorgan al superior. Mas no es así. Pues ha sido constituida en la república una potestad de gobernarse a sí misma, incluso contra la voluntad de todos los ciudadanos, en cuyo oficio han sido constituidos los soberanos civiles".

17 Jacques Maritain, El Hombre y el Estado, edición de Editorial del Pacífico, Santiago de Chile, 1974, págs. 178-179, nota 28 de la pág. 178.

el pueblo mismo, es siempre y de suyo inconvenientísimos, y en la generalidad de los Estados, hasta imposible".[18] En el mismo sentido expresa Maritain que "el derecho del pueblo a gobernarse no puede ejercerse en la práctica (salvo en grupos muy pequeños o en el caso concreto del referéndum popular) sin poner al servicio público a unos hombres determinados y, por tanto, invistiéndolos de genuina autoridad".[19]

1193.- Messner sigue a Belarmino y a Suárez, y, complementando sus razones, sostiene que no hay una sucesión de acontecimientos: formación de la sociedad y delegación de la autoridad en quienes han de ejercerla: "Más bien —expresa— la comunidad estatal ha de constituirse concretamente como una comunidad jurídica; pero con ello está determinada también la forma de ejercicio del poder, mediante el consentimiento que fundamenta ese orden jurídico concreto, en virtud del cual tiene lugar también la transmisión".[20, 21]

1194.- *La transferencia de la autoridad a los que han de gobernar puede ser tácita.-* La transferencia de la autoridad por el pueblo a quienes han de estar por oficio a cargo del gobierno, puede ser tácita. Tal es la enseñanza de Fernández Concha[22] y Fagothey.[23] Leclercq dice, en el mismo sentido: "Lo más a menudo esta voluntad popular se manifiesta de manera implícita, por la aceptación de aquel que se hace con el poder".[24, 25]

---

[18] *Op. cit.*, t. II, nº 938, pág. 207.

[19] Maritain, El Hombre y el Estado, ed. *cit.*, págs. 177 y 178.

[20] *Op. cit.*, págs. 888-889.

[21] Johannes Messner fue un jurista y filósofo del Derecho austríaco. Nació el 16-II-1891, en Schwaz, Tirol (Austria). Fue sacerdote y en 1922 se doctoró en Derecho civil y en Derecho Canónico en Insbruck, y en 1924, se doctoró en Economía. Fue profesor en la Facultad de Teología de la Universidad de Salzburgo. Entre sus obras más importantes, fuera del tratado "Ética Social, Política y Económica a la luz del Derecho Natural", se encuentran "La Cuestión Social", "El orden corporativo" (1936). En 1935, había pasado a ser profesor de Ética y Ciencias Sociales en Viena. En 1938, se refugió en Suiza, y después buscó asilo en Inglaterra, huyendo del nacional socialismo. En 1950 publicó su libro más famoso, "La Ley Natural". En 1949 volvió a enseñar ética social en la Universidad de Viena. Fue miembro de la Academia de Ciencias de Austria. El 12-II-1984 murió en Viena.

[22] Fernández Concha, *op.* y t. *cit.*, nº 922, pág., 193.

[23] Austin Fagothey, *op. cit.*, pág. 403.

[24] Jacques Leclercq, *Leçons de Droit Naturel*, II, *L'État ou La Politique*, 3ª. ed., Namur, Lovaina, 1948, pág. 153.

[25] Jacques Leclercq, uno de los grandes iusnaturalistas católicos del siglo XX, nació en Bélgica, Bruselas en 1891 y murió en Beaufoys en 1971. Fue licenciado en Derecho por la Universidad

1195.- En cuanto a la raigambre tomista de la doctrina del pacto entre el gobernante y el pueblo, se suelen citar estas palabras del Aquinate, tomadas de su comentario a la Epístola de San Pablo a los Romanos, en la parte relativa al deber de obedecer a las autoridades del Estado:

> "... Pero hay que considerar: cuando dice [San Pablo] que los tributos son debido a los reyes como recompensa de su labor, que de dos maneras pueden pecar los príncipes recibiendo impuestos. En primer lugar, ciertamente, si no procuran la utilidad del pueblo, sino que solo buscan saquear sus bienes... De otra manera, porque despojan por la fuerza, más allá de la ley establecida, que es como cierto pacto entre el rey y el pueblo, y más allá de las posibilidades del pueblo...".[26]

Por otra parte, como veremos poco más adelante, Santo Tomás reconoce el derecho del pueblo de destituir al rey que ha constituido cuando este ha caído en la tiranía, diciendo que él ha merecido que no se le guarde el *pacto* por los súbditos.[27]

f) *Historia de la doctrina de que el pueblo es quien transfiere el poder recibido de Dios a los gobernantes, o doctrina populista*

1196.- La doctrina según la cual Dios, autor del poder político, lo otorga a la comunidad, y esta lo transfiere por necesidad a los gobernantes, es la propia de la escolástica medieval y renacentista. Se fue dicha doctrina elaborando en la Edad Media a propósito de los conflictos entre el Papa y el Emperador del Sacro Imperio Romano Germánico, y la desarrollaron plenamente Vitoria, y luego Suárez y Belarmino.

Libre de Bruselas, y en Filosofía por la Universidad Católica de Lovaina. Ordenado sacerdote en 1917, se destacó como teólogo y fue profesor de la Universidad Saint Louis de Bruselas y de la famosa Universidad Católica de Lovaina. Entre sus principales obras tenemos: Las grandes líneas de la filosofía moral —en que fundamenta la moral en la metafísica, siguiendo en esto a Santo Tomás—; Derechos y deberes del hombre según el derecho natural; La familia; El matrimonio Cristiano.

26 Santo Tomás de Aquino, Comentarios a la Epístola de San Pablo a los Romanos, c. 13, *lectio* I: "*Sed attendendum est: cum tributa dicat regibus esse debita quasi laboris stipendium, dupliciter peccare possunt príncipes accipiendo tributa. Primo quidem si utilitatem populi non procurent sed solum ad deripiendum eorum bona intendant... Alio modo ex eo quod violenter diripiunt supra statutam legem, quae est quasi quoddam pactum inter regem et populum, et supra populi facultatem*".

27 Del Gobierno de los Príncipes, L. I, c. 6.

Suárez expuso su pensamiento al respecto en su tratado De Las Leyes, y particularmente en su obra "Defensa de la fe católica contra el Rey de Inglaterra" (*Defensio fidei catholicae adversus Regem Angliae*), compuesta para combatir las pretensiones y la doctrina absolutista del Rey de Inglaterra Jacobo I° Estuardo.[28, 29]

Esta doctrina escolástica tiene sus antecedentes en los juristas romanos. Gayo decía: "... el derecho que cada pueblo estableció para sí, es propio de la ciudad y se llama derecho "civil". Y según Ulpiano, "Lo que plugo al príncipe tiene fuerza de ley: así es, en efecto, dado que por la ley regia, que se promulgó acerca del imperio del príncipe, el pueblo le confiere todo su imperio y potestad" (D I., 4, 1; Instituciones, 1, 2, 6).[30]

---

[28] Jacobo I° Estuardo, hijo de la Reina de Escocia María Estuardo, pero protestante él, nació en Edimburgo en 1566. Fue rey de Escocia en 1567, al renunciar su madre al trono, y a la muerte de Isabel Tudor heredó el trono de Inglaterra, como descendiente de Enrique VII. Llegó a ser erudito, y se interesó por los estudios teológicos. Proclamó la realeza de derecho divino, y la divisa "A deo rex, a rege lex": "De Dios procede el rey, y del rey la ley". "Los Estuardo —dice Carl Grimberg— se hallaban persuadidos, por tradición familiar, de que el Estado era propiedad personal de la dinastía, y que su 'propietario' podía disponer de él a su antojo... Según la opinión de Jacobo, la Providencia no solo había dispuesto quién debía ser rey *de facto*, sino que había previsto los monarcas que debían sucederse, eligiendo la herencia como principio según el cual la sucesión quedaba determinada para siempre; ordenación que por ser divina quedaba al margen de una posible alteración por parte de los hombres..." (Carl Grimberg, Historia Universal, t. 18, edición en español de Ercilla, Santiago, 1985). El título completo de la obra que contra la doctrina del Rey Jacobo escribió Suárez, es "Defensio fidei catholicae et apostolicae adversus anglicanae sectae errores cum responsione ad apologiam pro juramento fidelitatis, et praefationen monitariam serenissimi Jacobi Magni Britaniae Regis" (Coimbra, 1613): "Defensa de la fe católica y apostólica contra los errores de la secta anglicana, con respuesta a la apología del juramento de fidelidad, y prefacio monitorio del Serenísimo Jacobo Magno, rey de Inglaterra". Suárez escribió esta obra por petición del Papa Paulo V, contra el juramento de fidelidad que Jacobo I exigía a sus vasallos, y mereció un breve del Pontífice que daba las gracias al autor. El rey de Inglaterra la condenó al fuego, y prohibió su lectura, y amenazó con penas a los desobedientes, y se quejó al rey de España (Felipe III). Asimismo, la obra fue condenada al fuego por el Parlamento de París, por contener máximas sediciosas, que podían destruir los Estados y atentaban contra los derechos de los soberanos (Diccionario Hispano Americano, artículo sobre el Padre Francisco Suárez S. J.).

[29] A esta doctrina escolástica la llama Leclercq, de la "democracia mitigada", y dice que converge con la tradición romana, según la cual todo poder viene del pueblo, y que los autores cristianos le dieron un fundamento filosófico en el respeto del hombre (*Leçons de Droit Naturel*, II, *L' État ou la Politique*, *cit.*, págs. 151-152).

[30] Urdánoz, "Introducción a la Relección de Vitoria sobre la potestad civil", en obras de Francisco de Vitoria, *Relecciones Teológicas*. Biblioteca de Autores Cristianos, Madrid, 1960, pág., 129.

También fue decisiva en esta concepción, la influencia germánica. La concesión de la potestad al rey se apoya —añade Urdánoz— en un compromiso entre este y el pueblo, que es la base de toda la organización feudal de la Edad Media; compromiso al que la Iglesia añadió un juramento de fidelidad, por el cual el pacto era con Dios.[31, 32]

Agrega Urdánoz que los glosadores de Bolonia del siglo XII hablan expresamente del pacto por el cual el pueblo se somete al rey, o "*pactum subjectionis*".[33]

Hacemos notar, por nuestra parte, que esta concepción del pacto entre el rey y el pueblo es la que hallamos en el célebre Código de las Siete Partidas, de Don Alfonso X, El Sabio. En efecto, en la ley IX del título 1° de la Partida Segunda, se lee, acerca de las formas o maneras en que se puede llegar a ser rey:

> "Verdaderamente es llamado Rey, aquel que con derecho gana el señorío del Reyno: e puédese ganar por derecho, en quatro maneras. La primera es, quando por heredamiento hereda los reynos el fijo mayor, o algunos de los otros, que son más propincuos [próximos] parientes a los reyes al tiempo de su finamiento [muerte]. La segunda es, quando lo gana por avenencia [convenio] de todos los del Reyno, que lo escogieron por señor, non aviendo pariente, que deba heredar el señorío del Rey finado por derecho...".

Gregorio López, el famoso glosador de las Partidas, dice sobre este punto del convenio o avenencia: "... Pues a falta de sucesor por vínculo de sangre, los

31 Urdánoz, *op. cit.*, pág. 130. Para ilustrar esta explicación, transcribe el Padre Urdánoz la fórmula que tenían las Cortes de Aragón para la coronación de los reyes, la cual decía así: "Nosotras que somos tan buenas como Vos, os juramos a vos, que no sois mejor que nosotras, aceptaros como rey y soberano Señor a condición de que aceptéis todas nuestras libertades y leyes; pero si no es así, no os aceptamos", citado por Urdánoz en su introducción a la Relección de Vitoria sobre la Potestad Civil, ed., *cit.*, de las Relecciones de Vitoria, pág. 130.

32 Incluso en la historia de Israel —pueblo de Dios que Él regía directamente— encontramos que habiendo sido ungido de David rey por el profeta Samuel privadamente, por orden de Dios (Samuel 1,c. 16), recibió sin embargo, un consentimiento del pueblo para reinar: "Vinieron a David, a Hebrón, todas las tribus de Israel, y hablaron diciendo: "Hueso tuyo y carne tuya somos; ya antes, cuando reinaba Saúl sobre nosotros, tú sacabas a Israel y entrabas con él. Además, Yavé te ha dicho: Apacienta a mi pueblo y sé el jefe de Israel". Vinieron pues, todos los ancianos de Israel a David, a Hebrón; y David hizo con ellos alianza en Hebrón ante Yavé y ungieron a David rey sobre todo Israel (Samuel, c. 5, 1-3, Sagrada Biblia, versión de Nácar y Colunga, 8ª ed., Biblioteca de Autores Cristianos).

33 *Op. cit.*, pág. 130.

del reino eligen rey por derecho de gentes, como también decía Baldo…".[34] Y antes, en la ley 1ª del título 1° de la misma Partida, tratando del Emperador, se dice: "… a él pertenece, segund derecho, el otorgamiento que le ficieron las gentes antiguamente, de governar, e mantener el Imperio en justicia".

La misma doctrina se contiene en la declaración de Independencia de los Estados Unidos de Norteamérica, redactada por Tomas Jefferson, donde leemos:

> "Sostenemos que estas verdades son evidentes: que todos los hombres son creados iguales; que son dotados por su Creador de ciertos derechos inalienables; que entre ellos están la vida, la libertad y la búsqueda de la felicidad; que para asegurar estos derechos se instituyen los gobiernos entre los hombres, derivando sus justos poderes del consentimiento de los gobernados…".[35]

Se piensa que fueron las ideas populistas escolásticas las que inspiraron a Locke cuando exigía el consentimiento popular para que el gobernante detentase legítimamente el poder; y que a través de Locke,[36] y tal vez también en forma directa, habrían influido en el pensamiento que en definitiva se expresó en la Declaración de Independencia de los Estados Unidos de Norte América.

Para esta noticia histórica de la doctrina populista, es importante consignar que por haberla profesado y desarrollado los teólogos jesuitas Juan de Mariana, Belarmino y Suárez —en pos de Santo Tomás y Vitoria—, y haber continuado enseñándola los maestros de la Compañía de Jesús, esta habría sido expulsada de los dominios españoles por el Rey Carlos III, un siglo y medio después, y luego suprimida; y asimismo disuelta en Francia. Así lo sostiene y argumenta documentadamente el eminente historiador chileno Walter Hanisch S. J., si bien advierte que esa no fue la única causa.[37]

---

34 *"Nam deficiente successore sanguinis, regnicolae eligunt regem de iure gentium, ut etiam dicebat Baldus…"*.

35 Tomás Jefferson nació en Virginia en 1743, estudió en el Colegio William and Mary en Richmond, sabía griego y hebreo. Fue abogado y ejerció como tal. Representó a Virginia en el Congreso Continental de Filadelfia, con ocasión de lo cual redactó la Declaración de Independencia de Estados Unidos. Fue Gobernador de Virginia, embajador de Estados Unidos en Francia, Secretario de Estado bajo la presidencia George Washington, Vicepresidente y luego Presidente de los Estados Unidos (1802-1810). Fundó la Universidad de Virginia. Falleció en 1826.

36 Walter Hanisch S. J., La Filosofía de don Juan Egaña, Ediciones Historia, Santiago, 1964, pág. 112. Dice el Padre Hanisch que, según John Dewey, la filosofía política de Jefferson era la de los Padres de la Iglesia: John Dewey, El pensamiento vivo de Jefferson, Buenos Aires, 1944, pág. 34 (Hanisch, *op. cit.*, pág. 93, nota 148).

37 Walter Hanisch, obra citada en la nota anterior, págs. 94 y ss.

g) *La transferencia del poder que hace el pueblo no es absoluta*

1197.- Los magistrados a los que el pueblo transfiere el poder: el Rey, o el Rey con un parlamento, o el Presidente de la República con un parlamento, etc., son órganos a través de los cuales la comunidad ejerce el poder o la autoridad, porque no puede ejercerlo directamente en circunstancias ordinarias. La sociedad les ha transferido el uso o ejercicio del poder, pero este sigue residiendo en ella de un modo virtual, es decir, como en quien tiene la facultad de constituir magistrados, es decir, el poder constituyente. Por eso, si las autoridades designadas caen en la tiranía —caso en el cual, como luego se dirá, pueden ser justamente depuestas—, o si por cualquier causa se produce una acefalía, como cuando Napoleón hizo prisionero al rey Fernando VII de España, el poder vuelve —revierte— al pueblo.[38]

El teólogo francés Jacobo Almain (1480-1515), Rector de la Universidad de París, que influyó en Vitoria, decía: "Aunque por el consentimiento del pueblo haya sido transferido al rey todo el derecho y la potestad, sin embargo, la república siempre la retiene *in habitu* (como algo que puede actualizar).[39] Esta idea pasó al famoso teólogo español Martín de Azpilcueta (s. XVI), y de él a San Roberto Belarmino, quien la expresó diciendo que en la comunidad o la multitud permanece la suprema potestad *radicaliter* o *suppletive*: radicalmente o supletoriamente, es decir, como en su raíz, o en aptitud de suplir.[40]

1198.- En este punto Grocio incurre en una deplorable condescendencia con el absolutismo: sostiene que la transferencia de la autoridad puede ser total y definitiva. Dice este célebre autor:

> "Aquí es necesario rechazar la opinión de aquellos que pretenden que el poder soberano pertenece siempre y sin excepción al pueblo, de manera que él tiene derecho de reprimir y de castigar a los reyes siempre que abusen de su autoridad (...) Está permitido a cada hombre en particular hacerse esclavo de quien él quiera, como aparece de la

38 Esta doctrina se invocó por los reinos españoles de América para legitimar la constitución de juntas de gobierno, cuando Napoleón substituyó al rey de España Fernando VII por su hermano José Bonaparte, como puede verse en el ensayo de Jaime Eyzaguirre titulado "Ideario y Rutas de la Emancipación Chilena", Santiago, 1957.

39 Jacobo Almain, De auctoritate Ecclesiae et Concilii: De la autoridad de la Iglesia y el Concilio, c. 1, citado por Urdánoz (*op. cit.*, pág. 134).

40 Belarmino, De Conciliis (De los Concilios), L. 2, c. 6, citado por Urdánoz, *op. cit.*, pág. 134.

ley de los antiguos hebreos (Éxodo, 21, 6), de la de los romanos; ¿por qué pues un pueblo libre no podría someterse a una o varias personas, de suerte que les transfiriera enteramente el derecho de gobernarse, sin reservarse parte alguna?".[41]

Poco después Grocio, para reforzar esta absurda doctrina, invoca el argumento de que habría gente esclava por naturaleza; tomado de Aristóteles.[42]

Y luego agrega que no es verdad que todo poder se establezca en favor de los gobernados y no de los que gobiernan:

> "Hay poderes —dice— que por sí mismos son establecidos a favor del que gobierna, como el poder del amo sobre el esclavo; pues la ventaja que el esclavo retira de ello, es algo exterior y accidental, igual que el provecho que hace un médico tratando a sus enfermos, no tiene ninguna relación con el arte de la medicina... Así, nada impide que haya gobiernos civiles que son establecidos para la ventaja del soberano, como los reinos que un príncipe adquiere por derecho de conquista, sin que por eso se pueda tratar a estos gobiernos de tiránicos...".[43]

h) *La transferencia de la autoridad a quienes tendrán la función de ejercerla ordinariamente, no es un mandato o delegación*

1199.- Esto significa que la transferencia no es revocable: la república como un todo queda sometida a las autoridades que ha establecido, salvo en los casos de tiranía, de ley injusta o de cambio legítimo de forma de gobierno o constitución.

No cabe, pues, que el pueblo revise los actos de las autoridades que ha constituido.

Esta es la lógica conclusión del carácter obligatorio que tiene la traslación o transferencia de la autoridad, y que se debe al hecho de que el pueblo mismo no puede ejercerla de ordinario: legislar, decretar, juzgar, etc., sino solo en forma excepcional.

Vitoria la funda respecto del régimen monárquico, con razones que valen para otras formas de gobierno, como la democracia representativa, argumentando que si la comunidad —la república— estuviese por sobre el rey, ya no

---

[41] Grocio, De iure belli, L. I, c. III, § VIII, 1 y 2.

[42] Grocio, *op. cit.*, *loc. cit.*

[43] Grocio, *op. cit.*, *loc. cit.*, nº 15.

estaríamos frente a una monarquía, sino frente a un régimen democrático, en el sentido de gobierno directo de la comunidad:

> "El rey no está solo sobre los particulares, sino sobre la república toda. Esto es, también sobre todos juntos... Porque si la república estuviera sobre el rey, entonces habría un gobierno democrático, esto es popular, y así no es monarquía y gobierno de uno. Y esta parece ser la sentencia de Aristóteles en el 3° de los políticos".[44]

En el mismo sentido puede verse a Domingo de Soto, quien expresa al explicar la necesidad de que haya sociedad y autoridad:

> "Y de aquí viene, como decíamos en el libro I, q. 6, que goce el príncipe de la potestad de dar leyes mediante las cuales someta a la república; y viene, además, que sea superior no solo a cada uno de los miembros de la república, sino también, en pocas palabras, la cabeza de todo el cuerpo; y sin duda tan eminente respecto del todo, que incluso pueda castigar a toda la república. Razón por la cual tampoco por la república puede el rey ser despojado del reino, a no ser que haya caído en la tiranía...".[45]

1200.- Esta fue también la doctrina de San Roberto Belarmino, quien como vimos más arriba (n° 1190), enseñaba que la transferencia del poder por parte de la comunidad a magistrados que tengan la función específica de ejercerlo, es obligatoria, porque la multitud no puede ejercerlo ella; y agregaba que ni todo el género humano por unanimidad podría establecer lo contrario; de donde debe desprenderse que la transferencia no era revocable para Belarmino, y que la república como un todo quedaba sometida a las autoridades que había constituido.

---

44 "*... rex est non solum supra singulos, sed etiam supra totam rempublicam, id est etiam supra omnes simul... Quia si respublica esset supra regem, ergo esset principatus democraticus, id est popularis, et sic non est monarchia et principatus unius. Et haec videtur esse sententia Aristotelis 3 Politicorum*". (Relección sobre la Potestad Civil, n° 14).

45 Domingo de Soto, *De iustitia et iure (De la Justicia y el Derecho) lib. IV, q. IV, art., 1°*: "*Atque hinc fit, ut lib. I, q. 6. dicebamus, principem potestate fungi ferendarum legum quibus rempublicam coerceat. Fitque praeterea ut non solum singulis reipublicae membris superior sit, verum et totius collectim corporis caput: totique adeo sic eminens, ut totam etiam simul punire valeat. Quare neque per rempublicam Rex potest regni iure expoliari, nísí fuerit in tyrannidem corruptus*".

1201.- Entre los modernos iusnaturalistas, enseña lo mismo Johannes Messner, seguidor de Suárez y Belarmino,[46] quien dice que:

I°) El que ejerce el poder no lo hace como mandatario del pueblo (ni siquiera en la democracia constitucional), sino en virtud del orden natural de la comunidad estatal, y, por consiguiente, en nombre de Dios;[47]

II°) Que de la doctrina del Derecho Natural de la soberanía popular, no se puede deducir que la democracia deba ser preferida a las otras formas de gobierno, puesto que el pueblo no es titular del poder estatal en el sentido de que el que lo ejerce de hecho lo haga tan solo en representación del pueblo;[48]

III°) Que el pueblo no puede anular los títulos jurídicos para el ejercicio del poder estatal, invocando la originaria soberanía popular: no puede desposeer a un monarca legítimo,[49] y

IV°) Que la teoría de la soberanía popular absoluta, que defiende la revocación arbitraria del poder por parte de la soberanía popular, se convierte, con ello, en una teoría del derecho a la revolución.[50]

En el mismo sentido, Maritain dice que los gobernantes que el pueblo constituye "no son meros instrumentos de una voluntad general quimérica; son los verdaderos gobernantes del pueblo; tienen que adoptar sus decisiones conforme a los dictados de su conciencia, a las leyes de aquella rama específica de la ética que es la ética política, al juicio de sus virtudes (si las tienen), de la prudencia política, y a lo que estimen necesario para el bien común... incluso si al hacerlo incurren en el desagrado popular".[51]

Entre nosotros, erradamente sostuvo Fernández Concha, siguiendo a Suárez, que el pueblo puede organizarse de modo que los magistrados constituidos por él sean meros mandatarios revocables a su sola voluntad.[52]

1202.- La transferencia del poder a quienes han de ejercerlo, no es mandato tampoco en la doctrina política de la Iglesia. Es así como se lee en la encíclica *Diuturnum Illud*, del Papa León XIII (de 29-VI-1881):

---

[46] Messner, *op. cit.*, págs., 888-889.
[47] *Op. cit.*, pág. 884.
[48] *Loc. cit.*
[49] *Op. cit.*, pág. 885.
[50] *Loc. cit.*
[51] Maritain, El Hombre y el Estado, ed. *cit.*, págs. 178-179.
[52] Filosofía del Derecho *cit.*, t. II, n° 924, pág. 194. Invoca Fernández Concha a Suárez (De legibus, 1. 3, c. 4, n° 12).

"Muchos de nuestros contemporáneos, siguiendo las huellas de aquellos que en el siglo pasado se dieron a sí mismos el nombre de filósofos, afirman que todo poder viene del pueblo. Por lo cual, los que ejercen el poder no lo ejercen como cosa propia, sino como mandato o delegación del pueblo, y de tal manera que tiene rango de la ley la afirmación de que la misma voluntad popular que entregó el poder puede revocarlo a su antojo. Muy diferente es en este punto la doctrina católica, que pone en Dios, como en principio natural y necesario, el origen del poder político".

"Es importante advertir en este punto que los que han de gobernar los estados pueden ser elegidos, en determinadas circunstancias, por la voluntad y juicio de la multitud, sin que la doctrina católica se oponga o contradiga esta elección. Con esta elección se designa al gobernante, pero no se confieren los derechos del poder. Ni se entrega el poder como un mandato, sino que se establece la persona que lo ha de ejercer".[53]

La encíclica *Notre Charge Apostolique*, de 25-VIII-1910, en que el Papa San Pío X condenó el movimiento político católico francés conocido como *Le Sillon* (El Surco), reitera esta doctrina, y luego dice:

"Por otra parte, si el pueblo permanece como sujeto detentador del poder, ¿en qué queda convertida la autoridad? Una sombra, un mito; no hay ya ley propiamente dicha, no existe ya la obediencia".[54]

1203.- La idea de que el pueblo puede revocar a su arbitrio la transferencia de la autoridad hecha a los magistrados que han de ejercerla, tuvo en la Edad Media y después en el Renacimiento —por tanto, antes de llegar a Rousseau— importantes defensores: la sostuvieron juristas como Zarabella, Gino y Parco, para quienes los actos del gobernante solo valían si eran refrendados por el consentimiento popular.

Esta doctrina se expresaba en la fórmula "*Populus maior príncipe*",[55] y fue seguida también por Marsilio de Padua, político italiano de fines del siglo XIII

53 Encíclica *Diuturnum Illud*, n°s 3 y 4.

54 Encíclica Notre Charge Apostolique, n°s 21 y 22.

55 Urdánoz, *op. cit.*, págs. 138-139.

y primera mitad del siglo XIV;[56] Nicolás de Cusa[57] y por el alemán Althusio en su Tratado de Política (1603).[58]

1204.- *La teoría de la soberanía popular absoluta.*- Rousseau sostiene en El Contrato Social la plena sumisión de los que ejercen la autoridad al pueblo, que es el soberano. Los diputados —dice— no son representantes: son comisionados. Toda ley que el pueblo en persona no ha ratificado, es nula.[59] En cuanto al o a los funcionarios que ejercen el poder ejecutivo, son simples mandatarios, que ejercen el poder en nombre del pueblo, que es el soberano, y que puede limitar, modificar y retomar cuando le plazca el poder que les ha dado.[60]

Sin embargo, en su obra posterior, no obstante la fecha de publicación, *Discurso sobre el origen y fundamentos de la desigualdad entre los hombres* (como lo vimos antes, nº 1174, XVI), Rousseau dirá después que el pueblo no puede abandonar la obediencia al gobernante aunque este falte a sus obligaciones, porque se producirían desordenes infinitos. Por eso, añade, era necesario a la tranquilidad pública que la autoridad divina interviniera para dar a la autoridad soberana un carácter sagrado e inviolable que quitara a los súbditos el funesto derecho de disponer de ella.[61]

Como puede verse, Rousseau termina, yendo de un extremo a otro, por negar hasta el derecho de rebelión frente al tirano, según puede entenderse.

---

[56] Marsilio de Padua nació alrededor de 1275 y falleció alrededor de 1343. Fue rector de la Universidad de París (1312-1313). Su obra más importante fue el *Defensor Pacis* (Defensor de la Paz). Se destacó en la teoría política, preconizando el predominio del Estado sobre la Iglesia. Escribió en defensa del Emperador Luis de Baviera, atacando duramente al Pontificado, lo que le valió ser excomulgado. Defendió que el poder legislativo pertenece al pueblo, que este poder es el que instituye al poder Ejecutivo, y le juzga y le depone si falta a sus deberes. Escribió también un tratado sobre la transferencia del poder (Tractatus de translatione imperii); (Dicccionario Hispanoamericano; Ferrater Mora, Diccionario de Filosofía; Fraile, *op. cit.*, t. II, pág. 1072).

[57] Nicolás de Cusa, nació en Cues (Cusa) en 1401. Estudió en Heidelberg y Padua, y en Colonia siguió estudios eclesiásticos. Se ordenó de sacerdote. En 1450 fue nombrado Obispo de Brixen. Fue filósofo y teólogo. Escribió numerosas obras de las cuales es muy conocida "De docta ignorantia" (De la docta ignorancia) (Ferrater Mora, Diccionario *cit.*).

[58] Urdánoz, *op. cit.*, pág. 139. Juan Althusio fue un jurista alemán (1573-1638), nacido en Diedenshausen. Fue calvinista, estudió en Basilea y Ginebra. Para él el Estado supone un pacto político entre el pueblo y el príncipe. Si el pacto es expreso, el príncipe debe atenerse a los límites que pone a sus poderes (Fraile, Historia de la Filosofía, *cit.*, t. III, pág. 342).

[59] El Contrato Social, ed., *cit.*, pág. 68.

[60] El Contrato Social, *cit.*, pág. 40.

[61] Discurso sobre el origen... *cit.*, pág. 49-50.

Por otra parte, en el propio Contrato Social, Rousseau, que atribuye el poder legislativo al pueblo, que es para él el soberano, lo declara paladinamente incapaz de hacer leyes. Dice, en efecto: "¿Cómo una multitud ciega, que a menudo no sabe lo que quiere, porque rara vez sabe lo que es bueno para ella, cumpliría por sí misma una empresa tan grande, tan difícil, como elaborar una legislación?".[62]

i) *Que los Magistrados que el pueblo constituye reciban el poder de Dios, no significa que el pueblo no sea el primer sujeto de la autoridad civil, y que no posea el poder de establecer la forma de gobierno*

1205.- Zigliara limita la autoridad del pueblo a designar a las personas que han de ejercer como función propia el poder.

Se pregunta por qué los escolásticos (se refiere a Vitoria, a Belarmino, etc.), a la manera de los racionalistas (alude a Rousseau, etc.) ponen en la multitud el sujeto de la autoridad civil, y responde:

> "Porque consideraron la sociedad en abstracto, y en abstracto la autoridad misma. De la cual exclusiva consideración resulta: 1°) la perfecta igualdad de los individuos; 2°) y por tanto, que en ninguno tomado individualmente existe la facultad de mandar; 3°) y por consiguiente la potestad de mandar existe de algún modo en la multitud; 4°) pero no está en la multitud como sujeto que la genera, porque el poder viene inmediatamente de Dios: ni como en sujeto que la ejerce, porque, como demostramos, la multitud no puede ejercer la autoridad pública; 5°) luego en la multitud existe la autoridad como en principio o en objeto *determinante* de la persona o personas que, con potestad dada por Dios a ellas, gobiernen la república".[63]

---

62 El Contrato Social, ed. *cit.*, pág. 26.

63 "*Consideraverunt ergo ipsi societatem in abstracto et consequenter individua in abstracto, et in abstracto, auctoritatem ipsam. Ex qua exclusiva consideratione emergit: 1°) perfecta aequalitas individuorum; 2°) et ideo in nullo individualiter sumpto facultas imperandi; 3°) et consequenter potestas imperandi est aliquo modo in multitudine; 4°) at non est in multitudine ut in subiecto generativo, quia potestas est a Deo immediate, neque ut in subiecto exercente, quia, ut probavimus, multitudo non potest exercere auctoritatem publicam; 5°) ergo in multitudine est potestas ut in principio seu obiecto determinante personam seu personas, quae potestate sibi a Deo collata, rempublicam gubernant...*" (*op. cit.*, t. III, págs. 234-235).

A este planteamiento cabe oponer las tres razones que da Fernández Concha para demostrar que la soberanía, con el poder constituyente, reside originariamente en el pueblo. Ellas son:

Iª) No habría otro fundamento para atribuir al pueblo la facultad de elegir al soberano que el de residir la soberanía en él;

IIª) El pueblo, al hacer la elección del soberano, tiene que hacer, como cosa previa, la constitución de la forma de gobierno, lo que es un acto de soberanía, y el más eminente de todos, y

IIIª) Si así no fuera, no podría el pueblo reservarse parte alguna de la soberanía, ni poner coartaciones al ejercicio de la misma.[64]

B) *Legitimidad de título y legitimidad de ejercicio. La tiranía*

a) *Clases de legitimidad*

1206.- Un gobierno se dice legítimo cuando quienes lo ejercen han sido designados por la comunidad, o en la forma dispuesta por la constitución —escrita o consuetudinaria—, cuando ya hay una ley fundamental. Esta es la legitimidad que se llama "de título", porque quien o quienes gobiernan derivan su poder de un acto jurídico apto para conferirlo.

La designación por la comunidad no ha de ser necesariamente expresa; basta un consentimiento tácito, como se dijo más arriba.[65] Un gobernante que de hecho ha asumido el poder, puede pasar a tener un título legítimo si la comunidad tácitamente consiente en que él gobierne.

Pero no basta la legitimidad de título para que un gobierno se considere legítimo. Es necesario también que el o los magistrados que ejerzan la autoridad, la ejerzan de un modo legítimo.

San Isidoro de Sevilla dice en sus famosas Etimologías: *Rex eris si recte facies, si non facies non eris*: "Serás rey si obrares rectamente, si no obrares bien no lo serás". La primera parte de esta sentencia la trae Horacio (Ep. 1.1, 59-60): viene de un refrán que decían los niños; y la frase entera la consigna Porfirio.

---

[64] Fernández Concha, Filosofía del Derecho *cit.*, t. II, nº 919, págs. 188-189.

[65] Véase nº 1194.

San Isidro invocó esa máxima en el IV° Concilio de Toledo, lo que terminó dando lugar a la deposición del rey godo Suintila.[66]

Será ilegítimo el ejercicio hasta constituirse en tiránico, si se atropellan en forma grave y sostenida los derechos de los súbditos —particularmente los más importantes: derecho a la vida, integridad física, propiedad, a formar familia, tener hijos y educarlos, y en general los derechos naturales; si el gobernante por muy grave negligencia, o por maldad, pone en peligro inminente la integridad o la independencia de la nación, etc.

El célebre filósofo español del siglo XIX Jaime Balmes caracteriza la tiranía de ejercicio diciendo que la hay,

> "si el poder supremo abusa escandalosamente de sus facultades, si las extiende más allá de los límites debidos, si conculca las leyes fundamentales, persigue la religión, corrompe la moral, ultraja el decoro público, menoscaba el honor de los ciudadanos, exige contribuciones ilegales y desmesuradas, viola el derecho de propiedad, enajena el patrimonio de la nación, desmembra las provincias, llevando sus pueblos a la ignominia y a la muerte".[67, 68]

---

66 Víctor José Herrero Llorente, Diccionario de expresiones y frases latinas, Gredos, 3ª ed. Madrid, 2ª reimpresión, 2010, pág. 407, San Isidoro de Sevilla, Etimologías, IX, III, 4.

67 Jaime Balmes. El Protestantismo Comparado con el Catolicismo en sus relaciones con la civilización europea, Obras Completas, Vols. V-VIII, Barcelona, 1925, IV, c. LI, citado por Aniceto de Castro Albarrán, el El Derecho a la Rebeldía, 1934, pág. 361.

68 Jaime Balmes, filósofo español profundo y original, nació en Vich en 1810, y murió en 1848. Estudió en el Seminario de Vich y después en la Universidad de Cervera, donde obtuvo los grados de licenciado y luego de doctor en teología (1833). Fue ordenado sacerdote en 1834. Estudió solo Física y Matemáticas. Fue redactor en Barcelona, en 1842, con otras personas, de la revista La Civilización, y redactó solo en 1843 la revista La Sociedad, de controversia social, política y religiosa. Hizo viajes a Francia, Bélgica e Inglaterra. Intervino en política, fundando en Madrid "El Pensamiento de la Nación" para obtener la concordia entre los partidarios de Isabel II, hija de Fernando VII, y el Infante Don Carlos María de Borbón, hermano de este, que disputaba el trono a su sobrina, sosteniendo la vigencia de la Ley Sálica, que excluía a las mujeres del trono. Balmes propuso como solución que el primogénito de Don Carlos, el Conde de Montemolín, se casase con Doña Isabel, y que Don Carlos renunciase a sus derechos en favor de su hijo, lo que Don Carlos hizo. Mas fracasó este plan al casarse Doña Isabel con don Francisco de Asís de Borbón. Balmes mantuvo cordiales relaciones con grandes personalidades europeas, como Metternich, y correspondencia con otras como Chateaubriand, Lacordaire y Veuillot, según hace constar Federico Sainz de Robles. Fue miembro de la Real Academia Española. Falleció en Vich en 1848. Entre sus obras podemos mencionar: El Criterio (1845); Filosofía Fundamental (1846); Filosofía Elemental (1847); Consideraciones Políticas sobre la situación de España (1840); Escritos políticos (1847); La revelación demostrada al alcance de los niños (1841), y el Protestantismo comparado con

El gobernante que es ilegítimo por falta de título, se llama tirano por el origen, o por usurpación, o usurpador, y el gobernante que teniendo título para serlo, se hace ilegítimo por su forma de gobernar, se llama tirano por el ejercicio. Hay, pues, tiranía de origen y tiranía de ejercicio.

b) *La tiranía de ejercicio*

1207.- Tirano por el ejercicio —por el régimen—, dice Zigliara, es aquel que legítimamente ha obtenido el poder en una sociedad, pero que gobierna mediante leyes manifiestamente injustas".[69]

Como hace ver Galán y Gutiérrez, Santo Tomás predominantemente —en su obra Del gobierno de los príncipes —concibe la tiranía de ejercicio como forma corrupta de la monarquía —gobierno de uno—, pero también la concibe en forma amplia, como cualquier forma degenerada de gobierno en general.

Hablando de la corrupción de la monarquía, dice Santo Tomás que "si el gobierno injusto se lleva a cabo solo por una persona, que con el gobierno busca su propio provecho, y no el bien de la comunidad que le está sujeta, tal gobernante se llama tirano".[70]

Que Santo Tomás concibió la tiranía también como cualquier forma de gobierno corrupta, queda de manifiesto, como asimismo hace ver Galán y Gutiérrez, en el título del capítulo V del libro primero de su obra El Gobierno de los Príncipes: "De cómo el gobierno de muchos degenera más frecuentemente en tiranía que el de uno solo".[71]

"La filosofía del Derecho y del Estado —comenta acertadamente Galán y Gutiérrez— debe conservar este concepto amplio de la tiranía, con tanta mayor razón cuanto que la democracia del siglo XIX ha querido hacer olvidar

---

el Catolicismo (Nota preliminar de Federico Sainz de Robles a la edición de El Criterio de Aguilar, Colección Crisol, Madrid, 1957; Ángel González Álvarez, Historia de la Filosofía cit, págs. 477-479).

69 "... *ille qui legitime assecutus est principatum in aliqua societe, sed per leges manifeste iniustas gubernat*..." (*op.* y t. *cit.*, VIII, pág. 255).

70 "... *Si igitur regimen iniustum per unum tantum fiat, qui sua commoda ex regimine quaerat, non autem bonum multitudinis sibi subiectae, talis rector tyrannus vocatur*..." (*De regimine principum —Del gobierno de los príncipes—*, L I, c. 1, citado por Eustaquio Galán y Gutiérrez, La Filosofía Política de Santo Tomás de Aquino, Editorial Revista de Derecho Privado, Madrid, 1945, pág. 195).

71 *Quod in dominio plurium magis saepe contingit dominium tyrannicum, quam ex dominio unius*..." (Galán y Gutiérrez, La Filosofía política... *cit.*, pág. 195).

que también ella puede degenerar en tiranía, y que el pueblo puede degenerar en tirano de muchas cabezas".[72]

1208.- Cabe preguntarse qué tan graves han de ser las injusticias de un gobierno para que pueda hablarse de tiranía, o, al menos, para que pueda ser legítima la resistencia a la autoridad del tirano. Zigliara, si bien no contesta esta pregunta expresamente, tratando de la resistencia al tirano de ejercicio, y la facultad que cierta doctrina reconoce al pueblo de protestar, apelar o usar otros medios semejantes, dice:

> "... Muy bien esto, ciertamente. Pero: 1° El tirano que por leyes abiertamente injustas... destruye el bien común, y arruina del todo los derechos de los ciudadanos, cierto más cierto, impedirá que estos reclamen legalmente sus derechos. ¿Y en este caso? Vuelve la dificultad cuya solución buscamos.- 2° Puede haber peligro en la demora, si el tirano de cierto entrega la república a una dominación extranjera o da leyes para manifiesta perdición de los ciudadanos, y otras cosas semejantes: en cuyos casos hay que resistir o sucumbir. ¿No es lícita la resistencia?[73]

Como puede verse, hay tiranía de ejercicio cuando con leyes abiertamente injustas se destruye el bien común y se arruinan completamente los derechos de los ciudadanos; cuando se va a entregar la república a una dominación extranjera, y en otros casos semejantes. Naturalmente no cabe una enunciación taxativa de todos los casos de tiranía de ejercicio, pero se la puede conceptualizar como un gobierno manifiestamente injusto que menoscaba substancialmente al bien común. En ella el gobernante oprime por el poder y no rige por la justicia, en palabras de Santo Tomás.[74]

---

[72] Galán y Gutiérrez, La Filosofía política... *cit.*, pág. 198.

[73] "... *Perbelle id quidem. Sed: 1° Tyrannus qui per leges aperte iniustas... bonum commune destruit, et civium iura persumdat, certo certius impediet quominus cives legaliter repetant iura propria. Et in hoc casu? Redit difficultas, cuius solutionem quoerimus.- 2° Potest esse periculum in mora, ut puta si tyrannus certo tradat rempublicam extranae dominationi, vel leges condat in manifestam perniciem civium, et alia similia: in quibus casibus aut resistendum est, aut succumbendum. Est ne licita resistentia?*" (Zigliara, *op.* y t. *cit.*, pág. 258, XIII).

[74] "*Per potentiam opprimit, non per iustitiam regit*" (Del gobierno de los príncipes, I, 1, citado por José Corts Grau, Curso de Derecho Natural, 5ª ed., Editora Nacional, Madrid, 1974, pág. 439).

c) *El tirano usurpador puede legítimamente ser expulsado*

1209.- Santo Tomás dice sobre el tema del epígrafe: "El que por violencia toma el gobierno, no se hace verdadera autoridad o soberano, y por tanto, cuando hay la posibilidad, cualquiera puede repeler tal dominio: si no es que, acaso, después se haya convertido en verdadero gobernante, por el consentimiento de los súbditos, o por la autoridad de un superior".[75]

Es de notar que el usurpador puede convertirse en verdadera autoridad, a posteriori, por el consentimiento de los súbditos, como hace ver Santo Tomás. Él añade que también por la autoridad de un superior, pero ese caso parece propio de la Edad Media en que había Estados que eran feudatarios de otros.

1210.- Puede llegar a ser lícito dar muerte al usurpador.- Añade Santo Tomás en el lugar citado, respondiendo a la quinta dificultad:

> "Cuando alguien se apropia del poder por la violencia, no queriéndolo los súbditos, o coaccionados estos para obtener su consentimiento, y cuando no hay recurso a un superior, por quien pueda ser juzgado el invasor [el agresor, el que se apropia del poder], en ese caso, el que para la liberación de la patria mata al tirano, es alabado y recibe premio".[76]

Santo Tomás no aclara aquí si el que ha de dar muerte al tirano puede hacerlo por su particular iniciativa o por voluntad de la comunidad. Se ha entendido, con todo, que no puede hacerlo por su sola iniciativa privada, porque ilustra Santo Tomás el punto con el ejemplo de Bruto y Casio, que mataron a Julio César que como tirano había usurpado el imperio, no por iniciativa privada, sino por orden del Senado.

Galán y Gutiérrez, que da esta razón, añade:

> "Atendiendo a las conexiones generales del pensamiento de Santo Tomás, quizá se deba entender que si cualquiera puede en tales circunstancias matar al tirano secundum regimen et titulum [tirano

---

[75] Santo Tomás de Aquino, Comentarios a los Cuatro Libros de las Sentencias de Pedro Lombardo, al Libro II, q, II, art. II, citado por Zigliara, *op.* y *t. cit.*, pág. 255; "*Qui per violentiam dominium surripit, non efficitur vere praelotus vel dominus; et ideo cum facultas adest, potest aliquis tale dominium repellere: nisi forte postmodum dominus verus effectus sit, vel per consensum subditorum, vel per auctoritatem superioris*".

[76] *Quando aliquis dominium sibi per violentiam surripit nolentibus subditis vel etiam ad consensum coactis, et quando non est recursus ad superiorem per quem iudicium de invasori possit fieri; tum qui ad liberationem patriae, tyrannum occidit, laudatur et premium accipit*".

por la forma de gobernar y la falta de título], no puede, sin embargo, hacer esto cualquiera por iniciativa privada stricto sensu, sino cualquiera como órgano ejecutor, consentido expresa o tácitamente, de la voluntad de la comunidad o de quien encarne la representación de la comunidad".[77]

1211.- La expulsión del usurpador solo puede hacerse si no ha de traer males iguales o peores.- Zigliara hace ver, siguiendo el pensamiento de Santo Tomás —según otros textos del Doctor Angélico que veremos al tratar de la tiranía de ejercicio—, que ni la comunidad ni el gobernante legítimo pueden lícitamente expulsar al tirano si no es dable hacerlo sin grandes calamidades públicas y gran perjuicio para la comunidad; argumentando, en cuanto al gobernante legítimo, que este debe ante todo buscar el bien común.[78]

d) *La resistencia contra la tiranía de ejercicio*

1212.- Zigliara distingue entre la resistencia defensiva y la ofensiva, al tratar de la resistencia a la tiranía. La primera es la que se hace en el acto de la injusta agresión, y corresponde al derecho de legítima defensa; la segunda es aquella en que se agrede al enemigo previniendo su agresión: en ella no se repele la fuerza con la fuerza, sino que se hace fuerza o infiere violencia.[79]

Contra la tiranía de ejercicio cabe, desde luego, la resistencia defensiva, si la tiranía es excesiva, si se han usado los posibles medios pacíficos de hecho y de derecho, sin resultado, y si son mayores los males que trae el tolerar tal tiranía que el resistirla. Este derecho a la resistencia defensiva autoriza para rechazar por la fuerza la ejecución de leyes injustas, repeliendo con la violencia lo que se haga para llevarlas a ejecución; y este derecho a la resistencia defensiva —aplicación del derecho de legítima defensa—, puede decidir usarlo la comunidad, no los individuos, a menos que se trate de la vida o integridad física de estos y demás cosas que son materia de la legítima defensa de los particulares.[80]

Los órganos de la comunidad para decidir esto —dice Corts Grau— son los estamentos naturales de la sociedad: municipios, regiones, gremios.[81]

---

77 Eustaquio Galán y Gutiérrez, La filosofía política..., *op. cit.*, pág. 211.

78 Zigliara, *op.* y t., *cit.*, pág. 256.

79 Zigliara, *op.* y t. *cit.*, pág. 259, nº XV.

80 Zigliara, *op.* y t. *cit.*, pág. 261.

81 Corts Grau, Curso de Derecho Natural *cit.*, pág. 441.

Nosotros añadimos que pueden serlo órganos fundamentales del Estado que no estén involucrados en el ejercicio tiránico del poder.

1213.- ¿Es lícita también la resistencia ofensiva contra la tiranía de ejercicio, agotados los medios pacíficos posibles? Santo Tomás de Aquino la admite clarísimamente cuando la tiranía es excesiva, de modo que es mayor el mal de soportarla que el mal que entraña el peligro de combatirla. He aquí el texto, contenido en la obra Del Gobierno de los Príncipes:

> "Se ve más bien que contra la crueldad de los tiranos hay que proceder no por iniciativa privada de algunos, sino por autoridad pública. En primer lugar, ciertamente, si al derecho de una comunidad [multitud] pertenece el darse un rey ella misma, puede sin injusticia el rey instituido ser destituido, o ser refrenada su autoridad, si abusa tiránicamente del poder real. Y no se ha de estimar que tal comunidad actúa sin fidelidad al destituir al tirano, incluso si antes se hubiera sometido al mismo a perpetuidad: porque él ha merecido esto, al no conducirse fielmente en el gobierno de la comunidad, como lo exige la función del rey: ha merecido que a él no se le guarde el pacto por los súbditos".[82]

Santo Tomás pone como presupuesto de este derecho a la resistencia activa contra el tirano de ejercicio, el que pertenezca al pueblo, o a la comunidad, la facultad de proveerse ella de rey: de darse ella su propio rey, porque ha habido Estados dependientes de otros: Estados no soberanos, y si se trata de un Estado dependiente, este debe recurrir al superior pidiendo el remedio contra la tiranía de ejercicio, hipótesis que Santo Tomás examina inmediatamente a continuación del texto transcrito, poniendo el ejemplo de Arquelao, rey de Judea, hijo de Herodes, a quien por gobernar tiránicamente, Roma, Estado del que dependía Judea en calidad de protectorado, le quitó primero el título de rey, por decreto de César Augusto, desterrándolo después a Lyon, en Francia.

---

[82] "*Videtur autem magis contra tyrannorum saevitian non privata praesumptione aliquorum sed auctoritate publica procedendum. Primo quidem si ad ius multitudinis alicuius pertinet sibi providere de rege, non iniuste ab eadem rex institutus potest destitui vel refraenari eius potestas, si potestate regia tyrannice abutatur. Nec putanda est talis multitudo infideliter agere tyrannum destituens, etiam si eidem in perpetuo se ante subjecerat: quia hoc ipse meruit in multitudinis regimine se non fideliter gerens, ut exigit regis officium, quod ei pactum a subditis non reservetun*" (Del Gobierno de los Príncipes, L. I, c. 6).

Y en la Suma Teológica (2-2, q. 104, a. 6, ad 3), Santo Tomás, tratando de la sedición, enseña que no es tal el levantamiento contra el tirano, que no puede fácilmente llevarse a cabo sin alguna división de la comunidad. El problema surge porque el propio Santo Tomás dice, en la respuesta del citado artículo, que la sedición es un atentado contra la unidad del pueblo o del Estado. Pone entonces una tercera dificultad, y en la respuesta a esta se halla la doctrina en referencia, en la cual decide que el sedicioso es en realidad el tirano:

Dificultad 3ª. "Además: son alabados los que liberan a la comunidad de una autoridad tiránica; pero esto no puede hacerse fácilmente, sin alguna disensión de la multitud: mientras una parte de la multitud trata de mantener al tirano, otra ciertamente trata de arrojarlo; luego la sedición puede realizarse sin pecado".

La respuesta dice:

> "Respondo a lo tercero diciendo, que el gobierno tiránico no es justo, porque no se ordena al bien común sino al bien privado del gobernante... Y por consiguiente la perturbación de este régimen no tiene naturaleza de sedición: sino en caso de que el gobierno del tirano sea perturbado tan desordenadamente, que la multitud sometida padezca más detrimento por la perturbación consiguiente, que por el gobierno tiránico. Pues antes el sedicioso es el tirano, que en el pueblo que le está sometido alimenta discordias y sediciones, de modo de poder dominar del todo. Pues esto es tiránico, como esté ordenado al bien propio del gobernante, con daño de la multitud".[83]

1214.- La resistencia ofensiva supone, para su licitud, la voluntad expresa o tácita de los más y los mejores, que puede conocerse a través de otros órganos de poder público o de la función pública, de la opinión generalizada

---

[83] "3. *Praeterea, laudantur qui multitudinem a potestate tyrannica liberant; sed hoc non de facili potest fieri sine aliqua dissensione multitudinis; dum una pars multitudinis nititur retinere tyrannum, alia vero mititur eum abiicere; ergo seditio potest fieri sine peccato*".
"*Ad tertium dicendum, quod regimen tyrannicum non est iustum, quia non aodinatur ad bonum commune sed ad bonum privatum regentis... et ideo perturbatio huius regiminis non habet rationem seditionis: nisi forte quando sic inordinate perturbatur tyranni régimen, quod multitudo subiecta maius detrimentum patitur ex perturbatione consequenti, quam ex tyranni regimine. Magis autem tyrannus seditiosus est, qui in populo sibi subiecto discordias et seditiones nutrit, ut totius dominari possit. Hoc enim tyrannicum est, cum sit ordinatum ad bonum proprium praesidentis, cum multitudinis nocumento*".

de quienes no estén con el tirano, o de los estamentos naturales de la sociedad, gremios, municipios, etc.

1215.- Nueva autoridad tras la deposición del tirano de ejercicio.- La comunidad puede luego designar otra autoridad, y ello puede ocurrir a través del consentimiento tácito en el gobierno de quien encabezando la resistencia activa, haya tenido que asumir la función de gobernar.

Conviene en cuanto a esto tener presente el siguiente texto de León XIII:

> "¿Cómo se verifican en la realidad los cambios políticos de que estamos hablando? Algunas veces suelen ser resultado de crisis nacionales evidentes, las más de ellas sangrientas. Bajo su empuje perecen de hecho los regímenes políticos anteriores. Surge entonces una anarquía dominadora; inmediatamente el orden público del Estado se ve subvertido hasta en sus mismos fundamentos. En ese momento una necesidad social se impone a toda la nación: la de mirar por sí misma sin demora. ¿Por qué no ha de tener la nación en ese caso el derecho, más aún la obligación, de defenderse de un estado de cosas tan gravemente perturbador y de restituir la paz pública al orden tranquilo anterior?".
>
> "Ahora bien, esta necesidad social justifica la existencia y la constitución de un nuevo régimen político, sea la que sea la forma que adopte, ya que, en la hipótesis de que estamos hablando, este régimen nuevo está exigido necesariamente por la recuperación del orden público, el cual no es posible sin un determinado régimen político".
>
> "... Por consiguiente, cuando de hecho quedan constituidos nuevos regímenes políticos, representantes de este poder inmutable [el poder político que procede de Dios], su aceptación no solamente es lícita, sino incluso obligatoria, con obligación impuesta por la necesidad del bien común, que les da vida y los mantiene. Aceptación obligatoria cuya urgencia es mayor cuando las revoluciones acentúan el odio común, provocan la guerra civil y pueden sumir a la nación en el caos de la anarquía".[84]

---

[84] León XIII, Encíclica *Au milieu des sollicitudes*, n°s 21 a 23. Esta encíclica fue dirigida por León XIII el 16-II-1892 a los Obispos y católicos franceses, divididos en torno al problema de si debían o no acatar la tercera república francesa, que tomó el poder en 1875, poniendo

1216.- La resistencia contra la tiranía de ejercicio en otros autores clásicos.- Domingo de Soto enseña que el rey puede ser despojado del reino en caso de tiranía (*vid. supra* n° 1199, párrafo final). Suárez dice: "Si el rey volviera su justa autoridad en tiranía, abusando de ella con manifiesta ruina del Estado, podría el pueblo usar de su natural potestad para defenderse, pues de esta nunca se ha privado".[85]

Y en su obra De la Caridad, escribe Suárez: "Entonces [en los casos de tiranía] toda la República es superior al Rey, porque habiéndole ella entregado la potestad, se sobreentiende que se la ha dado con la condición de que gobierne política, no tiránicamente, de lo contrario, pueda deponerle".[86]

Por su parte el famoso teólogo jesuita Leonardo Lessio, discípulo de Suárez expresa:

> "Porque la jurisdicción de la comunidad es natural, nunca se transfiere a uno o a varios de tal modo que no permanezca en el pueblo como en su raíz; para que por ella el pueblo pueda deponer a aquellos a quienes se encomendó, si no quieren guardar la justicia y convierten el gobierno en tiranía, y no se presenta otro remedio".[87, 88]

Y Luis de Molina dice que contra el tirano en el régimen "se podría cada uno defender, rechazando la fuerza con la fuerza... Podrá también la misma república juntar sus cabezas y resistirle...".[89]

---

fin a la anarquía que siguió a la caída del Emperador Napoleón III tras la derrota de Sedán (Castro Albarrán, *op. cit.*, pág. 255).

Véase el texto en Doctrina Pontificia, Documentos Políticos, Biblioteca de Autores Cristianos. Madrid, 1958, págs. 305-306.

85 Suárez, *Defensio... cit.*, lib. 3, c. 3, n. 3, citado por Fernández Concha, Filosofía del Derecho *cit.*, t. II, nota 1 de la pág. 198, pág. 199.

86 Suárez, *De Charitate*, disp. XIII, sect. VIII, c. II, citado por Castro Albarrán, *op. cit.*, pág. 353.

87 "*Quia tamen jurisdictio communitatis est naturalis, nunquam ita transfertur in unum vel plures, quin maneat in populo tamquam in radice; ut per eam possit populus deponere quos sibi praefecit, si iustitiam servare nolint, et principatum in tyrannidem vertant, nec aliud remediun suppetat*" De perf. 1. 10, cap. 2, n° 9, citado por Fernández Concha, Filosofía del Derecho cit, *loc. cit.*

88 Leonardo Lessio, nacido en Leys en 1554 y fallecido en 1623, fue un célebre filósofo y teólogo jesuita, discípulo de Suárez en Roma, que hizo clases en Douai y Lovaina. Entre sus obras están *De iustitia et iure* (Lovaina 1605); *De gratia efficaci* (De la gracia eficaz); *De summo bono et aeterna beatitudine hominis* (1616) (Del sumo bien y de la felicidad eterna del hombre) (Fraile, Historia de la Filosofía *cit.*, t. III, pág. 440).

89 Molina, *De iustitia et iure*, tract. III, disp. VI, citado por Castro Albarrán, *op. cit.*, pág. 370.

e) La resistencia contra la tiranía de ejercicio en el Padre Juan de Mariana[90]

1217.- Mención especial merece la doctrina del Padre Juan de Mariana, eminente historiador, escriturista y teólogo español jesuita del siglo XVI y principios del XVII, por su amplia consideración del tema, y por haber

[90] El Padre Juan de Mariana, célebre historiador, teólogo y escritor español, nació en 1536, sin que se conozcan bien las circunstancias de su nacimiento. Fue bautizado en Puebla de Sanabria, lugar próximo a Talavera, habiendo sido, al parecer, hijo de Juan Martín Mariana, canónigo de Talavera. Falleció Juan de Mariana en 1623. Estudió en la Universidad de Alcalá de Henares. Se hizo jesuita en 1556. Prosiguió sus estudios en Alcalá y fue a Roma a los veinticuatro años, desempeñando una cátedra de Artes, y luego otra de teología en un colegio fundado por la Compañía de Jesús, donde fue alumno suyo Roberto Belarmino. En París obtuvo el grado de Doctor e hizo durante cinco años clases de teología. En 1574 regresó a España. Allí se dedicó a escribir sus obras. Escribió en latín su famosa Historia de España, en treinta volúmenes, traduciéndola después él mismo al castellano para que tuviese mayor difusión. Fue notable helenista y poseedor del hebreo, y a instancias de los jesuitas fue nombrado censor de la edición Políglota de la Biblia que comenzó a publicar en Amberes Arias Montano, con la versión latina y los textos hebreo, caldeo y griego. Su dictamen fue favorable a Arias Montano, lo que hizo al Padre Mariana sospechoso para la Compañía de Jesús. Compuso un *Manual para la administración de los sacramentos*, y los opúsculos *De la venida del Apóstol Santiago a España*, en que sostuvo la historicidad de este acontecimiento —que ha sido discutida—; *Sobre la edición de la Vulgata* —versión de la Biblia de uso común en la Iglesia y declarada correcta por el Concilio de Trento—; *De los espectáculos* (en especial de los teatrales), los que condena como perjudiciales a la moral pública; *De la alteración de la moneda*, que trata de la injusticia que cometen los gobiernos cuando dan a la moneda metálica un poder de pago distinto de su valor intrínseco; *Sobre el día de la muerte de Cristo*; *De la muerte y la inmortalidad*; *De los años de los árabes*. Mención aparte merece el libro en que estudia la tiranía: *De rege et regis institutione*: *Del rey y de la institución del rey* (o *De la institución real*). Sostuvo Mariana que el rey recibe el poder del pueblo; y que en ciertos casos es lícito el tiranicidio, en su libro sobre la Institución real, el que por eso fue quemado en París por medio de verdugo, por haber podido ser la causa de los asesinatos de Enrique III por Jacobo Clemente, y luego de Enrique IV de Francia por Ravaillac; sostuvo que la propiedad del suelo es hija de la fuerza, que conviene precaver y destruir la acumulación de demasiada riqueza en pocas manos; y que la existencia de pobres se debe a una falta de la sociedad, la cual tiene por ello el deber de ayudarlos. Figura Mariana entre las autoridades de la lengua española en el célebre Diccionario de Autoridades publicado por la Real Academia de la Lengua (Diccionario Enciclopédico Hispanoamericano). En la edición de su obra *Sobre el rey y la institución del rey*, aparecida diez años después de que Jacobo Clemens asesinara en calidad de tirano a Enrique III° de Francia, narrando el hecho y refiriéndose a la posterior muerte Clemens, Mariana escribió: "Así pereció Clemens, eterna gloria de Francia, como es considerado generalmente (Sic Clemens periit, aeternum Galliae decus ut plerisque visum est, pág. 69), frase —dice Corts Grau— que se suprimió en las ediciones siguientes, por intervención del mismo General de la Compañía de Jesús (José Corts Grau, Historia de la Filosofía del Derecho, t. I, 2ª ed., Editora Nacional, Madrid, 1968, pág. 520, nota 5).

sostenido ser lícito el tiranicidio llevado a cabo por un particular, en ciertos casos extremos; habiéndose pensado que fue la obra de Mariana la que llevó a Francisco Ravaillac a asesinar en 1610 al Rey de Francia Enrique IV de Borbón. Ravaillac había sido lego en un convento de Fuldenses, de donde fue despedido por visionario. Tenía ideas delirantes y llegó a pensar que el Rey Enrique IV quería hacer la guerra y deponer al Papa, por lo que sería un acto agradable a Dios darle muerte.

Justificando la facultad que asiste a la comunidad para deponer al tirano, comienza el Padre Mariana por sostener —consciente de que hay importantes opiniones en contrario— que el poder de la sociedad civil o república como tal, es mayor que el del rey, a cuyo efecto alega, en primer lugar, que esto se prueba por la experiencia, pues en España el rey no puede elevar los impuestos si el pueblo no está de acuerdo; y alega, luego, que lo mismo se ve por la sanción de las leyes, las cuales, según San Agustín —dice— se instituyen cuando se promulgan, y se confirman cuando con la práctica de los que han de servirse de ellas son aprobadas; además —prosigue el Padre Mariana— cuando hay que designar sucesor del rey, mediante pacto, especialmente si no hay ningún descendiente del rey, ni consanguíneos, y hay que tomar ese sucesor de otra familia, los ciudadanos serán parte de ese pacto, no solo el príncipe.[91] Y a continuación, aplicando este principio de que el poder de la sociedad es mayor que el del gobernante, entra el Padre Mariana a tratar del caso de la tiranía y dice:

> "Además, al rey de malas costumbres, que maltrata a la república, y degenera en abierta tiranía, ¿con qué podría reprimirlo y despojarlo del poder y de la vida, si es menester, la misma república sino con una autoridad mayor por ella conservada cuando le delegó al Rey sus partes? Y no es verosímil que haya querido despojarse de raíz a sí misma, a todos los ciudadanos, de su autoridad, transferirla a otro sin excepciones, sin deliberación, ni razón: lo que no era necesario, hiciera, de modo que un Príncipe culpado por la corrupción y la malignidad tuviera un poder mayor que todos.[92]

---

[91] Juan de Mariana, *De rege et regis institutione*, [Del rey y de la institución real], Toledo, donde Pedro Rodrigo, Impresor real (*Apud Petrum Rodericum typo. Regium*, t. I, 1599, págs. 89-90).

[92] Mariana, *op.* y t. *cit.*, pág. 90: "*... Praetera Regem pravis moribus rempublicam vexantem, atque in apertam tyrannidem degenrantem comprimere eadem respublica quî posset, principatu et vita, si opus sit, spoliare, nisi maiori potestate penes se retenta, cum Regi suas partes delegavit. Neque sit verosimile sua se cives universos penitus auctoritate spoliare voluisse, transferre in alium sine*

Antes en la misma obra ha estudiado detenidamente el Padre Mariana el tema de la resistencia a la tiranía. En cuanto al usurpador, sostiene Mariana que puede ser muerto por cualquiera por tratarse de un enemigo público carente de todo título:

> "Ciertamente —expresa— veo estar de acuerdo tanto los filósofos como los teólogos en que aquel príncipe [gobernante] que por la fuerza y las armas se apoderó de la república, además sin ningún otro derecho, sin consentimiento público alguno de los ciudadanos, puede ser muerto por cualquiera, despojado de la vida y del gobierno [principado], por ser un enemigo público, que oprime a la patria con todos los males, y revestir verdadera y propiamente el nombre y la naturaleza de tirano: ser removido como sea y quitársele la potestad de que se apoderó por la violencia".[93]

En cuanto a la resistencia a la tiranía de régimen, o de ejercicio, la doctrina de Mariana puede resumirse en los siguientes puntos:

I°) El gobernante, que cae en la tiranía de ejercicio, deben tolerársele sus vicios y liviandades hasta el término de que descuide las leyes de la honestidad y del pudor a las cuales está obligado a conformarse; porque no se han de cambiar fácilmente los gobernantes, a fin de que no se incurra en males peores;

II°) Pero si el gobernante arruina la república, si tiene robadas riquezas públicas y privadas, si ha menospreciado las leyes públicas y la sacrosanta religión: pone su poder en la soberbia, en la audacia y en la impiedad hacia los habitantes del país, ello no debe encubrirse;

III°) Habrá que ver bien qué razón hay para deponer al príncipe, de modo que no se acumule un mal a otro, y el crimen no se castigue con otro crimen;

IV°) Luego, si puede realizarse una junta pública de los ciudadanos, deberá celebrársela para decidir qué debe hacerse;

---

exceptione, sine consilio, rationeque: quod necesse non erat, effecisse, ut Princeps corruptioni obnoxius et pravitati, maiorem universis haberet potestatem...".

[93] "*Equidem in eo consentire tum philosophos tum Theologos video, eum Principem qui vi et armis rempublicam occupavit, nullo praeterea iure, nullo publico civium consensu, perimi a quocumque, vita et principatu spoliari posse, cum hostis publicus sit, malisque omnibus patria opprimat, vereque et proprie tyranni nomen et ingenium induat: amoveatur quacumque ratione, exuatque quam violenter occupavit potestatem*" (*op. cit.*, págs. 74-75).

V°) Se ha de proceder por grados: primero amonestar al Príncipe [gobernante] y si él arregla su conducta y satisface a la república por sus malas acciones, no se debe seguir más adelante;

VI°) Si no entra en razón y no hay ninguna esperanza de mejoría, pronunciada sentencia, será lícito a la república desconocer su autoridad, y supuesto que necesariamente se suscitará una guerra, desarrollar los planes de defensa, facilitar armas, imponer contribuciones a los pueblos para los gastos de la guerra; "y si se da el caso, y no puede la república protegerse de otra manera, por el mismo derecho de defensa y en verdad, por autoridad mayor y propia, matar al Príncipe declarado enemigo público";

VII°) La misma facultad tiene cualquier particular, si se ha suprimido la posibilidad de hacer una junta pública, lo que a menudo puede acontecer.[94]

f) *Iusnaturalistas posteriores que siguen la doctrina clásica en cuanto a la resistencia a la tiranía de ejercicio*

1218.- Entre nosotros, Fernández Concha, relativamente a la tiranía de ejercicio, sigue la línea de los grandes clásicos, pues con ellos considera existir un pacto entre el pueblo y los gobernantes, y que el pueblo siempre conserva

---

[94] Padre Juan de Mariana, *op. cit.*, págs., 75-77. El texto transcrito literalmente en el punto VI°), dice: "... *licebit reipublicae... et si res feret, neque aliter se respública tueri potest, eodem defensionis iure ac vero potiori auctoritate et propria, Principem publicum hostem declaratum ferro perimere*" (pág. 76).
El texto que se resume en el punto octavo dice así: "*Eadem facultas esto cuicumque privato, qui spe impunitatis abiecta, neglecta salute in conatum iuvandi rempublicam ingredi voluerit. Roges quid faciendum, si publici conventus facultas erit sublata, quod saepe potest contingere. Par profecto, mea quidem sententia, iudicium erit: sublata civibus inter se conveniendi facultate voluntas non desit delendae tyrannidis, scelera Principis nam manifesta modo et intoleranda vindicandi, exitiales conatus comprimendi: ut si sacra patria pessundet, publicosque hostes in provinciam attrahat: qui votis publicis favens eum perimere tentarit, haudquaquam inique eum fecisse existimabo*": "La misma facultad defiendo para cualquier particular, que dejada de lado la esperanza de impunidad, sin cuidarse de su propio bien, haya querido entrar en la empresa de ayudar a la república. Preguntas que ha de hacerse si se ha suprimido la facultad de hacer una junta pública, lo que a menudo puede acontecer. Ciertamente, según mi parecer, el juicio será el mismo, como quiera que oprimida la república por la tiranía del príncipe: quitada a los ciudadanos la facultad de reunirse, no falta la voluntad de destruir la tiranía, de castigar los delitos del príncipe, con tal de que sean manifiestos e intolerables; de combatir sus perniciosos intentos: como si hunde a la sagrada patria, y trae al gobierno a los enemigos públicos: no juzgaré que de manera alguna haya obrado inicuamente quien, con los deseos públicos, favoreciendo que sea muerto, haya atacado" (págs. 76-77).

como en su raíz la soberanía, de modo que en caso necesario puede deponer al tirano de ejercicio.

Dice nuestro autor sobre la permanencia de la soberanía en el pueblo y su uso para deponer a los tiranos de ejercicio:

> "... puede el pueblo coartarla [la soberanía] y aun privarse de ella en tanto cuanto es necesario para constituir y tener un gobierno ordenado y estable, pero no puede abdicarla radicalmente, en términos que le dejen inhábil para hacer acto de ella, toda vez que la salud pública no pueda ser atendida de otra manera. Tiene esto lugar en varios casos, a saber: cuando, subvertido por cualquier causa el régimen constitucional, la nación se encuentra sin gobierno o con uno de mero hecho, y es imposible, o absolutamente o sin dificultades y peligros gravísimos, la vuelta al antiguo régimen; cuando el poder constituido se hace verdaderamente tirano, y no hay esperanza de que se corrija ni medio de contenerlo; cuando los que mandan, por suma impericia, negligencia o maldad, ponen en peligro inminente la integridad o independencia de la nación".

A continuación sale al paso nuestro autor de la objeción según la cual, para el remedio de estos casos bastaría el derecho de defensa, sin que sea necesario reconocer la permanencia de la soberanía en el pueblo. El derecho de defensa —dice Fernández Concha— autoriza a substraerse de la acción del superior, p. ej.: padre o marido, suspendiendo su autoridad, pero no a deponer al superior y cambiarlo por otro:

> "Ahora bien —expresa este autor— en los casos de que hablamos, no puede el pueblo proveer a su conservación substrayéndose simplemente por algún tiempo al poder del gobierno, por cuanto no puede estar sin alguno; y puesto que ha desaparecido el gobierno existente o es preciso que desaparezca, se requiere el establecimiento de otro: para la legítima terminación del antiguo, así como para la legítima constitución del nuevo, no basta, por parte del pueblo, un acto del derecho a la propia defensa, sino que es de necesidad un acto de soberanía".[95]

---

95 Fernández Concha, Filosofía del Derecho *cit.*, t. II. n°s 925-926, págs. 197-198.

1219.- También admite la licitud de la resistencia ofensiva contra el tirano de ejercicio el profesor Galán y Gutiérrez, que se encarga de refutar a quienes pretenden negar que Santo Tomás la autorice.[96]

g) *Fundamento del derecho de resistencia contra la tiranía de ejercicio en los autores que no reconocen un pacto entre el pueblo y el o los gobernantes*

1220.- Los autores a que se refiere el epígrafe solo ven como lícita la resistencia defensiva, y fundan la facultad de hacer tal resistencia en el derecho natural a la legítima defensa. Es el caso de Zigliara, por ejemplo, quien argumenta en que tal resistencia suele traer males mayores; en que el súbdito nunca podría tener autoridad para juzgar al gobernante, y en que este no puede perder su derecho a gobernar por abusar del poder, pues el abuso de un derecho no lo extingue. Estos argumentos, con todo el respeto que merece su autor, nos parecen absurdos, e inexplicable y lamentablemente contrarios al pensamiento clarísimo de Santo Tomás, a quien Zigliara habitualmente sigue.[97]

---

[96] Galán y Gutiérrez, La Filosofía Política de Santo Tomás *cit.*, págs. 201-227. Cita Galán y Gutiérrez a Cayetano, en su Comentario a la Suma Teológica, 2-2, q. 42, a. 1. (págs. 222-223).

[97] Zigliara, *op.* y t. *cit.*, p. 259, nº XVI: "*Illicita absolute est subditis resistentia ofensiva contra tyrannum regimine. Probat imprimis hanc nostram conclusionem ratio adducta in quarta sententia, et confirmatur sequenti ratione. Subditi, ut subditi, vim inferentes tyranno, iudicium auctoritativum in tyrannum ipsum exercent, et ideo eum sibi privato suo iudicio subjiciunt. Atqui id est omnino illicitaum: nam quamvis tyrannus non vi auctoritatis (haec enim per se est ad bonum) sed propia malitia tyranidem exerceat, est tamen auctoritate princeps, et ideo superior juridice est subditis, non istis subjectus. Ergo resistentia ofensiva in tyrannum regimine est comnino ellicita.- Adde quod tyrannus regimine abutitur iure regnandi. Atqui ex abusu, iuris non amittitur ius. Tyrannus ergo regimine abutens iure, habet semper ius regnandi. Sed illicitum est privata auctoritate expoliare aliquem propio iure. Ergo sunt absolute illicitae perduclliones subditorum, qui Regem exauctorare aut morte plectere moliuntur*": "Absolutamente ilícita es para los súbditos la resistencia ofensiva [activa] contra el tirano que lo es por su gobierno. Se prueba, en primer lugar, esta conclusión nuestra por la razón aducida a propósito de la cuarta sentencia [que la resistencia activa contra el tirano suele traer males peores], y se confirma con la razón siguiente. Los súbditos y en cuanto súbditos, que infieren fuerza al tirano, ejercen un juicio de autoridad contra el mismo tirano, y por consiguiente lo someten a su juicio privado. Pero esto es del todo ilícito: pues, aunque el tirano ejerza la tiranía no por la fuerza de la autoridad (pues esta de suyo se ordena al bien) sino por su propia maldad, es sin embargo príncipe [principal] por la autoridad, y por tanto superior jurídicamente a los súbditos, y no sujeto a ellos. Por tanto, la resistencia ofensiva contra quien es tirano por su forma de gobernar [de ejercicio] es absolutamente ilícita.- Añade que el tirano de ejercicio [por el régimen] abusa del derecho de reinar. Pero un derecho no se pierde por abusar de él. Por consiguiente, el tirano por el gobierno [de ejercicio] que

En el mismo sentido se había pronunciado San Alfonso María de Ligorio, quien escribió:

> "Funestísimo fue, en este punto, el principio de Gerson, quien se atrevió a asegurar que el monarca puede legítimamente ser juzgado por toda la nación, cuando gobierna injustamente el reino, porque afirmaba que siendo la nación el todo del reino con relación al príncipe, que es solamente una parte, en la nación ha de residir necesariamente la suprema autoridad. Digo que es un principio no solo falso, sino perniciosísimo, porque de este modo habría en el reino dos potestades supremas, de donde se seguirían enormísimos cismas y la desolación del reino".[98]

Pufendorf también negaba el derecho de resistencia a la tiranía de ejercicio:

> "Por último —decía— la autoridad suprema goza de una santimonia especial, de tal manera que no solo es censurable oponerse o resistir a sus legítimas ordenanzas, sino que los ciudadanos tienen que acatar pacientemente su rigor, como los buenos hijos tienen que soportar el mal humor de sus progenitores. Y aun cuando amenace la más cruel de las injurias, los individuos habrán de buscar salvación en la huida o soportar cualquier infortunio antes de desenvainar su espada para atentar a quien sea en verdad duro, pero de todos modos es el padre de su patria".[99]

De más está decir que esta doctrina es absurda, en su parte final, pues importa convertir al gobernante, que es un servidor de la sociedad, en dueño de ella.

---

abusa del derecho, tiene siempre derecho de reinar. Más es ilícito despojar por autoridad privada a alguien de un derecho que le es propio. Luego, son absolutamente ilícitos los crímenes de lesa majestad de los súbditos que traman privar de la autoridad o castigar con la muerte al rey".

98 San Alfonso María de Ligorio, *Homo Apostolicus*, tract. VIII, c. II, XIII, citado por Castro Albarrán, *op. cit.*, pág. 354.

99 Samuel Von Pufendorf. De la obligación del hombre y del ciudadano según la ley natural *cit.*, ed. *cit.*, L. II, c. IX, nº 4, t. II, pág. 226.

h) *La doctrina de Messner y su conciliación de ambas fundamentaciones para la resistencia activa a la tiranía de ejercicio*

1221.- Messner estima legítima, en virtud del derecho de defensa de la sociedad, la resistencia activa contra la tiranía de ejercicio, con el uso de las armas, y si es necesario, la eliminación del gobierno y aun la muerte del tirano, con tal de que se actúe en nombre de la comunidad, con intervención de una parte importante de la población; y con tal de que no hayan de venir males iguales o mayores que los que se trata de remediar; y añade que al verse amagados los bienes más preciados de un pueblo, como los derechos fundamentales o la existencia misma del Estado, surge en los grupos que ocupan un puesto destacado en la sociedad, la obligación de organizar la resistencia activa, y surge en los simples particulares la obligación de tomar parte en ella.

En cuanto a la fundamentación de la facultad de resistencia activa a la tiranía de ejercicio, dice Messner que los representantes de la doctrina tradicional del derecho natural que, como Belarmino y Suárez, no invocan el derecho de legítima defensa para justificar la resistencia activa, sino el derecho del pueblo en cuanto titular originario del poder estatal, llegan prácticamente al mismo resultado que los autores que justifican la resistencia activa por el derecho de legítima defensa de la comunidad.[100]

Es interesante la cita que hace Messner de Max Pribilla S.J., quien estudió el tema con ocasión de la catástrofe alemana bajo el nacional socialismo. Dice este autor, tratando de la criminalidad política que no reconoce ningún derecho y no puede ser reducida sino por la fuerza:

> "En tales épocas pueden surgir situaciones en que no basta con que los cristianos recen y aguanten, sino que tienen también el grave deber de rechazar para su defensa la fuerza con la fuerza, para evitarse a sí mismos, a sus allegados y a su pueblo una injusticia y un sufrimiento desproporcionados, así como los más graves peligros para la fe y la moralidad; puesto que se ha de procurar que no progrese el poder de los malos por la debilidad y cobardía de los buenos".[101]

---

100 Messner, *op. cit.*, págs. 889 y ss.

101 Messner, *op. cit.*, pág. 902, nota 35. La obra de Max Pribilla S.J. es *Deutsche Schiclesales fragen* (Cuestiones alemanas decisivas) (1950), pág. 310. Max Pribilla fue un sacerdote jesuita y escritor alemán, nacido en 1874 y fallecido en 1954, profesor en Munich.

i) *Leclercq y la resistencia a la tiranía de ejercicio*

1222.- Sin preocuparse suficientemente de la distinción entre resistencia defensiva y activa a la tiranía de ejercicio, ni del fundamento del derecho de rebelión. Leclercq admite la licitud de la resistencia activa, y formula las siguientes conclusiones: I°) En la actualidad (siglo XX), la organización política es distinta —por lo general— de la que conocieron Santo Tomás y demás doctores escolásticos: el soberano es el conjunto de los ciudadanos, y cada cual, el rey, el presidente de la república, los parlamentarios, los jueces y los simples ciudadanos, que votan en las elecciones, cumple con la función que la constitución le asigna; II°) las constituciones políticas permiten al pueblo manifestar su parecer de muchas formas; pero puede ocurrir, con todo, que la opinión popular no pueda expresarse de acuerdo con las formas legales, y haya que dejar esas formas; III°) es necesario reconocer, entonces, el derecho de rebelión, no obstante el peligro de que se abuse del mismo; IV°) la decisión acerca de la procedencia de la rebelión corresponde en definitiva a la conciencia individual, salvo casos excepcionales, porque hoy no existen representantes naturales del pueblo, como eran los nobles y las ciudades en tiempos de Santo Tomás y Suárez; V°) el derecho de rebelión pertenece a quien es capaz de ejercerlo, por tratarse de un caso de extrema necesidad, y ese tiene también el deber de rebelarse: el patriotismo se lo ordena, y VI°) este derecho no prejuzga sobre las condiciones de legitimidad del poder que sucederá al poder tiránico derrocado; de modo que si la situación da la posibilidad de elegir entre varios gobiernos, corresponde a la opinión pública pronunciarse.

Hace ver Leclercq que en la Edad Media muchas cartas reconocían al pueblo el derecho de rebelión, si el príncipe no cumplía con las cosas a que se había obligado por juramento, y cita la Carta Magna de Inglaterra, de 1215; la Bula de Oro de Hungría de 1222, la Paz de Fexhe del Principado de Lieja, de 1316.[102]

j) *La tiranía y el Magisterio de la Iglesia*

1223.- El Concilio de Constanza (1414-1418) condenó la siguiente proposición, relativa al tiranicidio:

---

[102] Jacques Leclercq, *Leçons de Droit Naturel, II, L'État ou La Politique*, *Namur*, Maison d' Édition, Louvain, Société d' Études Morales, 1948, 3ª ed., págs. 183 y ss.

> "Cualquier tirano puede y debe ser muerto lícita y meritoriamente y por cualquier vasallo o súbdito suyo, aun por medio de ocultas asechanzas y por sutiles halagos y adulaciones, no obstante cualquier juramento prestado o confederación hecha con él, sin esperar sentencia ni mandato de juez alguno".

La proposición transcrita, el Concilio la declara errónea en la fe y costumbres, y la reprueba y condena como "herética, escandalosa y que abre el camino a fraudes, engaños, mentiras, traiciones y perjurios". Declara el Concilio, además, decreta y define, que "quienes pertinazmente afirmen esta doctrina perniciosísima, son herejes".[103]

Esta condenación —aclara Denzinger— no fue en definitiva aprobada por el Papa, pero la hizo suya en 1615 el Sumo Pontífice Paulo V en las Letras Apostólicas Cura Dominici Gregis.[104]

Suárez, comentando la condenación formulada por el Concilio de Constanza, sostiene que ella solo se refiere a los tiranos según el ejercicio:

> "Esta definición —expresa—, como la entienden todos los autores modernos, se refiere al tirano en el régimen... Porque este artículo proviene de la doctrina de Wicleph y de Juan Hus, quienes decían que los señores temporales pierden el principado [gobierno] por cualquier pecado mortal, ipso facto, y por lo tanto pueden los súbditos corregirlos a su capricho".[105]

La condenación del Concilio de Constanza en referencia, no obsta a la legitimidad de la resistencia activa u ofensiva al tirano de ejercicio, emprendida cuando la tiranía es cierta y manifiesta, e intolerable; existe consenso público, se actúa, de ser posible, por decisión formal pública, o de órganos públicos, y razonablemente se prevé que con la resistencia no vendrán males iguales o peores, y existiendo, por cierto, sólida esperanza de éxito, todo ello según lo visto más arriba.

Es ilustrativo, por otra parte, el comentario de Castro Albarrán sobre el alcance de la condenación de que se trata. En ella —dice el citado autor— "no se condena toda clase de tiranicidio, sino aquel que reúne estas condiciones: a) muerte del tirano legítimo, "cualquier tirano" [no del usurpador]; b) por un

---

103 Enrique Denzinger, El Magisterio de la Iglesia, n° 690, Herder.

104 Denzinger, *loc. cit.*

105 Suárez, *Defensio fidei*, 1. VI, c. IV, citado por Castro Albarrán, *op. cit.*, pág. 398.

particular, "cualquier vasallo o súbdito"; c) con autoridad privada, "sin esperar sentencia, o mandato de ningún juez"; d) con engaño, "valiéndose... etc"; e) contra un previo pacto o juramento, eso no obstante... etc.". Ya se sabe que cuando se condena una proposición en globo, basta que deje de cumplirse uno solo de los requisitos enumerados en ella para que cese la condenación".[106]

Por su parte, el Catecismo de la Iglesia Católica aprobado por el Papa San Juan Pablo II en 1992, dice, respecto de la resistencia a la tiranía, en su nº 2243, con admirable concisión lo siguiente:

> "La resistencia a la opresión de quienes gobiernan no podrá recurrir legítimamente a las armas, sino cuando se reúnan las condiciones siguientes: 1) en caso de violaciones ciertas, graves y prolongadas a los derechos fundamentales; 2) después de haber agotado todos los otros recursos; 3) sin provocar desórdenes peores; 4) que haya esperanza fundada de éxito; 5) si es imposible prever razonablemente soluciones mejores".

k) *Constituciones políticas que reconocen el derecho de rebelión contra la tiranía de ejercicio*

1224.- Naturalmente el derecho de resistir activamente a la tiranía de ejercicio no depende ni podría depender de que lo reconozca la constitución política del respectivo Estado: ese derecho de resistencia existirá igual haya o no una constitución, escrita o no escrita, y lo reconozca esta o no, si la hay. Y por cierto las constituciones no suelen reconocer semejante derecho. Pero las constituciones políticas de numerosos Estados de la república de los Estados Unidos de Norte América, establecen el derecho de resistencia a la tiranía de ejercicio, expresamente, y es muy útil registrar esta circunstancia. Por vía de ejemplo citamos dos:

La Constitución del Estado de Tennessee, en su artículo primero, secciones primera y segunda, dice:

Sección 1. "Que todo poder es inherente al pueblo, y todos los gobiernos libres están fundados en su autoridad, y han sido instituidos para su paz, seguridad y felicidad; para la promoción de estos fines, el pueblo tiene siempre un inalienable e inabrogable derecho de alterar, reformar o abolir el gobierno de la manera que estime apropiada".

[106] Castro Albarrán, *op. cit.*, pág. 397.

Sección 2. "Habiendo sido instituido el gobierno para el bien común [común beneficio], la doctrina de la no resistencia contra el poder arbitrario y la opresión, es absurda, servil y destructiva del bien y felicidad de la humanidad".[107]

Y la Constitución Política del Estado de Massachussetts, de los Estados Unidos de América, por su parte, en su preámbulo, dice:

> "El fin de la institución, mantenimiento y administración del gobierno, es asegurar la existencia del cuerpo político, protegerlo, y proporcionar a los individuos que lo componen la posibilidad de disfrutar en seguridad y tranquilidad de sus derechos naturales, y las bendiciones de la vida: y cuando quiera que estos grandes objetivos no se consigan, el pueblo tiene el derecho de cambiar el gobierno, y de tomar las medidas necesarias para su seguridad, prosperidad y felicidad".[108]

Los conceptos vertidos en estas constituciones son los mismos que se encuentran en la Declaración de Independencia de los Estados Unidos de Norte América, y que sirvieron para fundamentarla (*supra* n° 729).

---

107 *"Section 1. That all power is inherent in the people, an all free governments are founded on their authority, and institued for their peace, safety, and happiness; for the advancement of those ends they have at all times, an unalienable and indefeasible right to alter, reform, or abolish the government in such manner as they may think proper".*

"Section 2. That government being institued for the common benefit, the doctrine of nonresistence against arbitrary power and oppression is absurd, slavish, and destructive of the good and happiness of mankind".

108 *"The end of the institution, maintenance, an administratios of government, is to secure de existence of the body politic, to protect it, and to furnish the individuals who compose it with the power of enjoying in safety and tranquility their natural rights, and the blessings of life: and whenever those great objects are not obtained, the people have a right to alter the government, and to take measures necessary for their safety, prosperity and happiness".*

Capítulo
Décimo Sexto
La Sociedad Civil (III)

LAS FORMAS DE GOBIERNO - EL BIEN COMÚN Y EL BIEN PARTICULAR - EL ORDEN INTERNACIONAL

A) *Las formas de gobierno*

a) *La concepción de Aristóteles*

1225.- Por tratarse de una materia cuyo estudio se hace detenidamente —y como en su lugar propio— en el curso de Derecho Constitucional, solo veremos aquí sobre las formas de gobierno y el régimen político los principios generales que puede dar la filosofía del Derecho; y comenzaremos por referirnos a la clasificación que hace Aristóteles de las formas de gobierno, y a los que pudiéramos llamar puntos centrales de su teoría al respecto, la que ha sido fundamental en el pensamiento posterior, y en lo básico conserva actualidad.

1226.- *El fin del Estado y del gobierno en Aristóteles son las acciones buenas*.- Aristóteles en su célebre Política, en el libro tercero, aborda este tema y, para empezar, recuerda que el fin de la sociedad civil es hacer a los ciudadanos buenos y justos (1280 b), y que la comunidad existe con el fin de las buenas acciones y no de la simple convivencia (1281 a).

1227.- *Necesidad de justicia objetiva en los actos de la autoridad*.- El segundo punto fundamental de la teoría aristotélica, es que para que un acto de quien ejerce la soberanía sea válido, debe ser justo, no bastando que emane del o de los gobernantes:

> "Se plantea un problema —dice—: ¿quién debe ejercer la soberanía en la ciudad? ¿Acaso la masa, o los ricos, o los ilustres, o el mejor de

todos, o un tirano? Pues todas estas posibilidades parecen claramente presentar dificultades. ¿Quién, pues? Si los pobres por el hecho de ser más se reparten los bienes de los ricos, ¿no es esto injusto? —¡Por Zeus, lo estimó justo el poder soberano!—. Entonces, ¿a qué hay que llamar la suprema injusticia? O de otro modo, si tomamos toda la población y los más se reparten los bienes de los menos, es evidente que destruyen la ciudad. Pero la virtud no destruye al que la posee, ni la justicia es destructora de la ciudad, de modo que es claro que esa ley no puede ser justa. Además, también serían necesariamente justas todas las acciones que el tirano hace, pues por ser más fuerte se impone por la violencia, como la masa hace con los ricos".
"¿Acaso será justo que manden la minoría y los ricos? Si también ellos hacen lo mismo y arrebatan y despojan al pueblo de sus bienes, ¿es esto justo? Entonces también lo sería lo otro..." (1281 a).

1228.- *Las tres funciones de la autoridad: deliberativa o legislativa, ejecutiva y judicial.*- En la Política, libro IV, c. 14, distingue Aristóteles estas tres funciones, diciendo que son tres elementos que están en todas las constituciones (1297 b-1298 a).

1229.- *Las formas de gobierno.*- Son la monarquía, forma unipersonal que mira el interés común; la aristocracia, gobierno de unos pocos: los mejores, y la república: la que se da cuando la mayor parte es la que gobierna, y lo hace buscando el bien común. Aristóteles llama república: (πολιτεία: politeia) a la forma que después se ha llamado "democracia".[1]

Las desviaciones o formas corruptas de estos regímenes, en el lenguaje aristotélico, son la tiranía, de la monarquía; la oligarquía de la aristocracia, y la democracia de la república. "La tiranía —expresa Aristóteles— es una monarquía que atiende al interés del monarca, la oligarquía al interés de los ricos y la democracia al interés de los pobres; pero ninguno de ellos [de estos regímenes] atiende al provecho de la comunidad" (Política. Libro III, 1279 a 1279 b).[2]

---

[1] Una de las acepciones que dan los diccionarios de griego para esta palabra es la de democracia.

[2] Aristóteles, Política, versión de Manuela García Valdés, Gredos, Madrid, 1988, pág. 172.

1230.- *El consentimiento de los súbditos es siempre necesario para la legalidad del gobierno, en la doctrina de Aristóteles.*- Esto queda muy claro cuando trata el filósofo de las monarquías de algunos pueblos bárbaros. Nos dice que ellas tienen un poder casi igual al de las tiranías, pero que son legales, porque los reyes "mandan de acuerdo con la ley y con el consentimiento de los súbditos" (1285 a).

1231.- *Distintos tipos de monarquía.*- Aristóteles distingue varias formas de monarquía que van desde una en que los reyes tienen poderes bastante limitados, hasta la monarquía absoluta (1284 b). Hay monarquías electivas y otras hereditarias, entre las de poderes más limitados. Entre los pueblos bárbaros, hay monarquías en que el poder del rey es casi igual al de las tiranías, y es así consentido por los súbditos, que entre los bárbaros soportan el gobierno despótico sin ningún desagrado; siendo tales monarquías legales y hereditarias (1285 a). La monarquía absoluta no resulta natural cuando la ciudad está compuesta de iguales (1287 a). Es preferible que mande la ley antes que uno cualquiera de los ciudadanos (1287 a).

1232.- *Cada pueblo debe tener la forma de gobierno que más se acomode a su modo de ser.*- "Hay pueblos dispuestos por naturaleza —dice Aristóteles— para un gobierno despótico, otros a un gobierno monárquico, otros a un gobierno republicano, y esto es justo y conveniente para ellos. Pero el gobierno tiránico no es conforme a la naturaleza ni ninguno de los otros regímenes desviados" (1287 b-1288 a).[3]

1233.- *La ciudadanía no corresponde a todos.*- Ciudadano es, en el pensamiento de Aristóteles "el que participa en las funciones judiciales y en el gobierno" (1275 a), o "quien tiene la posibilidad de participar en la función deliberativa o judicial" (1275 b). Los esclavos no eran ciudadanos; tampoco los extranjeros. En cuanto a los trabajadores manuales, dice Aristóteles que la ciudad más perfecta no hará ciudadano al trabajador (1277 b-1278 a).

De más está decir que la exclusión de los esclavos —que por derecho natural no pueden existir— y de los trabajadores manuales del carácter de ciudadanos, son errores de Aristóteles, debidos a la época en que escribió, y de los que no obstante su genio y rectitud no logró liberarse. En todo caso es

---

[3] Aristóteles, Política, ed. *cit.*, pág. 211.

importante consignarlos para que se vea cuál era el alcance real de la democracia griega.

1234.- *Democracia análoga a la tiranía.-* Donde las leyes no son soberanas —dice Aristóteles—, si hay democracia, surgen los demagogos y el pueblo se convierte en monarca, y busca ejercer el poder sin estar sometido a la ley, y se vuelve despótico, de modo que los aduladores son honrados "y una democracia de tal tipo es análoga a lo que la tiranía entre las monarquías". Esta democracia no es una república, porque "donde no mandan las leyes no hay república. La ley debe gobernarlo todo, y los magistrados y la república deben decidir en los casos particulares" (Libro IV, 1292 a).[4]

1235.- *El régimen ideal en abstracto, es la república: mixto de oligarquía y democracia.-* En ella participan los ricos y los pobres, combinándose de diversas maneras reglas o principios de las dos formas de gobierno. De este tema trata Aristóteles en el Libro IV de la Política (1293 b)."La comunidad política mejor —dice Aristóteles— es la constituida por la clase media", y "es posible que sean bien gobernadas esas sociedades en las que el elemento intermedio es poderoso y más fuerte que los otros dos, o si no, que cada uno de los otros, pues añadiéndose a un elemento produce el equilibrio, e impide que se produzcan los excesos contrarios".[5]

Añade Aristóteles que en la mayoría de las ciudades existe la forma llamada república (1294 a), y fundamenta así la superioridad que reconoce a esta forma de gobierno:

> "Pues si se ha dicho con razón en la Ética que la vida feliz es la que menos impedimentos ofrece de acuerdo con la virtud, y que la virtud es un término medio, necesariamente la vida media es la mejor, por estar el término medio al alcance de cada individuo. Y estos mismos criterios serán necesariamente los de la virtud y maldad de la ciudad y del régimen político, pues el régimen es una cierta forma de vida de la ciudad".[6]

---

[4] Política, ed. *cit.*, págs. 233-234.

[5] Política, 1295 b, ed. *cit.*, págs. 250-251.

[6] Política, 1295 a-b; ed. *cit.*, pág. 248.
Poco más adelante dice el filósofo: "La ciudad debe estar construida lo más posible de elementos iguales y semejantes, y esto se da sobre todo en la clase media, de modo que una ciudad así es necesariamente la mejor gobernada..." (Política, 1295 b, ed. *cit.*, pág. 250).

1236.- *En un régimen bueno debe mandar la ley y no las personas.*- Otro principio que sienta Aristóteles es que en una ciudad bien regida, quien mande debe hacerlo conforme a la ley. Diferenciando las monarquías despóticas que usan y consienten los bárbaros, de las tiranías, dice que en aquellas los reyes mandan de acuerdo a la ley y con el consentimiento de los súbditos (1285 a); y a propósito de las varias formas de oligarquía, describe una primera en que la mayoría tiene propiedad, pero relativamente pequeña, que da derecho a participar en el gobierno al propietario, y añade: "y al ser grande el número de los que participan en el gobierno, necesariamente la soberanía recae no en los hombres, sino en la ley". En la última forma de oligarquía, en cambio, en que los propietarios son menos y mayores las fortunas, más cercana a la monarquía, "ejercen la soberanía los hombres y no la ley";[7] y tratando de la democracia que adopta la forma de demagogia, nos dice Aristóteles que en ella el pueblo se hace como un monarca, y son soberanos los decretos y no las leyes.[8] Este imperio de la ley por sobre el de las personas, que preconiza Aristóteles, viene a ser lo que modernamente se ha llamado el "estado de derecho".

b) *El derecho natural no impone ninguna forma específica de gobierno*

1237.- El derecho natural no impone ninguna de las formas de gobierno que hemos visto, ni de otras que puedan discurrirse o se hayan dado, con tal que se guarde la justicia y se respeten los principios relativos a la autoridad que hemos visto más arriba (n°s 1183 a 1205). En esto están de acuerdo los teólogos y tratadistas de derecho natural.

Fernández Concha nos dice que la democracia es la forma de gobierno primitiva y natural, porque la autoridad reside originariamente en la comunidad, y mientras esta no constituya un gobierno, corresponde a todos los ciudadanos *sui iuris* (jurídicamente capaces) ejercer la autoridad; y agrega:

> "No se entienda, empero, que son ilegítimas las otras formas de gobierno. En virtud de la misma soberanía que le confiere la naturaleza, puede el pueblo organizar cualquier clase de gobierno apto para el buen régimen de sus intereses, y transferirle la suma del poder público. Tan lejos de serle vedado proceder de este modo, el orden de la naturaleza

---

[7] Política, 1293 a; ed. *cit.*, págs. 237-238.

[8] Política, 1292 a; ed. *cit.*, págs. 232-233.

se lo exige, por cuanto la democracia directa, esto es el gobierno del pueblo por el pueblo mismo, es siempre y de suyo inconvenientísimo, y en la generalidad de los casos hasta impracticable.[9]

Messner dice sobre este punto:

"Es fundamental para enjuiciar una forma de gobierno el atender a su capacidad funcional para realizar el máximo de bien común. Puesto que según la experiencia histórica pueden satisfacer esta función tanto la monarquía como la aristocracia y la democracia con sus diversas subclases, de suyo, ninguna forma de gobierno es peor que las otras. Por eso la doctrina del Estado del Derecho Natural ha mantenido con firme constancia la neutralidad valorativa de las formas de gobierno".

Después advierte este autor que son de máxima importancia entre las condiciones del funcionamiento de la forma de gobierno las actitudes éticas y añade: "Nadie que esté libre de prejuicios negará que la degradación de las formas de gobierno históricas estuvo casi siempre precedida de la degradación moral de los titulares del poder, bien fueran estos emperadores, aristócratas o el mismo pueblo.[10]

En el mismo sentido puede verse Corts Grau.[11]

c) *La doctrina política de la Iglesia deja en claro que es lícito a un pueblo darse cualquiera de las formas de gobierno, mientras se guarde la justicia*

1238.- En la Encíclica *Diuturnum Illud* del Papa León XIII, sobre la autoridad política, se lee, en efecto:

"No hay razón para que la Iglesia desapruebe el gobierno de un solo hombre o de muchos, con tal que ese gobierno sea justo y atienda a la común utilidad. Por lo cual, salvada la justicia, no está prohibida a los pueblos la adopción de aquel sistema de gobierno que sea más apto y conveniente a su manera de ser o a las instituciones y costumbres de sus mayores" (n° 4).

---

9 Fernández Concha, Filosofía del Derecho *cit.*, t. II, n°s 937-938, págs. 206-207. El texto transcrito es el del n° 938, de la pág. 207.

10 Messner, Johannes, *op. cit.*, págs. 906-907.

11 Corts Grau, Curso de Derecho Natural, *cit.*, págs. 453 y ss.

Y en la Encíclica *Inmortale Dei*, del mismo Pontífice, sobre la Constitución Cristiana del Estado, de 1885, leemos:

> "... no queda condenada por sí misma ninguna de las distintas formas de gobierno, pues nada contienen contrario a la doctrina católica, y todas ellas, realizadas con prudencia y justicia, pueden garantizar al Estado la prosperidad pública. Más aún, ni siquiera es en sí censurable, según estos principios, que el pueblo tenga una mayor o menor participación en el gobierno, participación que, en ciertas ocasiones y dentro de una legislación determinada, puede no solo ser provechosa, sino incluso obligatoria para los ciudadanos" (nº 18).

d) *Carácter originario de la democracia*

1239.- Sin perjuicio de lo anterior, no puede perderse nunca de vista el carácter originario de la democracia, consistente en que la autoridad pertenece a la comunidad, o a la nación, si bien esta debe delegarla en magistrados, o funcionarios o representantes por ella elegidos o consentidos, que tengan la tarea específica de ejercerla; delegación tras la cual la autoridad sigue en la comunidad virtualmente, en cuanto en caso de acefalía —falta del o los gobernantes—, o de tiranía, la autoridad revierte al pueble, todo ello según lo visto más arriba.

El carácter originario de la democracia consiste también, y muy principalmente, en que el pueblo es el destinatario de toda la labor de los gobernantes; y en que como tal, tiene el derecho a ser bien gobernado, y a poder representar siempre a los magistrados o funcionarios que ha elegido o consentido, sus necesidades y sus críticas. A estos efectos debe recordarse que el pueblo es un todo orgánico, compuesto por los ciudadanos, y por los cuerpos sociales intermedios que existen entre los individuos y el Estado: las familias, gremios, o corporaciones relativas a la producción, colegios profesionales; universidades; y las asociaciones territoriales como municipios y regiones, etc.; cuerpos intermedios a través de los cuales se expresan, en las materias que a cada cual conciernen, los juicios y opiniones derivados de un verdadero y vital conocimiento de las realidades respectivas.

El derecho del pueblo a ser bien gobernado le permite también oponerse a que el Estado y sus gobernantes, magistrados y funcionarios excedan sus atribuciones, invadiendo las de los ciudadanos, familias y entidades intermedias. A este respecto debe recordarse que el Estado o sociedad civil, por definición, existe para llevar a cabo lo que los individuos y familias, y sus asociaciones diversas, no pueden hacer por sí, sea por la naturaleza de las cosas o por circunstancias contingentes. En este sentido se dice que la competencia del Estado es subsidiaria de la de los individuos, familias y cuerpos intermedios; verdad básica del orden social que se conoce como *principio de subsidiariedad.*

1240.- Este carácter originario de la democracia lleva a que, cualquiera sea la forma de gobierno, debe estar siempre presente en la vida del Estado el principio democrático.

Es lo que expresa Messner:

> "Puesto que son los derechos de todos los miembros de la comunidad los que determinan los límites éticos del poder estatal, y el bien del pueblo el que constituye su finalidad, así como es el pueblo como unidad el que es titular originario del poder estatal, no puede haber ninguna duda con respecto a que la naturaleza misma del Estado exige la colaboración del pueblo en la garantía de sus derechos y en la mejor realización posible de su interés. Toda buena forma de gobierno tiene que contener, pues, en la práctica el "principio democrático". Sin embargo, los principios del derecho natural no dicen nada con respecto a la forma de esa cooperación, como no sea atendiendo a las determinadas circunstancias históricas de tipo social y cultural".[12]

A continuación Messner hace ver que también el poder estatal tiene que protegerse, por su parte, contra el abuso de las libertades políticas, y que, por lo tanto se necesita en toda forma de gobierno "de la actuación con seguridad del principio autoritario".[13]

Por otra parte, haciendo referencia a que la comunidad en quien reside originariamente el poder, debe delegarlo, constituyendo magistrados o funcionarios que tengan la tarea específica de ejercerlo, dice Messner que cualquiera que sea la forma de gobierno, el poder han de ejercerlo los más capacitados,

---

[12] Messner, *op. cit.*, págs., 908-909. En nota agrega Messner: "Tan solo con esta limitación se podrá decir con Jacques Maritain, Man and the State (Londres 1954), 117: "Whatever the political regime may be, monarchical, aristocratic or democratic, democratic philosoply appears as the only true political philosophy": "Cualquiera que pueda ser el régimen político, monárquico, aristocrático o democrático, la filosofía democrática aparece como la única filosofía política verdadera" (El Hombre y el Estado, Londres, 1954, pág. 117).

[13] Messner, *op. cit.*, pág. 909.

los mejores, en este sentido, y por tanto en cualquier forma de gobierno ha de actuar también el "principio aristocrático".[14]

Volviendo a la presencia del "principio democrático" en toda forma de gobierno, exigida por el carácter originario de la democracia, podemos decir que la democracia en cuanto forma originaria es en cierto modo inmanente a toda forma específica de gobierno.

1241.- Con particular acierto, José Miguel Ibáñez, entre nosotros, en su obra *Doctrina Social de la Iglesia*, distingue tres acepciones del término *democracia*, y una de ellas viene a significar el carácter de principio inmanente que la democracia debe tener en todas las formas de gobierno, y a que nos hemos referido. Dice este autor:

> "Conviene, en todo caso, diferenciar histórica y conceptualmente tres significados distintos del término, cuya confusión es a menudo fuente de equívocos teóricos y prácticos. Por "democracia" puede entenderse: 1) en sentido genérico, la participación activa de los ciudadanos en la gestión de la cosa pública; 2) en sentido específico, una de las tres formas posibles del régimen de gobierno, según la nomenclatura clásica, de origen griego; y 3) históricamente, la ideología de la soberanía popular, inspirada en los autores mencionados [Hobbes, Locke y Raousseau] e inspiradora de la revolución francesa".

El primer significado que se da aquí al término democracia, "participación activa de los ciudadanos en la gestión de la cosa pública", es amplio o genérico, y tomada la palabra democracia en ese sentido, cabe decir que debe haber democracia en el régimen del Estado cualquiera que sea la forma de gobierno.

---

[14] "Sin embargo, la colaboración próxima en los negocios del Estado no es asunto de todos. No todos los ciudadanos, como advierte Santo Tomás de Aquino, tienen voluntad ni capacidad para atender de un modo especial al interés de la comunidad. Se necesita para ello una elevada conciencia de responsabilidad y altura de miras con respecto a las exigencias del bien común, es decir, una especial educación en múltiples aspectos. Un Estado sano necesita, pues, de un estrato social que esté dotado de estas ventajas. Este habrá de ser principalmente el guardián de las grandes tradiciones e ideales de un pueblo, pero al mismo tiempo habrá de conocer previsoramente también la evolución venidera y las exigencias del bien común, y tendrá la misión de atraer al pueblo al servicio de estos ideales y exigencias. Por estas razones es imprescindible en toda forma de gobierno una vigorosa participación del principio aristocrático" (*op. cit.*, pág. 909).

La Iglesia aprueba esta idea o esta doctrina —dice José Miguel Ibáñez— ya en la Encíclica *Inmortale Dei* de León XIII, en que se dice que no es censurable "que el pueblo tenga una mayor o menor participación en el gobierno, participación que (...) puede no solo ser provechosa, sino incluso obligatoria para los ciudadanos" (nº 18).

Cita también José Miguel Ibáñez, en el mismo sentido, el Radiomensaje de Navidad de 1944 del Papa Pío XII, titulado *Benignitas et humanitas*. El Pontífice en este documento: 1°) ratifica la doctrina clásica de la legitimidad de las diversas formas de gobierno (nº 8); 2°) declara que una verdadera y sana democracia, cuyas condiciones morales establece puede realizarse "tanto en las monarquías como en las repúblicas" (nºs 11-13); 3°) declara el derecho de los ciudadanos a ser escuchados para tener que obedecer (nº 14); 4°) declara también que el pueblo debe tener el carácter de multitud orgánica y no de masa (nºs 15-19), y 5°) expresa la "oposición a todo absolutismo del Estado: el cual también puede darse en un régimen democrático (nºs 28 a 30).

También invoca el citado autor la Constitución *Gaudium et spes* del Concilio Vaticano II°, que dice:

> "Es perfectamente conforme con la naturaleza humana que se constituyan estructuras político-jurídicas que ofrezcan a todos los ciudadanos, sin discriminación alguna y con perfección creciente, posibilidades efectivas de tomar parte libre y activamente en la fijación de los fundamentos jurídicos de la comunidad política, en el gobierno de la cosa pública, en la determinación de los campos de acción y de los límites de las diferentes instituciones y en la elección de los gobernantes" (nº 75).[15]

e) *Lo que la democracia no puede ser: una fuente de derecho que se sobreponga al derecho natural*

1242.- Contra lo que podría desprenderse del pensamiento de Rousseau (*Vid*, nº 1173, nºs IX° a XII°), que creía en Dios y exigía al Estado que le rindiera culto, pero no anulaba las leyes contrarias a la ley natural; contra lo que resulta de las ideas de Hobbes, que creía en Dios y en su ley natural, pero expresamente negaba la posibilidad de desobedecer las leyes que la contradijeran

---

[15] José Miguel Ibáñez Langlois, Doctrina Social de la Iglesia, Ediciones Universidad Católica de Chile, 2ª ed., Santiago, 1988, págs. 119-122.

(*Vid*, nº 723, 7º), el pueblo en el ejercicio de la soberanía no podría jamás dictar válidamente una ley contraria a la ley natural, tal como se ha explicado al tratar de las relaciones entre la ley natural y la positiva (nº 650), y al tratar del bien que busca la sociedad civil (nºs 1126 a 1133).

Yerran, pues, los cultores de la Filosofía del Derecho y de la filosofía política que, llevados del escepticismo y el ateísmo, o de un mal entendido concepto de la libertad y de la democracia, piensan que el pueblo, en el ejercicio del poder, puede desconocer los derechos naturales del hombre, autorizando el aborto, la eutanasia, el divorcio, las expropiaciones sin indemnización, etc.— La democracia, se la mire como forma específica de gobierno, o como forma en cierto modo inmanente a las otras, está absolutamente limitada por la ley natural —en el fondo por el carácter creatural del hombre— y por la justicia. Recordemos a este respecto la enseñanza de Aristóteles vista en este capítulo, de que el fin del Estado y del gobierno son las acciones buenas (*supra* nº 1226), y de que debe haber justicia objetiva en los actos de la autoridad (*supra* nº 1227); y recordemos también la enseñanza de Cicerón de que no podemos ser desligados de la ley natural ni por el Senado ni por el pueblo, porque es obra de Dios (*supra* nº 695), y de que es "tontísimo estimar que son justas todas las cosas que han sido aprobadas en las instituciones y leyes de los pueblos (*supra* nº 695); y no nos olvidemos de que Locke, uno de los padres del pensamiento liberal, nos dice que las leyes humanas han de regirse por dos reglas superiores, que son la ley de Dios y la ley de la naturaleza, y que no pueden contradecir la ley positiva de la Sagrada Escritura (*vid.* nº 714). Esto, sin acudir a los grandes Maestros de la filosofía cristiana, como San Agustín y Santo Tomás de Aquino.

1243.- Tal es por cierto la doctrina de la Iglesia, contenida particularmente en la Encíclica *Libertas Praestentissimus*, de León XIII (nº 6), que condenó los errores liberales en materia política (*Vid.* nº 672).[16]

---

[16] "Ahora bien, el principio fundamental de todo el racionalismo es la soberanía de la razón humana, que, negando la obediencia debida a la divina y eterna razón y declarándose a sí misma independiente, se convierte en sumo principio, fuente exclusiva y juez único de la verdad. Esta es la pretensión de los referidos seguidores del liberalismo; según ellos no hay en la vida práctica autoridad divina alguna a la que haya que obedecer; cada ciudadano es ley de sí mismo. De aquí nace esa denominada moral independiente, que, apartando a la voluntad, bajo pretexto de libertad, de la observancia de los mandamientos divinos, concede al hombre una licencia ilimitada. Las consecuencias últimas de estas afirmaciones, sobre todo en el orden social, son fáciles de ver. Porque, cuando el hombre se persuade de que no tiene sobre sí superior alguno, la conclusión inmediata es colocar la causa eficiente de la comunidad

f) *La mejor forma de gobierno*

1244.- La mejor forma de gobierno en cada caso concreto es la que más se acomode a la manera de ser, a la tradición, a la historia, y a los requerimientos de justicia de la sociedad civil de que se trate. Tal era por lo demás el pensamiento de Aristóteles, como vimos más arriba (*Vid.* n° 1232).

Pero cabe preguntarse cuál sea el mejor régimen consideradas las diversas formas en sí mismas. Aristóteles se inclinaba por una forma mixta de aristocracia y democracia —o de oligarquía y democracia— a la que llamaba *república*, tal como vimos al examinar su teoría política (*Vid.* n° 1235).

En Del gobierno de los príncipes, Santo Tomás sostiene que la mejor forma de gobierno es la monarquía, porque teniendo el poder alguien dotado de unidad natural, como es el rey, y no una pluralidad de personas, mejor se logra el cometido del gobernante que es procurar la unidad de la sociedad y la paz de ella.[17] Con todo Santo Tomás reconoce que la tiranía más perjudicial es la del monarca, si de las formas corruptas de gobierno se trata, precisamente por la eficacia en el mando que deriva de la unidad.[18] Pero aun así la monarquía es la forma mejor, piensa Santo Tomás, porque es la que con menos facilidad se convierte en tiranía.[19]

Mas en la Suma Teológica, dice Santo Tomás que la mejor forma de gobierno es un régimen mixto, con elementos de monarquía, aristocracia y democracia:

---

civil y política no en un principio exterior o superior al hombre, sino en la libre voluntad de cada uno; derivar el poder político de la multitud como de fuente primera. Y así como la razón individual es para el individuo en su vida privada la única norma reguladora de su conducta, de la misma manera la razón colectiva debe ser para todos la única regla normativa en la esfera de la vida pública. De aquí el número como fuerza decisiva y la mayoría como creadora exclusiva del derecho y del deber.- Todos estos principios y conclusiones están en contradicción con la razón. Lo dicho anteriormente lo demuestra. Porque es totalmente contraria a la naturaleza la pretensión de que no exista vínculo alguno entre el hombre o el Estado y Dios creador y, por tanto legislador supremo y universal".

Poco más adelante se lee que con estos errores "la ley, reguladora de lo que hay que hacer y lo que hay que evitar, queda abandonada al capricho de una mayoría numérica, verdadero plano inclinado que lleva a la tiranía" (Enclíclica *Libertas praestantissimus*, n° 12, Doctrina Pontificia, II, Documentos Políticos, Biblioteca de Autores Cristianos, Madrid, 1958, págs. 238-239).

17 El Gobierno de los Príncipes, 1, 2.

18 Gobierno de los Príncipes, 1, 3.

19 Gobierno de los Príncipes, 1, 5.

"Acerca de la buena ordenación de las autoridades —expresa—, hay que atender a dos cosas. De las cuales una es que todos tengan alguna parte en el poder: pues por esto se conserva la paz del pueblo, y todos aman y cuidan el régimen, como se dice en II Políticos [1270 b 17]. Lo otro es lo que se considera según la especie del régimen, u ordenación de poderes. De lo cual, como haya diversas especies, como dice el Filósofo, en el libro III de la Política, las principales son sin embargo, el reino, en el cual el poder de gobernar lo tiene uno, y la aristocracia, esto es, la potestad de los mejores, en la cual algunos pocos tienen la facultad de gobernar. Por donde la forma óptima de gobierno es, en una ciudad o reino, aquella en que uno es puesto como autoridad a la cabeza, el cual los preside a todos; y bajo él están algunos que ejercen autoridad; y sin embargo tal gobierno pertenece a todos, no solo porque pueden ser elegidos de entre todos, sino porque también son elegidos por todos. Tal es pues, la óptima forma de gobierno, bien formada por una combinación de la monarquía, en cuanto es uno el que preside; y de la aristocracia, en cuanto muchos tienen autoridad; y de la democracia, o sea, el poder del pueblo, en cuanto las autoridades pueden ser elegidas de entre el pueblo, y al pueblo pertenece la elección de las autoridades".[20]

1245.- Este régimen mixto de Santo Tomás no puede identificarse con ninguna forma de gobierno perfectamente determinada de las que están ahora o han estado antes en uso, pero por eso mismo resulta sumamente actual. Desde luego, el titular del poder ejecutivo es elegido por sufragio de todos y de entre todos; la palabra "reino", o "monarquía", solo hace alusión

---

20 "*... circa bonam ordinationem principum in aliqua civitate, vel gente duo sunt attendenda. Quorum unum est, ut omnes aliquam partem habeant in principatu; per hoc enim conservatur pax populi, et omnes talem ordinationem amaut, et custodiant ut dicitur in II Polit. Aliud est, quod attenditur secundum speciem regiminis, vel ordinationis principatuum: cuius cum sit diversae species, ut Philosuphus tradit, in III Polit. (Bk 1279 a 32 b 4), praecipue tamen sunt regnum, in quo unus principatur secundum virtutem; aristacratia, idest potestas optimorum. In que aliqui pauci in qua principantur secundum virtutem. Unde optima ordinatio principum est in aliqua civitate vel regno, in qua unus principatur secundum virtutem qui omnibus praesit; et sub ipso sint aliqui principantes secundum virtutem; et tamen talis principatus ad omnes pertinet, tum quia ex omnibus eligi possunt, tum quia etiam ab ómnibus eliguntur. Talis enim est optima politia bene commixta ex regno inquantum unus praest; et aristocratia, inquantum multi principantur secundum virtutem; et ex democratia, idest potestate populi, inquantum ex popularibus possunt eligi príncipes, et ad populum pertinet electio principum*". (Suma Teológica, 1-2, q. 105, a. 1, c).

a que el titular sea uno solo, y a que presida, sea jefe, tenga atribuciones suficientemente determinantes como para que la conducción de la cosa pública esté dotada de unidad. La palabra aristocracia hace referencia a que tengan también autoridad ciertas personas por su virtud: hábitos morales y capacidad y formación intelectual, elegidas de entre todos y por sufragio de todos; la palabra democracia se refiere al derecho de sufragio de todos y a la posibilidad de que cualquiera pueda ser elegido por sus méritos. Pensamos que en esta tipificación puede caber, por ejemplo —además de otros—, un sistema democrático presidencial con un Presidente de la República elegido por sufragio universal, dotado de facultades que le permitan intervenir en la formación de las leyes; y con un Parlamento cuyos miembros sean también elegidos por sufragio de todos y de entre todos los ciudadanos. Estos parlamentarios hallándose "bajo" el titular del poder ejecutivo, ejercen autoridad. La característica de estar "bajo" el que preside el Estado, no ha de entenderse —al menos no necesariamente— en el sentido de que dependan de la autoridad del Presidente en el ejercicio de sus funciones, sino en el sentido de que su autoridad no tiene tanta gravitación como la del Presidente de la República. Entendida tal característica de esa manera, resulta perfectamente aplicable a los miembros de una asamblea legislativa o parlamento tal como existen en los regímenes democráticos modernos.—

Según las consideraciones precedentes —nos parece— la tipificación del régimen ideal que hace Santo Tomás resulta aplicable también ahora, porque se refiere solo a los principios que han de informar al sistema más deseable, dejándolo abierto a diversas determinaciones accidentales o modalidades.

B) *El bien común y el bien particular*

a) *Naturaleza del bien común*

1246.- Dijimos más atrás (n° 1124) que el bien común es causa final de la sociedad civil como preconocido, o conocido anticipadamente, y causa formal como efecto ya conseguido —aunque siempre haciéndose y conservándose—: una comunidad en la verdad y el bien de esta vida terrena, en general y particularizada también por la individualidad de cada sociedad y por su misión histórica; y una comunidad en los medios espirituales y materiales para el logro de la vida buena en cada sociedad concreta.

Dijimos, también (nº 1124) que el bien común de la sociedad civil es, como causa formal de ella, el orden de todos los integrantes de la sociedad entre sí y respecto del conjunto para tener con suficiencia lo necesario para la vida.

El bien común como forma, ejerce su acción determinante sobre las actividades de todos los asociados para ordenarlas como conjunto a la suficiencia de la vida de ellos; y ejerce también su acción determinante en orden a la suficiencia de los medios de vida, sobre el conjunto de los bienes públicos —patrimonio público, servicios públicos, etc.—, y en cierto modo también sobre el conjunto de los bienes materiales y espirituales de todos los particulares, en cuanto todo lo de ellos debe, sin dejar de ser privado, servir, por redundancia al bien común.

Demás está decir que el bien común no es la suma de los bienes particulares, aunque los supone, y es de alguna manera un cierto orden de ellos.

b) *La sociedad es para la persona individual, y no viceversa*

1247.- Dejamos sentado en el capítulo precedente, que la sociedad civil —al igual que toda sociedad— es una entidad accidental, consistente en el accidente de relación: en un conjunto de relaciones de finalidad: orden de los asociados a una obra común; y que siguiendo la ley ontológica de que el accidente tiene por causa material, eficiente, ejemplar y final a la substancia, la sociedad es *por* y *para* los individuos en ella reunidos, que son su causa final: es un medio para el bien de ellos.

De esta suerte, la sociedad civil está ordenada al bien y perfección de sus miembros; existe para procurarles lo que ni ellos, ni las familias y demás asociaciones intermedias entre el hombre y el Estado, pueden obtener por sí.

Por otra parte, dejamos sentado también el hecho de que todos los individuos de la especie humana estemos ordenados accidentalmente, en forma recíproca, los unos a los otros, al ser por naturaleza complementarios, en lo que consiste la sociabilidad. De aquí resulta que cada individuo pertenece a la sociedad para su propio bien, y también para contribuir al bien de los demás. Para cada uno, en virtud de la recíproca complementariedad y ordenación, el bien de los demás es, no en el plano substancial, pero sí en el plano accidental, parte de su propio bien; y cada uno ha de amar a los otros, y a la sociedad, desinteresadamente, con amor de benevolencia, sin perjuicio de querer la ayuda de ellos.

c) *La subordinación accidental de las personas individuales a la sociedad civil*

1248.- El hecho natural y evidente de que la sociedad existe en definitiva para las personas, no excluye ni podría excluir, entonces, el que las personas se subordinen a la sociedad para lograr el bien común, lo que de otra manera sería imposible; como el hecho de que los profesores enseñen para el bien de los alumnos, no excluye que estos se les subordinen para hacer posible el ejercicio de la función docente. No hay incompatibilidad entre la subordinación de los individuos a la sociedad para el logro del bien común, y el hecho de que la sociedad exista para ellos, y sea un medio para su perfección y bien, porque aquella subordinación es accidental, y no lo es de toda la persona según todo su ser, sino solo en la medida en que se requiera para el bien de las personas en cuanto es habido en sociedad; es decir, en la medida en que se requiera para el bien común.

En definitiva, la persona no es parte de la sociedad si no es accidentalmente, lo que nunca puede perderse de vista a la hora de considerar la comparación que hace Santo Tomás y hacen otros entre el cuerpo humano y sus miembros, por un lado, y la sociedad y sus asociados por otro: los miembros del cuerpo humano no están dotados de autonomía ontológica, son esencialmente partes, lo que no ocurre con los miembros de la sociedad civil.

No podría ser de otra manera, porque la persona, en cuanto tal y substancialmente no puede ser parte de otra cosa, desde que, como individuo que es, no es un coelemento de la substancia, como lo son la materia prima y la forma substancial —que no pueden existir solas—, ni es un ser que deba existir en la substancia, como los accidentes, sino una entidad que es incomunicable o terminada; no es una parte llamada a comunicar con otra para existir; es un todo ya estructurado por materia y forma, dotado de una naturaleza y determinado por accidentes; es decir es un supuesto o hipóstasis, al que le compete el acto de ser. A lo que hay que agregar que la persona, por ser un supuesto de naturaleza racional, se posee a sí misma mediante el conocimiento intelectual, y es dueña de sus actos por la libertad consiguiente a ese conocimiento; todo lo cual la dota de una interioridad, de una subjetividad y una cierta autodestinación; la persona puede actuar a partir de sí misma, según su voluntad y en orden a su propio bien, y por eso se dice que es un cierto fin en sí, lo que por cierto no es incompatible con la ordenación de la persona creada: del hombre en este caso, a Dios, su Creador: que la persona humana sea un cierto fin en sí, no quiere decir que sea para sí misma su fin último.

Este carácter de fin en sí de la persona, sin perjuicio de su primera y radical ordenación a Dios, y de su referencia a la perfección del universo, es enseñando por Santo Tomás:

> "La misma condición de la naturaleza intelectual, según la cual es dueña de sus actos, requiere un cuidado de la providencia por el cual se provea para ella en razón de sí misma"... "Mas por esto que decimos que las substancias intelectuales en razón de sí mismas son ordenadas por la divina providencia, no entendemos que las mismas, más allá de esto, no se ordenen a Dios y a la perfección del universo. Así, pues se dicen cuidadas en razón de sí mismas, y las otras a causa de ellas, porque los bienes que por la divina providencia les tocan, no les son dados para la utilidad de otro; en cambio incluso los que son dados a los otros, ceden en beneficio de aquellas, en virtud de la ordenación de la divina providencia".[21]
> "... la sola creatura racional es dirigida por Dios a sus actos, no solo según la conveniencia de la especie, sino también según la conveniencia del individuo... la creatura racional está sometida a la Providencia divina como gobernada y atendida por sí misma, y no solo a causa de la especie.[22]

Remitimos al lector, a propósito de este tema, a lo expuesto en los n°s 327 a 329 y en el n° 848 del presente libro.[23]

---

21 Suma Contra Gentiles, L. 3, c. 112.

22 Suma Contra Gentiles, ibidiem.

23 A este respecto dice Millán Puelles, con su habitual acierto y claridad:
"La sociedad o convivencia no es un fin, sino un medio; pero un medio común o general a todas las personas que conviven... La sociedad es para la persona, no la persona para la sociedad..." (Antonio Millán Puelles, Persona Humana y Justicia Social, Rialp, Madrid, 2ª ed., 1973, pág. 53).
"Dotado de libertad, el hombre es un ser completo y no una simple parte o mero órgano del conjunto social. La relación del hombre con la sociedad es muy distinta de la que tenemos cada uno de nosotros a las partes que nos componen. Las partes de que consta un ser humano son seres incompletos o simplemente partes. En cambio, cada uno de los hombres que forman la sociedad es ya un ser completo, provisto de la dignidad de la persona...".
"Tal es la causa de que mientras en cada ser humano las partes son simples medios para el todo, que es el hombre completo, en cambio en la sociedad ocurre exactamente al revés: es el todo social lo que hace de medio para cada uno de los hombres que conviven. Y es que estos, por ser libres, tienen categoría de fines, mientras que las partes que componen a cada ser humano, como no poseen libertad, no tienen otro valor que el de simples medios para él..." (*op. cit.*, pág. 53).

d) *La primacía del bien común sobre los bienes particulares*

1249.- Desde que hay una subordinación accidental de los individuos a la sociedad para que aquellos puedan, gracias a esta, contribuyendo al bien de los demás y beneficiándose de la contribución de ellos, lograr su propia perfección, tiene que haber una primacía del bien común sobre los bienes particulares o bienes de los individuos aisladamente considerados, dado que el bien común es medio indispensable para el bien de todos; pero esa primacía, como es en pro del bien de los individuos, es de carácter instrumental, no en el sentido de que pueda ser atropellada o desconocida, sino en el sentido de que su razón de ser es el bien de las personas:

"Aquel que busca el bien común de la multitud —dice Santo Tomás—, busca también, por consiguiente, el bien suyo, por dos razones. En primer lugar, ciertamente, porque el bien propio no puede darse sin el bien común o de la familia, o de la ciudad o del reino. Por donde también Máximo Valerio dice de los antiguos romanos que "preferían ser pobres en un imperio rico que ricos en un imperio pobre". En segundo lugar, porque, como el hombre sea parte de la casa y de la ciudad, conviene que el hombre considere lo que sea bueno para él por ser prudente en cuanto al bien de la multitud, pues la buena disposición de la parte se ve según su relación con el todo: ya que, como dice San Agustín, en el libro de Las Confesiones, "es disforme toda parte no congruente con su todo".[24]

1250.- *El pensamiento de Santo Tomás sobre las relaciones entre la persona y la sociedad.*- Santo Tomás de Aquino tiene diversos textos de los cuales algunos

---

"... la sociedad es un medio para todos los hombres que la integran. Este bien de todas las personas que forman la sociedad es precisamente el bien común de ellas; y en consecuencia, lo mismo da decir que la sociedad debe ser entendida como un medio para la persona, que afirmar que su objeto lo debe constituir el bien común de los seres humanos que conviven" (*op. cit.*, págs. 53-54).

"Sostener la primacía del bien común sobre el bien particular es hacer que la vida social sea provechosa a todas las personas y no exclusivamente a una o varias" (*op. cit.*, pág. 54).

[24] Suma Teológica, 2-2: "... *Ille qui quaerit bonum commune multitudinis ex consequenti etiam quaerit bonum suum, propter duo. Primo quidem, quia bonum proprium non potest esse sine bono communi vel familiae vel civitatis aut regni. Unde et Maximus Valerius dicit de antiquis Romanis quod malebant esse pauperes in divite imperio quam divites in paupere imperio.- Secundo quia cum homo sit pars domus et civitatis, oportet quod homo consideret quid sit sibi bonum ex hoc quod est prudens circa bonum multitudinis: bona enim dispositio pertis accipitur secundum habitudinem ad totum; quia ut Augustinus dicit, in libro "Confess", "turpis est omnis pers suo toti non congruens"*.

deducen —contra lo que llevamos dicho— que, en su doctrina, los individuos se subordinan completamente al bien común, de modo que este no existiría para el bien de las personas, sino viceversa. Giuseppe Graneris —importante filósofo del derecho italiano del siglo XX— cita los siguientes:

I°) "Todos los miembros de una comunidad se comparan a esta como las partes al todo; pues la parte, lo que es, es del todo; por donde también cualquier bien de la parte es ordenable al bien del todo".[25]

II°) "Como un hombre sea parte de la multitud, cualquier hombre, eso mismo que él es y que él tiene, es de la multitud, como también cualquier parte, lo que es, es del todo".[26]

III°) "Cualquiera que vive en una sociedad es en cierto modo parte y miembro de toda la sociedad".[27]

IV°) "Todos los hombres que pertenecen a una comunidad se consideran como un solo cuerpo, y toda la comunidad como un solo hombre".[28]

V°) "Así como el animal es algo dotado de unidad, compuesto de partes diversas unidas en el todo... así también la ciudad es una comunidad compuesta de muchos".[29]

VI°) "Cualquiera parte ama naturalmente al todo más que a sí misma".[30]

VII°) "El bien de la multitud es mayor y más divino que el bien de uno".[31]

VIII°) "El bien particular se ordena al bien del todo como al fin, como lo imperfecto a lo perfecto".[32]

---

25 Suma Teológica, 2-2, q. 58, a. 5: "*Omnes qui sub communitate aliqua continentur comparantur ad communitatem sicut partes ad totum; pars autem id quod est, totius est; unde et quodlibet bonum partis est ordinabile ad bonum totius*".

26 Suma Teológica, 1-2, q. 96, a. 4: "*Cum unus homo sit pars multitudinis, quilibet homo hoc ipsum quod est et quod habet, est multitudinis, sicut et quaelibet pars id quod est, totius est*".

27 Suma Teológica, 1-2, q. 21, a. 3: "*Unusquisque in aliqua societate vivens, est aliquo modo pars et membrum totius societatis*".

28 "*Omnes homines qui sunt unius communitatis reputantur quasi unum corpus, et tota communitas unus homo*" (Suma Teológica, 1-2, q. 81, a. 1.

29 Comentarios a la Política de Aristóteles, I, VII, 1,4: "*Sicut animal est aliquid unum, compositum ex partibus diversis unitis in toto... ita et civitas est communitas ex pluribus composita*".

30 "*Unaquaeque pars diligit naturaliter totum plus quam se*" (Suma Teológica, I, q. 60, a. 5).

31 "*Bonum multitudinis est maius et divinius quam bonum unius*" (Suma Teológica, 2-2, q. 39, a. 2, ad 2).

32 "*Bonum particulare ordinatur ad bonum totius sicut ad finem, ut imperfectum ad perfectum*" (Suma Teológica, 2-2, q. 58, a. 9, ad. 3).

Estos pasajes de Santo Tomás los trae el Profesor Graneris en su famosa obra Contribución Tomista a la Filosofía del Derecho.[33]

A estos lugares de Santo Tomás, se pueden añadir otros:

"Es imposible que algo sea bueno, si no guarda proporción con el bien común".[34]

"No es recta la voluntad de un hombre que quiere un bien particular, si no lo refiere al bien común como a fin".[35]

Frente a estos textos existen otros de Santo Tomás que se refieren a la importancia del individuo, algunos de los cuales cita también al Profesor Graneris: "... el hombre —dice Santo Tomás— no se ordena a la comunidad política según todo su ser, y según todo lo suyo, y por tanto no es necesario que todo acto suyo sea meritorio o demeritorio con relación a la comunidad política. Mas todo lo que el hombre es, y lo que puede y tiene, debe ordenarse a Dios, y, por lo tanto, todo acto del hombre, bueno o malo, tiene razón de mérito o demérito frente a Dios...".[36]

En otro texto Santo Tomás expresa: "la ciudad tiene solo unidad de orden... y por tanto una parte suya puede tener una operación que no sea operación del todo".[37]

También nos dice el Aquinate, tratando de la dignidad de que decae el hombre frente a la sociedad cuando por un crimen merece la pena de muerte: "... el hombre es naturalmente libre, y existente para sí mismo".[38]

Y en la Suma contra Gentiles, el Doctor Angélico, tratando de la conveniencia de que Dios se encarnara, y del destino sobrenatural del hombre de ver a Dios en el cielo, que es el mismo de los ángeles, estampa esta sentencia:

---

33 Versión de Editorial Universitaria de Buenos Aires, Buenos Aires, 1973, pág. 127.

34 "*Impossibile est quod aliquid sit bonum, nisi sit proportionatus bono communi*" (Suma Teológica, 1-2, q. 92, a. 1, ad 1).

35 Suma Teológica, 1-2, q. 9, a, 10; "*Non est recta voluntas alicuius hominis volentis aliquod bonum particulare, nisi referat illud in bonum commune sicut in finem*".

36 Santo Tomás, Suma Teológica, 1-2, q. 21, a. 4, ad 3: "*... homo non ordinatur ad communitatem politicam secundum se totum, et secundum omnia sua, et ideo non oportet quod quilibet actus eius sit meritorius vel demeritorius per ordinem ad communitatem politicam, sed totum quod homo est, et quod potest et habet, ordinandum est ad Deum, et ideo omnis actus hominis bonus vel malus habet rationem meriti vel demeriti apud Deum...*".

37 Santo Tomás, Comentarios a la Ética a Nicómaco, Libro III, lect. 4: "*civitas habet solam unitatem ordinis... et ideo pars eius potest habere operationem quae non est operatio totius*", citado por Giuseppe Graneris, *op. cit.*, pág. 151.

38 "*... homo est naturaliter liber et propter seipsum existens...*" (Suma Teológica, 2-2, q. 64, a. 2, ad 3).

"según el orden del fin no existe nada más alto que el hombre, sino solo Dios en quien y solo en quien, consiste la perfecta bienaventuranza humana".[39]

Pensamos que los textos de la segunda serie —la que se refiere a la importancia del individuo— no solo no son contradictorios con los de la primera serie —relativa a la primacía del bien común—, sino que contienen la clave para interpretar correctamente estos últimos pasajes: la sociedad es más que las personas en cuanto estas son partes suyas; pero como las personas solo son partes de la sociedad accidentalmente, en definitiva esta existe para aquellas.

Esta es también la conclusión de Graneris:

> "La solución del problema —dice el ilustre Profesor italiano— resulta posible solo si se tiene presente que Santo Tomás, como todos los auténticos filósofos, "*formalissime loquitur*" [habla en sentido estrictamente formal]; y cuando predica la subordinación del individuo —*parte* o del individuo-*órgano* a la sociedad *todo* o a la sociedad-*organismo*, no piensa que el hombre sea solamente parte y órgano de la sociedad, sino que quiere decirnos que él está subordinado a la sociedad *en cuanto* es parte u órgano suyo; y cuando celebra la independencia del individuo, no le concede el derecho a la plena autarquía o anarquía, sino que lo reconoce independiente solo en cuanto portador de los valores que exceden a la sociedad".[40]

1251.- *La apelación a la sociedad universal de todas las creaturas de la cual Dios es el bien común, y al cual las creaturas aman más que a sí mismas, no permite negar la ordenación del bien común de la sociedad civil a las personas que la integran.-* Esta apelación, que ha solido hacerse, no es admisible, porque la expresión "bien común" resulta equívoca, es decir con dos sentidos distintos y ajenos entre sí: Dios no es el orden accidental inmanente a un conjunto de seres substanciales, como es el bien común de la sociedad civil, sino que es el mismo bien en sí, trascendente al conjunto de las creaturas y a cada una de ellas, separado de ellas; y que no puede llamarse bien común sino porque de hecho hay pluralidad de criaturas a las que es accesible, como podría haber habido una sola —o ninguna—, lo que no sucede con el orden social o bien

---

39 Santo Tomás, Suma Contra Gentiles, IV, 54: "*Secundum ordinem finis, nihil homine existit altius, nisi solus Deus, in quo solo perfecta hominis beatitudo consistit*".

40 Graneris, *op. cit.*, pág. 146.

común de la sociedad civil, que es algo por definición accidental y accesorio a un conjunto.

Por otro lado, el que la creatura ame más a Dios que a sí misma, no se debe a que Él sea "bien común", porque lo mismo sucedería si hubiera una sola creatura: el todo de que habla Santo Tomás para justificar esa afirmación, es Dios respecto de la creatura en cuanto esta participa de su ser —sin ser parte de Dios en el sentido panteísta—, y no el conjunto de las creaturas.

A este respecto, hay que tener presente que el fin último del hombre: conocimiento y amor de Dios, es un acto esencialmente personal, propio y exclusivo de cada persona individual, y esto tanto puede decirse del fin último natural como del sobrenatural. En relación con el fin último sobrenatural, enseña Santo Tomás que si solo hubiera un alma que gozase de Dios, sería bienaventurada. Dice, en efecto, examinando el problema de si la perfecta felicidad por la visión y goce de Dios requiere la sociedad con amigos, dado que la caridad se extiende a Dios y al prójimo: "La perfección del amor [caridad] es esencial a la felicidad en cuanto al amor de Dios, pero no en cuanto al amor del prójimo. Por donde, si hubiera una sola alma que gozase de Dios, sería feliz, no teniendo prójimo a quien amara".[41]

Dice Maritain, citando a Santo Tomás, a propósito del carácter personalísimo del fin último del hombre:

> "... el alma bienaventurada, conociendo a Dios *sicuti est* [tal como es], y como ella es conocida de Él [San Pablo, I Cor., 13.12], apodérase de la divina esencia y se hace Dios intencionalmente mediante el acto más inmediato que se pueda concebir, en que la misma esencia divina hará las veces de especie impresa... La visión beatífica es de esta manera el acto soberanamente personal mediante el cual, muy por encima de cualquier especie de bien común creado, entra el alma en el mismo goce de Dios y vive del bien increado...".[42]

1252.- *El orden debido del amor —ordo amoris— se opone a que los miembros de la sociedad amen más a esta, o a sus prójimos, que a sí mismos.-* "Es, en

---

[41] "*... perfectio caritatis est essentialis beatitudini quantum ad dilectionem Dei, non autem quantum ad dilectionem proximi. Unde si esset una sola anima fruens Deo, beata esset, non habens proximum quem diligeret*".

[42] Jacques Maritain, Persona y Bien Común, Club de Lectores, Buenos Aires, 1968, traducción de Leandro Selma, pág. 9.

efecto, doctrina de Santo Tomás en pos de San Agustín —escribe el Padre Urdánoz—, seguida unánimemente por los teólogos, porque está fundada en la Escritura, que la jerarquía de los seres a quienes se ha de amar por caridad desciende en cuatro grados escalonados y específicamente distintos: *Uno*, que es Dios mismo, como principio de este amor y de todo el bien. *Otro*, que somos nosotros mismos, como *partícipes* del bien divino. En un tercer grado, a nuestros prójimos —ángeles y hombres— como *asociados* a esta participación. En cuarto, a nuestro cuerpo, sobre el que refluye, por redundancia, el bien de la beatificación. "*Et secundum hoc, homo debet magis se diligere post Deum, quam quemcumque alium*" ["y según esto, el hombre debe amarse a sí mismo, después de Dios, más que a ningún otro"], porque, añade, es mayor razón de amar la unión o participación nuestra en el bien divino que la asociación de los otros a ese bien (2-2, q. 26, a 4). Al prójimo —a todos los prójimos aun asociados— se ha de amar como a sí mismo, es decir, en una medida inferior a sí, pues la caridad bien entendida empieza por uno mismo (2-2, q. 44, a. 7, 8, c. *et ad* 2)".[43]

1253.- *Profundización sobre las relaciones entre el bien común y el bien particular.-* Examen crítico de los argumentos de Charles De Koninck acerca la primacía del bien común.-[44]

Por todo lo dicho, nos parece errada la tesis del filósofo tomista belga del siglo XX Charles de Koninck, quien escribió, oponiéndose al personalismo —que luego veremos—, preconizado por Maritain, la obra "De la Primacía del Bien Común contra los personalistas". En ese libro De Koninck sostiene que el bien común no debe ser amado por las personas sino en cuanto es común. Argumenta dicho autor:

[43] Teófilo Urdánoz, El bien común según Santo Tomás, apéndice en Suma Teológica de Santo Tomás de Aquino, Biblioteca de Autores Cristianos, Madrid, 1956, t. VIII, pág. 768.

[44] Charles de Koninck, filósofo tomista belga, nació en Torhout, Bélgica, en 1906, y falleció en 1965 en Roma. En 1914 sus padres emigraron a Estados Unidos. En 1921 él volvió a Bélgica y en la escuela de Ostende estudió matemáticas, química y física. Luego estudió Filosofía en la Universidad Católica de Lovaina, adhiriendo al Tomismo. Después estudió en la Universidad de Detroit, y volvió a Lovaina, obteniendo el grado de doctor. Estudió particularmente las relaciones entre la filosofía y las ciencias experimentales, los fundamentos de la física matemática, y la filosofía de las matemáticas. En 1934 comenzó a trabajar como Profesor en la Universidad Laval, en Quebec. Entre 1939 y 1956 fue decano de la facultad de filosofía en Laval.

I°) El carácter personal del fin último —conocimiento y amor de Dios en la vida eterna— no permite afirmar la prioridad de la persona sobre el bien común, porque Dios es el bien común más universal.[45] Replicamos: la expresión bien común es equívoca, significando dos cosas distintas (*Vid.* n° 1251), y Dios no es bien común de una sociedad, ni del universo, como orden de partes en el todo, sino bien substancial y soberano, accesible a muchos, lo que es muy distinto de ser el orden de muchos en un todo accidental compuesto por ellos.

II°) En la substancia intelectual puede existir, en virtud del conocimiento, la perfección del universo entero. La substancia intelectual tiene así por la posesión intelectual, como bien propio, el bien del universo, el cual es esencialmente común.[46] Replicamos que la posesión del universo por una substancia intelectual mediante el conocimiento, es evidentemente un bien particular de esa substancia.

III°) Si alguien ama el bien común porque lo beneficia a él, y no por ser común, actúa como el tirano que ama a la ciudad para dominarla.[47] Replicamos: el que ama el bien común, en primer lugar porque lo beneficia a él, y luego porque beneficia a los demás, no hace sino respetar el orden del amor: primero Dios, después uno mismo, después el prójimo (*vid.* n° 1252).

IV°) Dice Santo Tomás que la bondad de toda parte se ordena al bien del todo (Suma Teológica, I-II, q 92, a. 1, ad 1); y que los que persiguen el bien común, buscan el bien propio como consecuencia, porque este no puede existir sin aquel. Replicamos: que el bien propio no pueda existir sin el bien común, es algo que no puede referirse sino a la perfección accidental que la sociedad añade al individuo, el cual, sin ella, tiene el bien de su naturaleza individual y personal. Por otra parte, desde el punto de vista de la perfección accidental que la sociedad añade al individuo, la prioridad del bien común sobre el particular no es otra que la del medio —en este caso el bien social— respecto del fin que con él se obtiene: el bien particular.

V°) Santo Tomás, sosteniendo que la distinción de las cosas del universo no proviene ni puede provenir del acaso, como algunos han dicho, explica en la Suma Teológica, que se debe a la inteligencia y a la voluntad de Dios,

---

45 Charles de Koninck, *La Primauté du bien commun contre les personalistes*, *Éditions de l'Université Laval*, Montreal: Éditions Fides, 1943, pág. 17.

46 De Koninck, *op. cit.*, pág. 13.

47 De Koninck, *op. cit.*, págs. 17-18.

quien ha hecho las creaturas para comunicarles su bondad, y representarla mediante ellas; y pues por una sola criatura no se representa suficientemente la divina bondad, ha producido muchas y diversas criaturas, de modo que lo que falta a una para representar el bien que hay en Dios, sea suplido por otra; de donde es que más perfectamente participa de la divina bondad y la representa el conjunto del universo que cualquier otra creatura (Suma Teológica, I, q 47, a. 1). En la Suma Contra Gentiles, añade Santo Tomás que aquello que es bueno y óptimo en el efecto, es el fin de la producción del mismo; y que lo óptimo del universo consiste en el orden de sus partes; siendo por tanto el orden de las partes del universo y la distinción de ellas, el fin de la producción del universo (Suma Contra Gentiles. L. 2, c. 39). Luego, tratando de la Divina Providencia, Santo Tomás dice que lo más próximo a la bondad divina en las cosas creadas es el bien común del orden de todo el universo, al cual se ordena como a su fin, todo bien particular de esta o aquella cosa; por lo cual, lo que más cuida Dios en las cosas creadas, es el orden del universo (Suma Contra Gentiles, L. 3, c. 64).

Citando estos textos de Santo Tomás, concluye asimismo De Koninck que el bien común es superior al bien particular en un plano absoluto, no obstante lo que también ha dicho Santo Tomás en el sentido de que las creaturas intelectuales son queridas y gobernadas por Dios en razón de sí mismas (Suma Contra Gentiles, capítulos 112 y 113).[48]

Replicamos: hay que entender que el orden es lo óptimo del universo en cuanto este es un conjunto o todo accidental, que es lo que es; y que la persona, substancia intelectual, está sometida a ese orden solo en cuanto accidentalmente es parte de él. Otra cosa sería echar por tierra la fundamental distinción de substancia y accidentes, y toda la Metafísica, y las propias sentencias de Santo Tomás de que las criaturas intelectuales, a diferencia de las corruptibles, son queridas y gobernadas por Dios en razón de ellas mismas; y de que la eterna bienaventuranza, fin último del hombre, es un acto individual y no colectivo, y de que podría salvarse una sola alma y sería feliz. En cuanto se quiere un universo o conjunto, lo óptimo es el orden o forma del mismo, pero en cuanto previamente se quieren los individuos que lo integrarán, y luego se los quiere como fin de ese orden del universo —que es una realidad accidental—, lo óptimo son los individuos.

---

[48] De Koninck, *op. cit.*, págs. 26-27.

Además el orden del universo consiste en que lo inferior, las cosas, está ordenado a las personas como conjunto, y a cada una de ellas; y estas no están propiamente ordenadas a un todo del que formen parte las cosas, porque no hay paridad: las cosas no pueden, estrictamente hablando, constituir ningún todo con las personas, pues son pertenencias de ellas. Sería como que un ser humano y su vestimenta constituyeran un todo, y esa persona estuviese ordenada al todo que forma con su traje. Entre las mismas personas, no cabe decir que el todo por ellas formado sea más, ontológicamente, que cada una de estas, porque un todo accidental de personas, en cuanto tal, es necesariamente inferior a las substancias que lo forman, y no solo en el orden metafísico sino que también en el plano moral, esto es, en el orden de los fines, dado que las personas creadas no se tienen por fin unas a otras, absolutamente hablando, pues no son cosas, y tienen un destino personal y trascendente en la unión con Dios: en el conocimiento y amor de Dios.

Para interpretar los textos de Santo Tomás alegados por De Koninck, y a que nos venimos refiriendo, hay que tener presente que aquel combatía las tesis de los pensadores para los cuales el conjunto de las cosas del universo y su orden, serían fruto del azar, refiriéndose expresamente a las ideas de los filósofos de la antigüedad Demócrito y Leucipo, según quienes la diversidad de las cosas del universo se debía al concurso fortuito de partículas indivisibles de materia, o átomos, que tenían diferencias en sus figuras, orden y posición (Suma Contra Gentiles, lib. 2, c. 39, L. 3, c. 64; Suma Teológica, 1, q. 47, a. 1); o combatía la tesis de Avicena de que Dios había producido solo una primera creatura, y esta otra, y así, hasta formarse la multitud de las cosas sin que ella correspondiera a un plan divino; tesis que refuta Santo Tomás sosteniendo que lo óptimo del universo es su orden; que quien intenta un efecto, intenta también lo que es último fin de él, en este caso, el orden del universo en relación con las creaturas singulares (Suma Teológica, I, q. 15, a 2).

La finalidad, pues, de estos textos explica que en ellos se pusiera especial énfasis en destacar el valor del orden del conjunto, sin hacer explícita referencia a la primacía que en definitiva pertenece a las personas singulares que en él haya.[49]

---

[49] A este propósito dice Maritain con particular acierto: "... por grande que sea la importancia que Santo Tomás da una y otra vez a la consideración del orden intrínseco del universo y del 'bien común' del cosmos, sobre todo con miras a dejar bien sentada la existencia de la Providencia divina frente al fatalismo greco-árabe, no obstante, cuando se trata de comparar la substancia intelectual con el universo, enseña que las criaturas intelectuales, bien

1254.- *Profundización sobre las relaciones entre el bien común y el bien particular.- El personalismo de Jacques Maritain.-* La doctrina personalista de Jacques Maritain ha tenido notable influencia a partir de la segunda mitad del siglo XX, por haber sido dicho filósofo un pensador católico talentoso, gran conocedor, seguidor y divulgador en Europa y en América del pensamiento de Santo Tomás de Aquino, y hombre de vida profundamente cristiana, a la par que un excelente escritor. Conviene, pues, examinar su doctrina personalista, la que puede sintetizarse así:

I°) *Persona e individuo*

I°) La persona humana está directamente ordenada a Dios como a su fin último absoluto, y esta ordenación a Dios trasciende todo el bien común creado, bien común de la sociedad política y bien común intrínseco del universo.[50]

II°) El universo entero y todas las instituciones sociales deben servir para este fin.[51]

III°) Lo anterior, porque, como enseña Santo Tomás, la persona es querida por Dios por sí misma; y porque la eterna bienaventuranza es personal de cada uno.[52]

IV°) El bien común está destinado por esencia al servicio de la persona humana; así lo enseña la Iglesia (Pío XII, Mensaje de Navidad de 1942, y Encíclica Mystici Corporis).[53]

V°) Los mayores errores acerca de la sociedad tienen su origen en la confusión del todo substancial de organismo biológico, y el estado colectivo compuesto de personas, que es la sociedad.[54]

VI°) El hombre debe la individualidad no a la forma sino a la materia; la individualidad excluye en cada cual todo lo que son los otros, y equivale así a la mezquindad del ego, constantemente amenazada y siempre ávida

---

que ordenadas como cualquier otra criatura a la perfección del todo creado, son queridas y gobernadas por ellas mismas, y que la divina providencia cuida y mira a cada una de ellas por ella misma, y no como si fuera una simple pieza de la máquina del mundo…" (Jacques Maritain, *La persona y el bien común, cit.*, págs. 18-21).

50 Maritain, La Persona y el Bien Común, *cit.*, pág. 17.

51 Maritain, *op. cit.*, págs. 17-18.

52 Maritain, *op. cit.*, págs. 23-24.

53 Maritain, *op. cit.*, pág. 31.

54 Maritain, *op. cit.*, págs. 31-32.

de tomar para sí;[55] la personalidad es la subsistencia del alma espiritual comunicada al compuesto humano, coloca a la substancia en el estado de poseer su existencia y de completarse libremente.[56]

La individualidad y la personalidad no son dos cosas separadas: el mismo ser es en un sentido todo individuo, y en otro, persona.[57]

El ser humano está entre dos polos: el individuo, polo material, y el polo espiritual: la persona, fuente de libertad y de bondad. Al individuo convertido en centro de las cosas, se refieren las palabras de Pascal: "el yo odioso"; a la persona, en cambio, las palabras de Santo Tomás: "*persona significat id quod est perfectissimum in tota natura scilicet in rationali natura*" (1,29, 3).[58] Dando la primacía en los actos a la personalidad, el alma va hacia el centro supremo al que tiende la personalidad, y se encauza por la senda del yo generoso de los héroes y de los santos; dando la primacía a la individualidad, se va hacia la dispersión, y se cae cada vez más bajo. El hombre no será verdaderamente una persona sino en la medida en que la vida del espíritu y de la libertad, triunfe sobre la de los sentidos y de las pasiones.[59]

Estos planteamientos acerca de las relaciones entre individualidad y personalidad, que resultan ser la base de la concepción de Maritain sobre las relaciones entre el bien común y el bien particular, merecen las siguientes observaciones:

1°) No es enteramente exacto decir que el hombre debe su individualidad a la materia: la forma se individualiza mediante las dimensiones que causa en la materia; si la individualidad es lo que habilita para ser, aquello en virtud de lo cual se es supuesto, y como tal sujeto del acto de ser, tiene que venir en definitiva de la forma, que es el alma espiritual (*Vid supra*, n° 65).

2°) La individualidad del alma humana radica en el espíritu mismo, que es creado a la medida de una materia individuante, pero con individualidad espiritual, intrínseca y propia (*Vid. supra* n°s 114-116, y n° 76).

3°) El ser humano es persona porque es substancia individual, es decir, por aquello mismo por que es individuo, o sea es supuesto, es realidad aparte

55 Maritain, *op. cit.*, pág. 41.
56 Maritain, *op. cit.*, pág. 44.
57 Maritain, *op. cit.*, pág. 46.
58 Maritain, *op. cit.*, pág. 37.
59 Maritain, *op. cit.*, págs. 47-48.

de cualquier otra, subsistente en sí, no en otra, como los accidentes, ni con otra, como los coprincipios substanciales: materia y forma. La individualidad del alma es la misma que la del compuesto, que la del cuerpo y que la de la persona. Así, resulta artificioso separar en el hombre individuo y persona: la persona es el individuo, o supuesto o hipóstasis racional, compuesto de alma y cuerpo.

4°) Hay un error en contraponer el camino de la individualidad material —que llevaría al yo odioso—, al de la personalidad espiritual, que llevaría al heroísmo y a la santidad: al yo generoso; lo malo no puede radicar en la individualidad, sino en la egolatría o el egocentrismo: Luzbel era espíritu puro y fue egocéntrico; ni cabe hacer consistir el bien del hombre en que el espíritu triunfe sobre la vida de los sentidos y de las pasiones, si recordamos que también hay pasiones desordenadas del apetito espiritual: de lo contrario no habrían pecado los demonios.

II°) *Persona y sociedad*

VII°) La persona no es parte, es un todo: el concepto de parte es opuesto al de persona. La sociedad es un todo compuesto de muchos todos.[60]

VIII°) La persona humana en cuanto es individuo es parte de la sociedad y su bien es inferior al bien de la sociedad; pero, en cuanto es persona, y como tal no tiene el carácter de parte, sino el de un todo; el bien común debe servir a las personas individuales y distribuirse entre ellas y respetar su dignidad. Por razón de la ordenación de la persona humana a un destino superior al temporal, de su ordenación al absoluto, la sociedad misma y su bien común, están indirectamente subordinadas, como a un fin de otro orden, que está sobre ambas, a la realización perfecta de la persona, y de sus aspiraciones supra temporales, incluso al logro de sus bienes supra temporales del orden natural, hallándose la felicidad natural del ser humano, por ciertos elementos esenciales, muy por encima del bien común político: tales valores naturales supra temporales pertenecen a la comunidad de los espíritus.[61]

IX°) Cuando la persona sacrifica su vida por la patria, exponiéndola, a la vez que hacer el bien y obrar según justicia, ama también su propia

---

60 Maritain, *op. cit.*, págs. 62-63.

61 Maritain, *op. cit.*, págs. 66-68, y nota 3 de la pág. 68.

alma, según el orden de la caridad, más que a la ciudad y más que al bien común de la ciudad.[62]

X°) El cuerpo social puede exigir a los ciudadanos que defiendan a la patria en guerra justa, exponiendo su vida; pero no puede decretar la muerte de un ciudadano para la salvación de la ciudad, o para librarla de bocas inútiles, o por razones de Estado.[63]

XI°) La persona como tal debe servir a la comunidad libremente, aspirando a la propia plenitud; mas en cuanto individuo, vese obligada a servir a la comunidad por necesidad, por la fuerza, quedando por debajo de ambos, como parte bajo el todo.[64]

XII°) La justicia y el derecho, al dirigirse a la razón y al libre albedrío, conciernen como tales a la personalidad y transforman en una relación entre dos todos —el todo de la persona y el todo social— lo que de otra manera no sería sino una subordinación de la parte al todo; y el amor, aceptando voluntariamente lo que no sería sino servidumbre, lo transfigura en libertad y libre donación.[65]

XIII°) El valor más esencial del bien común es la libertad de desenvolvimiento para la persona individual.[66] La sociedad debe conseguir una organización de libertades.[67]

Crítica de las ideas de Maritain sobre las relaciones de individuo y sociedad:

Son erradas porque parten de la idea también errónea, de que el individuo y la persona son cosas distintas en el ser humano, lo que como se demostró más arriba, no es así. De ese error básico derivan otros dos graves errores en esta materia: el estimar que la persona en cuanto individuo —en lo tocante a los valores temporales y materiales— se subordina al Estado completamente; y el estimar que la persona, no ya en cuanto individuo, sino en cuanto persona, en lo tocante a su fin último, y a sus valores supra temporales del orden natural, se halla completamente por encima de la sociedad civil, siendo el fin de la sociedad obtener y garantizar a las personas la libertad de desenvolvimiento;

---

62 Maritain, *op. cit.*, pág. 70-71.
63 Maritain, *op. cit.*, pág. 73-74.
64 Maritain, *op. cit.*, pág. 82.
65 Maritain, *op. cit.*, págs. 83-84.
66 Maritain, *op. cit.*, págs. 100 y 109.
67 Maritain, *op. cit.*, pág. 108.

y habiendo de servir la persona a la comunidad libremente; y habiendo de aceptar libremente y por amor el orden jurídico.

La verdad es que, como hemos dejado sentado más arriba, la persona humana —que en nada se diferencia del individuo humano—, es la destinataria, siempre, del bien común, que existe para las personas individuales: y para obtenerlo, para sí y para los demás, la persona se subordina accidentalmente a la sociedad, tanto en lo material como en lo espiritual.

Por cierto es errada, y aun absurda, la tesis de que el orden jurídico no puede imponerse a las personas, sino que debe ser acatado libremente por ellas, pues la exigibilidad y la coactividad son esenciales a aquel orden; y es errada la tesis de que el fin de la sociedad es obtener para las personas la libertad de desenvolvimiento, pues tal libertad no puede ser sino un medio para el logro de un orden objetivo de cooperación que sirva al bien objetivo natural de todos y cada uno de los miembros de la sociedad, y también, y en definitiva, a su fin último sobrenatural.

Todo lo que se requiera dentro de la órbita de competencia de la autoridad para el bien común, puede y debe imponerse a las personas, en caso necesario, incluso coactivamente cuando ello no resulte contraproducente; y jamás podrá imponerse ni exigirse a las personas nada que signifique algo más que una subordinación meramente accidental al bien común.[68]

1255.- *La doctrina política de la Iglesia.-* Estas verdades de que la sociedad civil es para las personas, y de que el bien de estas se subordina al bien común, están proclamadas en la doctrina política de la Iglesia. Así, leemos en la Encíclica *Divini Redemptoris* de Pío XI, de 19-III-1937, que condenó el comunismo:

> "El hombre tiene un alma espiritual e inmortal; es una persona dotada admirablemente por el Creador con dones de cuerpo y de espíritu; es, en realidad, un verdadero μικρός κόσμος, (microcosmos), como decían los antiguos, un "pequeño mundo" que supera extraordinariamente en valor a todo el inmenso mundo inanimado. Dios es el último fin exclusivo del hombre en la vida presente y en la vida eterna... Pero Dios ha ordenado igualmente que el hombre tienda espontáneamente

[68] Sobre este tema, en que hay variedad de opiniones y doctrinas, puede verse la documentada tesis doctoral presentada en la Universidad de París por el Profesor Gonzalo Ibáñez Santa María: Persona y derecho en el pensamiento de Berdiaeff, Mounier y Maritain, Ediciones Universidad Católica de Chile, Santiago, 1984.

a la sociedad civil, exigida por la propia naturaleza humana. En el plan del Creador, esta sociedad civil es un medio natural del que cada ciudadano puede y debe servirse para alcanzar su fin, ya que el Estado es para el hombre y no el hombre para el Estado. Afirmación que, sin embargo, no debe ser entendida en el sentido del llamado liberalismo individualista, que subordina la sociedad a las utilidades egoístas del individuo, sino solo en el sentido de que, mediante la ordenada unión orgánica con la sociedad, sea posible para todos, por la mutua colaboración, la realización de la verdadera felicidad terrena, y, además, en el sentido de que en la sociedad hallen su desenvolvimiento todas las cualidades individuales y sociales insertas en la naturaleza humana, las cuales superan el interés particular del momento y reflejan en la sociedad civil la perfección divina; cosa que no puede realizarse en el hombre separado de toda sociedad. Pero también estos fines están, en último análisis, referidos al hombre, para que, reconociendo este el reflejo de la perfección divina, sepa convertirlo en alabanza y adoración del Creador. Solo el hombre, la persona humana y no las sociedades, sean las que sean, está dotado de razón y de voluntad moralmente libre".[69]

Luego la Encíclica dice que así como el hombre no puede rehusar el cumplimiento de sus obligaciones para con el Estado, cumplimiento que en caso necesario este puede exigir compulsivamente; el Estado "no puede despojar al hombre de los derechos personales que le han sido concedidos por el Creador... ni imposibilitar arbitrariamente el uso de esos derechos", y prosigue: "Es, por tanto, conforme a la razón y exigencia imperativa de esta, que, en último término, todas las cosas de la tierra estén subordinadas como medios a la persona humana, para que, por medio del hombre encuentren todas las cosas su referencia esencial al Creador".[70]

---

69 Encíclica *Divini Redemptoris*, n°s 27 y 29, Doctrina Pontificia, Documentos Políticos, Biblioteca de Autores Cristianos, Madrid, 1958, págs. 685-688. Pío XII, en la Encíclica Mistici Corporis Christi, dice, por su parte: "... si nos fijamos en las relaciones mutuas entre el todo y cada uno de los miembros, en cualquiera de los cuerpos físicos vivientes, cada uno de los miembros está en definitiva únicamente destinado al bien de todo el organismo; toda sociedad humana, en cambio, por poco que se mire al fin último de su utilidad, está ordenada en definitiva para provecho de todos y cada uno de sus miembros, en razón de que son personas", citada por Jacques Maritain en su obra La Persona y el Bien Común (edición del club de lectores, Buenos Aires, 1981, pág. 31).

70 Encíclica *Divini Redemptoris*, n° 30, ed. *cit.*, págs. 687-688.

1256.- *La primacía del bien común no autoriza la privación de ningún derecho fundamental: solo limitaciones accidentales.*- La primacía del bien común no autoriza al Estado para privar a un ciudadano de ningún derecho fundamental, y solo permite limitar el ejercicio de los derechos de los particulares por razones de bien común; ello porque el individuo no es parte de la sociedad sino accidentalmente. A este respecto, conviene recordar lo expuesto más arriba (n° 1183) acerca de que, como enseña Santo Tomás, los súbditos no están obligados a obedecer a sus superiores sino en aquellas cosas exteriores que se obran por el cuerpo, y exceptuadas las que pertenecen a la naturaleza del mismo; pues en ellas, solo a Dios están sujetos, porque por la naturaleza todos los hombres son iguales, como por ejemplo, lo tocante al sustento del cuerpo y a la generación de la prole (Suma Teológica, 2-2, q. 104, a. 5).

Cosa distinta es que la sociedad pueda exigir a sus ciudadanos conductas que les signifiquen poner en riesgo valores que son materia de derechos fundamentales, como su vida o sus bienes; exigencia que es muy distinta de un acto de privación. Así, el Estado puede ordenar a los soldados que defiendan una plaza en guerra justa con riesgo de su vida, y aun con la seguridad práctica de que van a morir; pero nunca podría dar muerte a un soldado o a otro ciudadano, como no fuera por vía de castigo —pena de muerte— o de defensa.

También puede el Estado quitar a un ciudadano un bien patrimonial si lo exige el bien común, pero tendrá que indemnizarlo; y ello importará no un despojo o privación propiamente tal, sino una limitación al dominio, una expropiación por causa de utilidad pública.

Todos los derechos pueden sufrir limitaciones accidentales en pro del bien común, fuera de las muchas que necesariamente origina el simple hecho de la convivencia en sociedad, como las servidumbres derivadas de la vecindad en los inmuebles, o en muchos casos la limitación de la libertad de expresión por el derecho a la honra, etc.

1257.- *El bien común prevalece sobre el particular siempre que se trate de bienes del mismo género o del mismo plano.*- Aquí hay otra limitación en la subordinación de las personas al bien común: el bien sobrenatural de una persona prevalece necesariamente sobre el bien común natural, y así este último no podrá nunca justificar que se prive a una persona de los medios con que debe obtener su salvación eterna. Ninguna ley podría prohibir, por ejemplo, que los presos reciban el sacramento de la confesión o reconciliación.

Se cita a este respecto el texto en que Santo Tomás sostiene, siguiendo a San Agustín, que el otorgamiento de la gracia de Dios a un pecador —justificación de un impío: hacerlo pasar de pecador a justo— es obra más grande que la creación del cielo y de la tierra. Santo Tomás se plantea, según su método habitual, una dificultad: "La justificación del impío se ordena al bien particular de un hombre, pero el bien del universo es mayor que el bien de un hombre, como se ve en el primer libro de la Ética. Luego es una obra más grande la creación del cielo y de la tierra, que la justificación del impío". A esta dificultad responde Santo Tomás lo siguiente:

"El bien del universo es mayor que el bien particular de uno, si se toman uno y otro dentro del mismo género. Pero el bien de la gracia de uno solo es mayor que el bien natural del universo entero".[71]

e) *El principio de solidaridad*

1258.- La palabra latina *solidum* significa el todo, el total. El principio de solidaridad se refiere a la realidad y valor que tiene la sociedad como un todo. La existencia del todo social, como se ha dicho más arriba, deriva del hecho de que, por la complementariedad de los seres humanos, el bien de los otros es parte del bien de cada cual y cada uno debe amar a los demás con amor de benevolencia —por ser ellos quienes son—, y por amor de sí mismo; habiendo todos de procurar en la medida de sus posibilidades no solo el bien suyo propio, sino que también el de los demás, y el de la sociedad como conjunto; lo cual constituye un deber de justicia social o legal: la justicia del bien común. El enunciado de este deber es el llamado *principio de solidaridad*. Como decía Aristóteles (*Vid.* n° 1126), la sociedad debe preocuparse de la virtud o bondad moral de todos para no quedar reducida a una mera alianza militar, "que solo es diferencia especialmente de aquellas alianzas cuyos aliados son lejanos".

f) *La asistencia pública o atención de los indigentes*

1259.- En virtud del principio de solidaridad, la sociedad, a través de cada uno de sus miembros, llegado el caso, y sobre todo de sus autoridades —que

[71] Santo Tomás, Suma Teológica, 1-2, q. 113. La dificultad segunda dice: "*Justificatio impii ordinatur ad bonum particulare unius hominis sed bonum universi est majus quam bonum unius hominis, ut patet in I Ethic. Ergo majus opus est creatio caeli et terrae, quam justificatio impii*". La respuesta es: "*Bonum universi est majus quam bonum particulare unius, si accipiatur utrumque in eolem genere. Sed bonum gratiae unius majus est quam bonus naturae totius universi*".

usarán de los respectivos fondos públicos—, debe socorrer a los indigentes y a los pobres, subviniendo a sus necesidades básicas, cuando ellos no puedan en absoluto atenderlas o sin gran dificultad satisfacerlas, cuidando, sí, de precaver los abusos. Se atenderá a estos indigentes dándoles del todo aquello que les falta, o ayudándolos a conseguirlo, mediante oportunos subsidios, según los casos, en materia de vivienda, salud, etc. Este deber es llamado por Fernández Concha, *de asistencia pública*, se funda en que Dios hizo los bienes de la tierra para todos, siendo la propiedad privada un medio para que todos puedan efectivamente aprovecharse de ellos; medio que ha de ceder cuando resulta, en casos particulares, contrapuesto al fin que justifica su existencia.-

Este deber de asistencia pública es, en buenas cuentas, una contrapartida de la institución de la propiedad privada, que no puede entenderse legítima si no es con esta carga. También es aplicación, llevada al plano jurídico, del principio moral que impone el grave deber a cada uno, de repartir entre los necesitados los bienes que le resulten superfluos.

Fernández Concha, tratando del deber de asistencia pública, da, además de los expuestos, y entre otros, los siguientes fundamentos:

I°) Es anejo a la institución de la propiedad, un hecho constante en la Historia, que nadie ha podido ni podrá nunca remediar: la existencia de un gran número de individuos que sin culpa suya carecen de medios propios de subsistencia; de lo cual se desprende que si la institución de la propiedad es legítima, como lo es por ley natural, hay que entender que esta impone a los que se benefician con ella "la carga de auxiliar a los que resultan desafortunados"; y

II°) La necesidad extrema otorga el derecho a los indigentes de tomar lo ajeno para sostener la vida; mas, por una parte, muchos necesitados son incapaces de ejercer por sí mismos este derecho, y, por otra parte, su frecuente y múltiple ejercicio por los restantes, sería ocasión de graves desórdenes; por lo cual la autoridad pública debe encargarse de la asistencia que los menesterosos pueden demandan a los pudientes.[72]

g) *El error individualista*

1260.- *A propósito de las relaciones entre el individuo y la sociedad, se dan dos errores contrapuestos: el del individualismo y el del socialismo.-* Consiste el

[72] Fernández Concha, Filosofía del Derecho *cit.*, t. II, n° 984, págs. 244-246.

individualismo en afirmar desmedidamente la primacía del individuo, desconociendo la importancia de la sociedad, que queda reducida a mero instrumento o bien útil de aquel. Pero no cabe atribuir a la sociedad este carácter.

El individualismo niega el principio de solidaridad, la justicia social y el deber de asistencia pública, lo cual constituye un grave error, por todo lo antes expuesto. Ha sido preconizado el individualismo, entre otros, por los pensadores de liberalismo económico doctrinario.[73]

h) *El error socialista*

1261.- El error socialista consiste, por lo contrario, en exagerar la importancia de la sociedad hasta hacerla prevalecer sobre la persona individual. Se desconoce la primacía de la persona individual, de todos y cada uno de los miembros de la sociedad, reduciéndolos, de una u otra forma, a meras partes o piezas de un todo colectivo.

---

[73] Como ejemplo actual de esta concepción errada, cabe citar al famoso economista Federico Hayek, quien expresa: "Podemos, pues, decir, llegados a este punto, que la principal diferencia existente entre el orden de la sociedad a que aspiraba el liberalismo clásico, y el tipo de sociedad en que esta se ha transformado, es que la sociedad liberal estaba gobernada por principios de justa conducta individual, mientras que la nueva sociedad debe satisfacer las reclamaciones de una 'justicia social'; o, en otras palabras, que la primera exigía acciones justas por parte de los individuos mientras que esta última ha colocado cada vez más el deber de justicia en manos de autoridades que tienen el poder de ordenar a la gente lo que tienen que hacer".

"Tal expresión pudo producir este efecto porque de los socialistas la tomaron gradualmente no solo otros movimientos políticos, sino también la mayoría de profesores y predicadores de la moralidad. En particular parece que fue adoptada por gran parte del clero de todas la iglesias cristianas, el cual, perdiendo cada vez más la fe en la revelación divina, parece haber hallado refugio y consuelo en una nueva religión 'social', que substituye la promesa de una justicia divina por la de una justicia temporal... Especialmente la Iglesia católica romana ha convertido la justicia social en parte integrante de su doctrina oficial (Véase especialmente las encíclicas *Quadragesimo anno* (1931) y *Divini Redemptoris* (1937)... De lo que se trata en el caso de la "justicia social" es simplemente de una superstición casi religiosa que se debería abandonar mientras siga sirviendo únicamente para hacer feliz a quien crece en ella, pero que se debe combatir en el momento en que se convierta en pretexto para forzar a los demás. La fe generalizada en la "justicia social" es probablemente en nuestros días la mayor amenaza para la mayor parte de los demás valores de una civilización libre" (Friedrick A. Hayek, Derecho, Legislación y Libertad. Una nueva formulación de los principios liberales de la justicia y de la economía política, versión española y reunión de las obras Law, legislation and liberty; The Mirage of the social justice; y The Political order of a free people, de Unión Editorial S.A., Madrid, 2006, págs. 265-267).

Los enormes abusos a que en la práctica ha dado lugar al individualismo en muchos casos —representados dura y enérgicamente por León XIII en su encíclica *Rerum Novarum* y por Pío XI en la encíclica *Quadragesimo Anno*, y por otros documentos pontificios (*Vid.* n° 1045)—; y también las tendencias utopistas de muchos que buscan cómo desterrar toda injusticia del mundo; llevan al socialismo, con diversos matices y variantes, a querer suprimir todas las desigualdades económicas, sociales y culturales que naturalmente se producen entre los hombres, aun observando la justicia y respetando los derechos de todos; ello mediante soluciones que van desde el comunismo de mujeres, hijos y bienes, y educación por el Estado, que propone Platón en La República, o el socialismo marxista, que propugna la lucha de clases, la abolición de la propiedad privada y de la familia; y en definitiva, tras la dictadura del proletariado, la supresión del Estado; que es ateo y declara a la religión el opio del pueblo (*Vid.* n°s 1001 a 1003), hasta otras soluciones más moderadas, pero que radican la función económica principalmente en el Estado, o limitan excesivamente la propiedad privada, o coartan grandemente la libre empresa, propician la educación por el Estado, etc.

Pues bien, el socialismo es también, en mayor o menor medida según el caso, opuesto al Derecho natural. (No nos referimos a partidos o movimientos que alguna vez puedan usar el nombre de socialistas sin incurrir en los errores descritos).

En la Encíclica *Quadragesimo Anno*, Pío XI enseña que el socialismo, aun si abandona la lucha de clases y la colectivización de la propiedad, es incompatible con la fe católica, porque solo ve como fin de la sociedad el bien terreno (n° 118), y porque sacrifica la libertad a una más eficaz división del trabajo dispuesta por la sociedad, lo que es contra la dignidad humana y ha de suponer enorme violencia (n° 119). Y concluye el Papa con esta sentencia:

> "Aun cuando el socialismo, como todos los errores, tiene en sí algo de verdadero (cosa que jamás han negado los Sumos Pontífices), se funda sobre una doctrina de la sociedad humana propia suya, opuesta al verdadero cristianismo. Socialismo religioso, socialismo cristiano, implican términos contradictorios: nadie puede ser a la vez buen católico y verdadero socialista". (n° 120)

Y posteriormente, en la Encíclica *Divini Redemptoris*, en 1937, Pío XI condenó durísimamente el Comunismo: "el comunismo bolchevique y ateo que pretende derrumbar radicalmente el orden social y socavar los fundamentos mismos de la civilización cristiana" (n° 3).

> "Un seudo ideal de justicia, de igualdad y de fraternidad en el trabajo —dice el Papa— satura toda su doctrina [la del comunismo] y toda su actividad con un cierto misticismo falso, que a las masas halagadas por falaces promesas, comunica un ímpetu y un entusiasmo contagiosos, especialmente en un tiempo como el nuestro, en el que por la defectuosa distribución de los bienes de este mundo se ha producido una miseria general hasta ahora desconocida". (nº 8)
>
> "Esta doctrina —prosigue el Pontífice— enseña que solo existe en realidad la materia, con sus fuerzas ciegas, la cual por evolución llega a ser planta, animal, hombre. La sociedad humana, por su parte, no es más que una apariencia y una forma de la materia, que evoluciona del modo dicho y que por ineluctable necesidad tiende, en un perpetuo conflicto de fuerzas, hacia la síntesis final: una sociedad sin clases. En esta doctrina, como es evidente, no queda lugar alguno para la idea de Dios, no existe diferencia entre el espíritu y la materia ni entre el cuerpo y el alma; no existe una vida del alma posterior a la muerte... los comunistas afirman que el conflicto que impulsa al mundo hacia su síntesis final, puede ser acelerado por el hombre. Por esto procuran exacerbar las diferencias existentes entre las diversas clases sociales y se esfuerzan para que la lucha de clases, con sus odios y destrucciones, adquiera el aspecto de una cruzada para el progreso de la humanidad. Por consiguiente, todas las fuerzas que resistan a estas conscientes violencias sistemáticas deben ser, sin distinción alguna, aniquiladas como enemigas del género humano". (nº 9)
>
> "... Por primera vez en la historia —continúa el Santo Padre, después de haberse referido a las persecuciones desatadas contra el Cristianismo en Rusia y Méjico, y a las masivas matanzas de sacerdotes y laicos católicos en España— asistimos a una lucha fríamente calculada y cuidadosamente preparada contra todo lo que es divino" (nº 22).

Más adelante Pío XI declara que "el comunismo es intrínsecamente perverso, y no se puede admitir que colaboren con el comunismo en terreno alguno los que quieran salvar de la ruina la civilización cristiana". (nº 60)

i) *El principio de subsidiariedad*

1262.- Tratando de los errores individualista y socialista, procede referirse al llamado principio de subsidiariedad. El hombre y la mujer forman la familia para la generación de los hijos, la mutua amistad y la suficiencia de la vida diaria; las familias forman la aldea a causa de las necesidades no cotidianas, y las aldeas forman la ciudad o sociedad civil (el Estado), para la perfecta suficiencia de la vida —dice Aristóteles (*Vid.* n° 1123)—. Siendo tal el origen de la sociedad civil o Estado, es claro que no tiene esta competencia o atribuciones sino para hacer lo que por sí mismos no puedan realizar los individuos, las familias ni las comunas o vecindarios, ni otras asociaciones intermedias entre el hombre y el Estado. Este es el llamado *principio de subsidiariedad*. El Estado actúa mal, abusando de su poder para traspasar los límites que este principio le impone.

La encíclica *Quadragesimo Anno*, enuncia así dicho principio:

> "Pero aun siendo verdad, y la historia lo demuestra claramente, que, por el cambio operado en las condiciones sociales, muchas cosas que en otros tiempos podían realizar incluso las asociaciones pequeñas, hoy son posibles solo a las grandes corporaciones, sigue, no obstante, en pie y firme en la filosofía social aquel gravísimo principio inamovible e inmutable: como no se puede quitar a los individuos y darlo a la comunidad lo que ellos pueden realizar con su propio esfuerzo e industria, así tampoco es justo, constituyendo un grave perjuicio y perturbación del recto orden, quitar a las comunidades menores e inferiores lo que ellas pueden hacer y proporcionar y dárselo a una sociedad mayor y más elevada, ya que toda acción de la sociedad, por su propia fuerza y naturaleza, debe prestar ayuda a los miembros del cuerpo social, pero no destruirlos y absorberlos". (n° 79)

El principio de subsidiariedad tiene un doble aspecto: por una parte es una norma negativa, que limita el poder del Estado, aspecto al que acabamos de referirnos; y por otra parte es norma positiva que obliga al Estado a realizar aquellas cosas pertinentes al bien común que ni los individuos, ni las familias, ni los otros consorcios inferiores al Estado puedan llevar a cabo.

C) *El orden internacional*

a) *Existencia de una sociedad internacional*

1263.- *Dante y la comunidad internacional.-* Veamos primero las ideas de Dante Alighieri, que a la par que uno de los más grande poetas de todos los tiempos —el mayor de la Cristiandad, han dicho muchos— ofició de teólogo y filósofo eximio y resultó también jurista. Ellas se encuentran expuestas en su célebre tratado "Monarquía", y pueden resumirse en los siguientes puntos capitales:

a) La humanidad tiene un fin peculiar mirada como conjunto: la actualización del entendimiento posible, que es la perfección suprema de la naturaleza humana. Es esta una operación que "ni un hombre solo, ni una sola casa, ni una sola aldea, ni una sola ciudad, ni un solo reino pueden realizar".[74]
b) El mayor bien ordenado a la felicidad del género humano, y medio para el logro del expresado fin, es la paz: la paz universal, porque, así como "en el hombre particular ocurre que con la tranquilidad y el descanso, se perfecciona el hombre en prudencia y sabiduría, resulta evidente que el género humano, en la quietud y tranquilidad de la paz, podrá dedicarse con mayor libertad y facilidad a su obra propia, que es casi divina... De donde se concluye que la paz universal es el mayor de todos los bienes ordenados a nuestra felicidad".[75]
c) El gobierno universal, extendido a todo el género humano, superior a todos los gobiernos, "un principado único y superior a todos los demás poderes en el tiempo y a todos los seres y cosas que tienen una dimensión temporal", es necesario porque:
    1°) "Cuando varias cosas están ordenadas a un mismo fin, una de ellas debe gobernar";
    2°) "El orden de la parte se relaciona con el orden del todo como a su fin y perfección propios", "y así, todas las partes que constituyen los reinos y los reinos mismos deben ser ordenados hacia un príncipe o principado, es decir, a un Monarca o Monarquía";[76]

---

74 Monarquía, Lib. I, III (IV), Obras Completas, Biblioteca de Autores Cristianos, Madrid, 1965, pág. 699.
También dice Dante: "... existe un fin en vista del cual la naturaleza produce el dedo pulgar, y existe otro fin en orden al cual produce la mano, y otro distinto por el cual produce el brazo, y otro distinto de todos los anteriores al cual se ordena el hombre completo, así también, uno es el fin al cual se ordena el individuo, otro distinto el fin a que se ordena la sociedad doméstica, las villas, la ciudad, el reino, hasta llegar a un fin supremo para el cual Dios eterno crea, sirviéndose de su arte que es la naturaleza, la totalidad del género humano" (*op. cit.*, pág. 699).

75 *Op. cit.*, pág. 700.

76 *Op. cit.*, pág. 702.

3°) "Las causas de los príncipes no pueden ser falladas por ninguno de ellos, porque son todos iguales. Tiene que haber un juez superior: de lo contrario, tendríamos una imperfección sin corrección propia, lo cual es imposible, pues Dios y la naturaleza no faltan en lo necesario";[77]

4°) "El consentimiento universal o mayoritario del género humano, o mejor dicho, de todos los hombres del mundo, podría constituir una autoridad supranacional concreta".[78]

La obra de Dante significa, sin duda, un aporte trascendental desde el punto de vista metafísico, a la teoría de la sociedad internacional, y en ese plano, no ha sido superada. Pero la concepción propiamente jurídica de aquella sociedad solo se encuentra allí germinalmente.

1264.- *Vitoria y la sociedad internacional.-* Debió ser Francisco de Vitoria, gloria de la Teología y la Filosofía Jurídica, y de la Universidad de Salamanca, quien, frente a los problemas planteados con ocasión del descubrimiento y conquista de América por el contacto de los españoles con infieles no hostiles al catolicismo, trazara todos los principios del Derecho Internacional de la guerra y de la paz, redujera a sus verdaderos límites la autoridad de los Estados y dibujara en forma segura y definitiva su perfil externo, resultante de sus mutuas relaciones éticas y jurídico-naturales.

Todo lo cual lo realizó Vitoria en dos simples *relecciones* académicas, cursos extraordinarios, con tanta sencillez, que dejó a sus sucesores el trabajo de explicar y sistematizar su doctrina.

Comenzó Vitoria por destacar el valor internacional actual y virtual de la antigua noción del Derecho de Gentes, que concibió ya Aristóteles, y que fue recibida por Cicerón, del cual pasó a los juristas romanos, siendo vertida por Gayo en esta inmortal definición: "*Quod naturalis ratio inter omnes homines constituit vocatur ius gentium*": "Lo que la razón natural constituyó entre todos los hombres se llama derecho de gentes".[79] Y alteró un término, la palabra "hombres", substituyéndola por "gentes", "naciones", de modo que la definición quedó como sigue: "*Quod naturalis ratio inter omnes gentes constituit vocatur ius*

77 *Op. cit.*, pág. 703.
78 *Op. cit.*, págs. 738 y 739.
79 Digesto, I, I, 9.

Gentium".[80] Con este cambio, como hace ver Fr. Teófilo Urdanoz O. P., señaló el valor de por sí internacional del derecho natural, llamado "de gentes" en la terminología de Gayo, y subrayó la existencia de un derecho propiamente internacional o común a todas las naciones.[81]

1265.- *Suárez y la sociedad internacional.*- "... El género humano, aunque dividido en varios pueblos y reinos, siempre tiene alguna unidad, no solo específica, sino también cuasi-política y moral, que indica el precepto natural del mutuo amor y la misericordia, que se extiende a todos, aun a los extraños y de cualquier nación. Por lo cual, aunque cada ciudad perfecta, república o reino, sea en sí comunidad perfecta y compuesta de sus miembros, no obstante, cualquiera de ellas es también miembro de algún modo de este universo, en cuanto pertenece al género humano; pues nunca aquellas comunidades son aisladamente de tal modo suficientes para sí, que no necesiten de alguna mutua ayuda y sociedad y comunicación, a veces para mejor ser y mejor utilidad, y a veces también por moral necesidad e indigencia, como consta del mismo uso. Por esta razón, pues, necesitan de algún derecho por el cual sean dirigidas y ordenadas rectamente en este género de comunicación y sociedad" (*De Legibus ac Deo Legislatore*, II, cap. XIX, nº 9).

b) *Causa material de la sociedad internacional*

1266.- La causa material es aquello de que se hace un ser o en lo que existe o subsiste.

La sociedad internacional o de las Naciones, está hecha, como su nombre lo indica, de los Estados, y en ellos existe.

En toda sociedad, como nos lo enseña la filosofía tomista, la causa material la constituyen los socios o asociados. En este caso, ellos son los mismos Estados, de un modo formal y propio, si bien, como veremos, los individuos pueden también, de un modo más bien material, considerarse como sujetos de la sociedad internacional.

80 De Indis, II, De los Títulos legítimos por los cuales pudieran venir los bárbaros a poder de los españoles, 2, 1ª; Obras de Francisco de Vitoria, Relecciones Teológicas, con introducción y notas de Fray Teófilo Urdanoz O. P., Biblioteca de Autores Cristianos, Madrid, 1960, pág. 706.

81 Urdanoz O. P., Fray Teófilo, Introducción referida en la nota anterior, págs. 567 y ss.

c) *Causa formal de la sociedad internacional*

1267.- Se puede decir que la forma de la sociedad es el orden de sus partes para el bien del conjunto, el cual es también su fin; con lo que se cumple la sentencia de Santo Tomás de que en un todo que es uno por el orden de sus partes, el fin es ese propio orden, y el fin se confunde, en cierto modo, con la forma.

El bien común es, en toda sociedad, un bien de orden, que constituye, al mismo tiempo, la forma social, proveniente de la autoridad.

d) *La autoridad internacional*

1268.- ¿Hay una autoridad internacional? Tiene que haberla, ya que los seres son por su forma, y la forma social proviene de la autoridad; sin ella, pues, no habría sociedad internacional.

Esta autoridad, mientras el legítimo acuerdo de los Estados no disponga otra cosa, reside en el conjunto de ellos, que por mayoría, en forma expresa, o según el modo imperfecto del derecho consuetudinario, pueden promulgar —como siempre lo han hecho— verdaderas leyes internacionales, dentro de la órbita de sus atribuciones, las que, excusado es decirlo, están limitadas por el Derecho natural.

Vitoria ha sido en el reconocimiento de esta autoridad internacional terminante y explícito. He aquí algunos textos:

> "... Y ciertamente hay muchas cosas que proceden del derecho de gentes, el cual, por derivarse suficientemente del derecho natural, tiene manifiesta fuerza para obligar. Y dado que no siempre se derive del derecho natural, parece que basta que sea el consentimiento de la mayor parte del mundo, sobre todo si es en favor del bien de todos". (*De Indis*, Rel. Iª, parte segunda, nº 4)
>
> "... los príncipes, no solo tienen autoridad sobre sus súbditos, sino también sobre los extraños para obligarlos a que se abstengan de hacer injuria, y esto por derecho de gentes y en virtud de la autoridad de todo el orbe". (Rel. IIª *De Indis*, nº 19)
>
> "Y si la república puede hacer esto con sus súbditos (ejercer poder penal), no hay duda de que el orbe podrá también hacerlo con los hombres perniciosos y malvados, y esto ha de ejecutarlo por medio de los príncipes. Luego, ciertamente pueden los príncipes castigar a

los enemigos que hicieren alguna injuria a la república". (*Op. cit., loc. cit.*).

Como puede apreciarse, Vitoria reconoce en la sociedad universal, una potestad o autoridad legislativa, judicial y ejecutiva.

Pero sobre el poder legislativo. Vitoria es aún más claro y explícito en otro texto, que transcribiremos para terminar este apartado. Dice así:

> "... el derecho de gentes, no solo tiene fuerza por el pacto y convenio de los hombres, sino que tiene verdadera fuerza de ley. El orbe todo, que en cierta manera forma una república, tiene poder de dar leyes y se desprende que pecan mortalmente los que violan los derechos de gentes, ya en paz, ya en guerra, en los asuntos graves, como en la intangibilidad de los legados (embajadores). Y ninguna nación puede creerse menos obligada al derecho de gentes, porque está dado con la autoridad de todo el orbe" (De la Potestad Civil, nº 21, *in fine*).[82]

Finalmente, cabe observar que Vitoria ve en los gobernantes de cada nación, verdaderos órganos ejecutivos y judiciales de la autoridad internacional, en aquello que a sus naciones les afecte (Rel. *De Indis*, IIª, nºs 17 y 19).

e) *Causa eficiente de la sociedad internacional*

1269.- La causa eficiente de la sociedad internacional, siendo ella natural, como se ha dicho, no puede ser otra que la misma naturaleza humana.

Así lo señala también Vitoria, cuando dice, tratando del primer título del que puede derivarse el derecho de los españoles en los indios que es el de "la sociedad y comunidad natural", que "la naturaleza estableció cierto parentesco entre los hombres" y que es, en consecuencia, "contra el derecho natural que el hombre se aparte del hombre sin causa alguna" (Rel. Iª *De Indis*, 2ª parte, nº 3, párrafo 6).

Ahora bien, si la sociedad internacional es de derecho natural, ¿por qué tantos dudan de su existencia, y tan repetidamente son vulnerados sus fueros?

---

82 En el ejemplo de la inviolabilidad de los legados, yerra Vitoria, al dar aquella por de derecho humano internacional, a causa de su error (*Vid.* nº 710) de considerar derecho positivo o meramente humano al Derecho de gentes. Si bien, según estima el P. Santiago Ramírez, Vitoria en las Relecciones sobre los Indios habría abandonado este error, aquí el mismo parece resurgir, pues la inviolabilidad de los legados (embajadores) es ciertamente de Derecho natural secundario, el cual por los juristas romanos y Santo Tomás es llamado "de gentes".

Porque la sociedad internacional es de derecho natural secundario, y dentro del orden de preceptos secundarios, es decir de los que se obtienen de los primarios por vía de conclusión, hay que declarar —pensamos— que los que la rigen son de conclusión remota, es decir, de tercer grado.

Ello se prueba, en primer lugar, por el hecho mismo de su desconocimiento, que ya apuntamos, el que sería imposible si se tratase de preceptos primarios, o secundarios de segundo grado. Prácticamente nadie ha negado el Estado, porque se trata de una sociedad preceptuada por derecho natural primario. El contraste es bien sugestivo.

Y conviene consignar que incluso iusnaturalistas han negado la sociedad internacional, tanto entre los católicos como entre los protestantes.

Como ejemplo de los últimos, baste recordar el caso de Grocio, y como ejemplo de los primeros, podemos señalar, entre nosotros, al ilustre Fernández Concha.[83]

En segundo lugar, el que la sociedad internacional sea de derecho natural secundario, se prueba porque es de derecho natural primario lo que es un fin de la naturaleza, y de derecho natural secundario, lo que es un simple medio, aunque necesario, en virtud de aquella naturaleza, para la consecución de sus fines; y es claro que si bien la vida social es un fin, este se llena con la sociedad perfecta o Estado, y que la sociedad internacional es solo un medio para que el Estado sea más autosuficiente.

Por eso es que la sociedad internacional puede incluso desaparecer, lo que ocurrirá si el Mundo se unifica como un solo Estado. Sin embargo, su carácter de sociedad natural no se resiente por esta posibilidad, ya que siempre es la naturaleza la que la hace necesaria para una hipótesis de pluralidad de Estados, en la que el hombre no es libre de constituirla o no.

Ahora, dentro del derecho natural secundario, la norma que establece la sociedad internacional es solo una conclusión remota de los primeros principios, ya que solo la indagación de los sabios y prudentes puede descubrirla.

Al llegar a este punto, resulta fundamental hacer algunas precisiones. Entre los autores que afirman la existencia de una sociedad internacional

[83] "En rigor, el Derecho de Gentes no es parte del Derecho social, sino del individual, por cuanto las personas cuyas relaciones regula viven, no en estado de sociedad, sino de mutua independencia".
"... Los individuos están por la naturaleza destinados a vivir bajo una autoridad y régimen común, y las naciones a vivir en estado extra social..." (Filosofía del Derecho *cit.*, t. II°, pág. 398).

natural, hay dos corrientes bien diversas: unos estiman que esa sociedad existe desde que hay pluralidad de Estados o Naciones, cualquiera que sea el grado de progreso o evolución de la humanidad, y la etapa histórica en que se encuentre: la sociedad internacional existe desde los comienzos, porque los Estados son radical y esencialmente menesterosos unos de otros, y no lo son solo en virtud de circunstancias contingentes; otros autores, sostienen, en cambio, que la sociedad internacional nace cuando los Estados, que antes habían sido autosuficientes, dejan de serlo, porque el progreso de la humanidad los va haciendo interdependientes en el conseguimiento de fines y metas nuevos, surgidos de los sucesos históricos, entre los cuales, uno de los que más influjo tendría en producir esta situación, sería el desarrollo material. En último término, sería el propio Estado el que se trasladaría al plano mundial, y los actuales Estados perderían su calidad de tales: la sociedad internacional no sería una comunidad de Estados, entonces, sino que simplemente, un gran Estado que abarcase todo el Mundo.

Entre los sostenedores de la primera concepción, podríamos citar a Dante, a Vitoria, a Suárez, y al Padre Teófilo Urdánoz y muchos otros entre los modernos. Entre los que comparten la segunda posición está Maritain. Para estos, como dijimos, no hay una sociedad mundial internacional sino a partir del momento en que los Estados dejen de ser sociedades perfectas; y si la hay, es una entidad meramente moral, no una sociedad en el orden jurídico, que es el que a los juristas nos interesa, y el de que aquí se trata.[84]

---

[84] "Para Tomás de Aquino, así como para Aristóteles, la autosuficiencia (no digo total sino autosuficiencia relativa) es la propiedad esencial de la sociedad perfecta, que es a su vez la meta hacia la cual tiende la evolución de las formas políticas humanas; y el primer bien garantizado por una sociedad perfecta —un bien que se consubstancia con su vida y su unidad— es la paz interna y externa. Como resultado, cuando una forma particular de sociedad, como la ciudad, no *puede* lograr esa autosuficiencia, o sea bastarse a sí misma, ni alcanzar la paz, ha dejado de ser una sociedad perfecta y pasa a serlo otra en su lugar, como por ejemplo el reino".

"Por tanto, estamos autorizados a concluir, siguiendo la misma línea de razonamiento, que cuando los reinos, naciones o estados no puedan alcanzar la paz ni bastarse a sí mismos, es que han dejado de ser sociedades perfectas, y es otra más amplia, definida por su capacidad para alcanzar la paz y la autosuficiencia —por consiguiente, en nuestra época, la comunidad internacional políticamente organizada— la que se ha convertido en una sociedad perfecta" (El Hombre y el Estado, Editorial del Pacífico S.A., Santiago de Chile, 1ª ed., 1974, págs. 250 y 251).

"De acuerdo con los mismos principios, fue solo sobre un terreno meramente moral, reforzado en la medida de lo posible por los lazos legales y de costumbre nacidos del mutuo acuerdo, o en otras palabras, fue por virtud del derecho natural y del *ius gentium* o ley común de la

Ahora bien, ¿quién tiene la razón? Es claro que los primeros. La segunda teoría es más obvia, más fácil de aceptar, en cierto en cierto aspecto, a primera vista: desde luego, no exige solucionar la aporía, la aparente antimonia, de la existencia de una sociedad de sociedades perfectas: lo que es perfecto, no parece requerir de complementación; además, no exige el esfuerzo de abstracción de considerar sociedad jurídica a una entidad que a través de la Historia, se ha mostrado, sin duda, demasiado tenue, y cuyo derecho habría tenido un grado de coactividad muy exiguo; pero esta teoría es —valga la paradoja— profundamente superficial: deja sin satisfacer en el plano filosófico, todas las exigencias derivadas de la unidad metafísica del género humano; y deja sin explicar, en el plano jurídico, nada menos que todo el derecho internacional positivo no convencional, y, en última instancia, todo el derecho internacional, siendo de la esencia de la norma jurídica informar a una sociedad cuya autoridad la dé y promulgue, tratándose de la ley positiva, y la mantenga, aun en el caso de la ley natural. Además, una sociedad de Estados que han dejado de ser sociedades perfectas, ya no es una sociedad internacional, siendo aquel carácter de la esencia del Estado o Nación.

La primera teoría, por el contrario, concuerda con los requerimientos jurídicos derivados del hecho de ser los hombres, por su naturaleza —y por ende, a través de toda la historia— radical, esencialmente complementarios entre sí; y concuerda también, con la existencia del Derecho Internacional en general, y, de modo especial, con la de su parte positiva no convencional, que ningún internacionalista con sentido común se atrevería a desconocer. Cómo puede esta doctrina superar la aporía de que hablamos más arriba, lo veremos luego, en el curso de esta exposición.

---

civilización, que estado y reinos, en tanto que respondieron en una forma aproximada aunque suficiente al concepto de sociedad perfecta, hubieron de cumplir sus obligaciones hacia la "comunidad mundial", esa sociedad internacional cuya existencia y dignidad siempre afirmaron los doctores y juristas cristianos, así como la conciencia común de la humanidad... Pero cuando los cuerpos políticos particulares, nuestros pretensos estados nacionales, llegan al momento en que son incapaces de lograr la autosuficiencia y de garantizar la paz, retroceden definitivamente del concepto de sociedad perfecta, y entonces cambia el panorama necesariamente: puesto que es la comunidad internacional la que en lo sucesivo pasa a ser la sociedad perfecta, las obligaciones de los cuerpos políticos particulares habrán de cumplirse, para con el todo, no solo sobre una base moral, sino también sobre una base jurídica: no solo por virtud del derecho natural y del *ius gentium*, sino también en virtud del derecho positivo que habrá de establecer la sociedad mundial políticamente organizada y cuyo gobierno tendrá que poner en vigor" (*Op. cit.*, pág. 251).

Para completar esta visión sobre la causalidad eficiente de la sociedad internacional, nos falta distinguir en la primera escuela cuya enseñanza hemos esbozado, dos variantes, dos matices. Entre los que aceptan y defienden la existencia de la sociedad de Estados, siendo estos perfectos —sin necesidad de que hayan dejado de serlo—, hay, como observa Fray Teófilo Urdánoz, quienes estiman que aquella solo nace a partir de un cierto grado de evolución de la humanidad, en que los Estados comenzarían a ser interdependientes; y hay también quienes enseñan que la sociedad internacional existe siempre, por aislados que puedan vivir de hecho los Estados en un momento dado de la Historia, ya que la existencia de aquella se basa única y suficientemente en una propiedad estructural del ser humano. Entre los últimos pone Urdánoz a Vitoria y se inscribe por cierto él; entre los primeros, señala a varios escolásticos de fines del siglo pasado, como Taparelli y Cathrein, y su teoría la llama muy expresivamente, de "derecho natural retardado".[85]

Surge otra vez la pregunta, ¿quién está en la razón? Y la respuesta es que los últimos, porque si la sociedad internacional tiene y puede tener como socios a cuerpos políticos perfectos, como se ha visto, y ello porque siempre todos los hombres están afectados por una esencial ordenación de unos a otros, es claro que aquella sociedad tiene que haber existido desde que se haya producido pluralidad de Estados, cualquiera que haya sido el grado de comunicación que en el hecho hayan tenido entre sí.

f) *El carácter de sociedad perfecta del Estado y su integración en la sociedad internacional*

1270.- Entendida la perfección como posesión de los medios materiales y jurídicos necesarios para obtener el desarrollo temporal de sus miembros dentro de lo que los concretos condicionamientos históricos y materiales permitan, ningún inconveniente hay en la pertenencia del Estado a una sociedad de Naciones, que mejorando aquellos condicionamientos, le permita dar a sus miembros un desarrollo temporal mayor.

Podría decirse que, entonces, el Estado, la sociedad autosuficiente y perfecta, se trasladaría a esa sociedad de Naciones, viniendo a coincidir con ella, y que, en ningún caso tendríamos, rigurosamente hablando, sociedad de Estados.

[85] Urdanoz, Fr. Teófilo, O. P., "*Introducción a la Relección primera De Indis*", Obras de Francisco de Vitoria, *Relecciones teológicas*, Biblioteca de Autores Cristianos, Madrid, 1960, págs. 583 y 584.

A esto replicamos que tal sociedad de Naciones no será el Estado, ni de sí autosuficiente, toda vez que por sí, no podrá realizar la labor de los Estados: dar a sus miembros el competente desarrollo temporal, careciendo de los medios para ello: de la posibilidad material, y, en consecuencia, jurídica, de hacerlo. En efecto: suprimidos los Estados, tal sociedad no sería capaz de substituirlos.

Luego, la sociedad de Naciones, no es formalmente perfecta ni autosuficiente, si bien de un modo impropio y material pudiera llamarse así, en razón de la perfección de sus miembros.

Tal es la perfección del Estado según la mente de Aristóteles y de Vitoria: una autosuficiencia no de medios materiales, sino de medios jurídicos, que permitan ir obteniendo aquellos con la virtud que ejerce la forma sobre la materia. Por eso es que Aristóteles dice que el Estado es virtualmente autosuficiente, pero no que lo sea en acto,[86] y Vitoria refiere la autosuficiencia a la posesión de todos los medios jurídicos necesarios para conseguir el fin del Estado, lo que le permitió incardinarlo sin más en la sociedad internacional. Congruente con este pensamiento, Vitoria declara perfectos a los Estados que están sometidos a una federación o comunidad superior, aunque inferior a la sociedad internacional, y los distingue de las simples provincias de un Estado.[87]

g) *Contenido del bien común internacional*

1271.- El fin de la sociedad internacional es el bien de sus socios, y siendo estos, los Estados, sociedades perfectas, su fin ha de ser el hacerlos más perfectos y más autosuficientes. De modo alguno podrá, pues, la sociedad internacional usurpar las atribuciones de los Estados, ni tender a substituirlos.

El bien común internacional es objeto de una justicia legal, que deben observar inmediatamente los Estados, y, mediatamente los individuos, ordenándose aquellos y estos, al bien de la sociedad internacional mediante el cumplimiento de sus leyes así naturales como positivas.

Naturalmente, se dan también en la sociedad internacional, la justicia conmutativa, que rige entre los Estados individualmente considerados, y la justicia distributiva, que ordena al todo a cada una de sus partes en cuanto tales.

Los derechos objeto de la justicia conmutativa son perfectos y dan acción para vindicarlos, incluso coactivamente, la que es esencial a su naturaleza jurídica.

---

[86] Aristóteles, Política, 1253 a.

[87] Rel. IIª. *De Indis*, nºs 8 y 9.

Si no hay un tribunal especial, cada Estado, como lo establece Vitoria, puede vindicar las injusticias que con él se cometan, como órgano de la potestad judicial mundial. Además, recuérdese que Vitoria y Ginés de Sepúlveda consideraron entre los justos títulos de España para la conquista de América, el que pudiera esta ser necesaria para impedir los sacrificios humanos y el canibalismo (*vid.* n°s 710 y 711). Y recuérdese que Rawls estima que en casos de graves violaciones de los derechos humanos, organismos internacionales pueden tener autoridad para aplicar sanciones económicas e incluso realizar una intervención militar (*vid.* n° 847). Grocio —por su parte—, tratando particularmente de este punto dentro de su sistema de derecho internacional, nos dice que los soberanos pueden castigar no solo las injusticias cometidas contra ellos y contra sus súbditos, sino también las que no refiriéndose a ellos en particular, importen "una violación enorme del derecho natural o de gentes", quienquiera que sea la víctima. Pone Grocio el caso de los sogdianos, que mataban a sus padres antes de que Alejandro Magno los persuadiera de dejar esta costumbre bárbara, y el de los caníbales, y también menciona a los piratas y corsarios.[88]

Como cualquier bien común supone un desarrollo de todo el organismo en que reside, el bien común internacional supone también esa armonía, de modo que la justicia legal internacional obliga a los Estados más poderosos a ayudar a los que están en vías de desarrollo, como luminosamente enseña el Padre Urdanoz, tantas veces citado.[89]

La sociedad internacional, inscrita como está en el rango de la sociabilidad perfecta, tiene dominio eminente sobre todos los bienes de sus súbditos, pudiendo disponer de ellos en cuanto lo exija el bien común del género humano; y tiene dominio eminente sobre los bienes comunes a todos los hombres, o que no han sido objeto aún de apropiación por los Estados.

También entre los Estados, al igual que entre los individuos, la propiedad privada solo tiene sentido para asegurar que todos participen de los bienes de la Tierra, que la naturaleza hizo a todos comunes. De modo que el bien

---

[88] *De Iure Belli*, L. II, c. XX, n° XL, 3. Un trabajo relativamente reciente y de gran interés sobre esta materia es la obra ¿Violencia Necesaria? La Intervención Humanitartia en Derecho Internacional, de Consuelo Ramón Chornet, profesora de Derecho Internacional Público en la Universidad de Valencia, Editorial Trotta, Madrid, 1995.

[89] *Op. cit.*, págs. 595 y 596. Esta es también la doctrina de la Iglesia. Véase "Grazie", radiomensaje de Navidad de S. S. Pío XII, de 1940, n° 26.

internacional supone que todos los Estados tengan un real y efectivo acceso a las riquezas del Mundo.[90]

Los Estados tienen derechos fundamentales, a modo de los derechos fundamentales de la persona humana individual, que la sociedad internacional debe respetar: nadie los ha señalado con más claridad que Su Santidad Pío XII, desde un punto de vista estrictamente natural, prescindiendo de la Revelación. En seguimiento de él, podemos consignar: derecho de la existencia, derecho al respeto y al buen nombre, derecho a una manera de ser y a una cultura propia; derecho al propio desenvolvimiento; derecho a la observancia de los tratados internacionales;[91] derecho a la libertad política, a la neutralidad en los conflictos bélicos y a la tutela de su propio desarrollo económico.[92]

Por último, réstanos decir que los derechos de los Estados, todos sin excepción, están limitados por el bien común internacional.

Esto debe decirse muy especialmente de la autoridad o soberanía, cuyo pretendido carácter absoluto —según algunos— es incompatible con la existencia misma de la sociedad internacional.

Por eso es que los autores modernos, como lo explica Charles Rousseau, van abandonando el concepto mismo de soberanía. Y por eso es que Grocio, que fue absolutista, hasta el punto de sostener que a los reyes solo es lícito juzgarlos después de muertos y castigarlos con privación de pompa en la sepultura, no concibió la sociedad internacional; y en cambio Vitoria, fundador glorioso del populismo español, estableció su existencia y delimitó sus características, mereciendo el título indiscutible y ya indiscutido de fundador del Derecho internacional.

---

[90] "En el campo de un nuevo orden fundado sobre principios morales, no hay lugar para los estrechos cálculos egoístas, que tienden a acaparar para sí las fuentes económicas y las materias de uso común, de forma que las naciones menos favorecidas por la naturaleza queden excluidas…".

"Pero la equidad exige que una solución de esta cuestión, decisiva para la economía del mundo, se logre metódica y progresivamente con las necesarias garantías, y aproveche la lección de los errores y de las omisiones del pasado. Si en la futura paz no se llegase a afrontar animosamente este punto, quedaría en las relaciones entre los pueblos una honda y vasta raíz que será fuente de amargas desigualdades y exasperantes envidias, que terminarían conduciendo a nuevos conflictos" (Radiomensaje de Navidad de 1941, Nell' Alba, de S. S. Pío XII, n° 21).

[91] Pío XII, "Comunidad Internacional y Tolerancia", discurso al 1er Congreso de los Juristas Católicos Italianos, n° 5.

[92] Nell' Alba, n° 19, Pío XII, 24-XII-1941.

Capítulo
Décimo Séptimo
La Sociedad Civil (IV)

EL ESTADO Y LA IGLESIA

a) *La Revelación y el fin último sobrenatural del hombre*

1272.- Dijimos al estudiar el fin último del hombre, que este tiene un fin último natural: el conocimiento de Dios a través de las creaturas, y el amor de Dios, y por amor de Él, el amor de sí mismo y de las demás creaturas; y dijimos que este fin último natural se logra plenamente después de la muerte, por conocer el alma de cada cual a Dios al conocerse a sí misma por sí misma —no volviéndose a las imágenes de la sensibilidad—, ya que el alma humana es imagen y semejanza de Dios (n°s 565, 567,574 a 577 y 580-581). Y dijimos, también, que el hombre tiene un fin último sobrenatural: el conocimiento de Dios y consiguiente amor de Él en la vida futura, para lo cual Dios gratuitamente —esto es, más allá de lo que corresponde a la naturaleza humana— le da al hombre una vida sobrenatural, que es participación en la propia vida íntima de Dios, vida sobrenatural que por ser gratuita o dada por gracia, se llama "vida de la gracia". Nos remitimos al respecto a lo que expresamos en los numerandos 582 a 584 de esta obra.

Añadimos que este fin último sobrenatural lo conocemos por la revelación hecha por Dios al mundo: al pueblo de Israel en el Antiguo Testamento, y después a todo el mundo directamente a través de Nuestro Señor Jesucristo, Segunda Persona de la Santísima Trinidad, Hijo de Dios encarnado, Dios y hombre verdadero, en el Nuevo Testamento.

Nuestro Señor Jesucristo tomó la naturaleza humana, y mediante su pasión y muerte redimió al linaje humano del pecado original, cometido por nuestros primeros padres, Adán y Eva, que desobedecieron a Dios; pecado que había significado para ellos y su descendencia quedar privados de la vida de la gracia y del fin último sobrenatural. Es lo que nos enseña la revelación de que venimos tratando, contenida en la Biblia y en la tradición de la Iglesia fundada por nuestro Señor Jesucristo.

Esa misma revelación nos dice que Jesucristo instituyó sacramentos o signos sensibles para comunicarnos la vida sobrenatural: el primero de ellos es el bautismo, que borra de las almas el pecado original, y nos incorpora misteriosa pero realmente, al darnos participación en la vida divina, a nuestro Señor Jesucristo, haciéndonos hijos de Dios por adopción: hijos de Dios y no simples creaturas de Dios. También instituyó Jesús otros sacramentos: la confesión, para el perdón de los pecados en que podamos incurrir después del bautismo; la eucaristía, que es la renovación sin derramamiento de sangre —incruenta— del sacrificio de la cruz, y en que se nos da de alimento el propio Cristo, en el que se han convertido el pan y el vino en la misa, bajo las apariencias o accidentes del pan y del vino; el sacramento del orden sacerdotal, para que el sacerdocio de Cristo —función de mediar entre los hombres y Dios— se comunique a otros hombres que prolonguen su misión en este mundo por medio de la predicación de la palabra de Dios y la administración de los sacramentos que comunican la vida sobrenatural, etc.

b) *La Iglesia fundada por Cristo*

1273.- Cristo estableció una comunidad sobrenatural entre todos los bautizados: todos, miembros de Cristo como partícipes de su vida de Hijo de Dios. Esta comunidad es la Iglesia, la cual constituye una sociedad que tiene un bien común: la participación en la vida divina y el orden conveniente para que todos puedan conservarla y acrecentarla, logrando la semejanza con Cristo —santidad— a que Dios los llama.

Esta sociedad que es la Iglesia, como toda sociedad, tiene una autoridad, la cual es ejercida por el Romano Pontífice, y en sumisión a él y comunión con él, por los Obispos, pastores y Doctores de las diversas diócesis o circunscripciones en que para su gobierno se divide la Iglesia. El Papa y los Obispos constituyen la Jerarquía de la Iglesia, y en el sacerdocio de los Obispos participan los simples sacerdotes o presbíteros.

c) *La divinidad de Jesucristo Hijo de Dios y de su Iglesia*

a') *Se conoce por la fe*

1274.- La divinidad de Jesucristo, hijo de Dios, se conoce por fe: asentimiento que préstamos a lo que Él dice, movida nuestra voluntad a querer creer, por un impulso divino, que es la gracia de Dios.

No hay demostraciones que pueda hacer la razón del hombre para probar que Jesucristo es Dios, y para probar lo que Jesucristo nos ha revelado: que en Dios hay tres personas, Padre, Hijo y Espíritu Santo, y un solo Dios no más; y que la Segunda Persona: el Hijo, se encarnó para padecer por nosotros, a fin de que el Padre Eterno nos perdonara el pecado original y nuestros pecados personales, y los hombres quedásemos reconciliados con Dios, y pudiéramos ya principiativamente en esta vida, y definitivamente en el cielo, después de la muerte, participar de la vida misma de Dios; y qué conducta debemos observar para llegar al cielo, etc.

Pero la fe se basa en motivos para creer, o motivos de credibilidad, que nos hacen ver que es muy conforme con la razón todo lo anterior: la divinidad de Jesucristo, y la verdad de lo que Él nos ha revelado acerca de Dios y su plan de redención respecto de nosotros, y de que nos dará la vida eterna como participación de la vida divina, si cumplimos sus mandamientos. Otro tanto ocurre con la revelación que nos había hecho Dios antes en el Antiguo Testamento. Estos motivos de credibildad nos llevan, con el auxilio de la gracia, a ver que es Dios quien nos hace revelación, y a amarlo como tal, y a tenerlo por testigo veraz de todo lo que nos dice.

b') *Motivos de credibilidad de la divinidad de Jesucristo*

1275.- Los motivos de credibilidad de la divinidad de Jesucristo son, entre otros: I°) la santidad de su vida; II°) sus milagros; III°) la sabiduría de su doctrina; IV°) el cumplimiento en Él de las profecías del Antiguo Testamento, y aun de las de los pueblos pagamos; V°) su resurrección de entre los muertos; VI°) el carácter de institución sobrehumana de su Iglesia; VII°) lo que Él afirmó de sí; VIII°) El cumplimiento de los anuncios de Jesucristo.

I°) *La santidad de la vida de Nuestro Señor Jesucristo*

1276.- La vida de Jesucristo fue completamente santa, inmaculada, y absolutamente congruente con su doctrina, lo que la experiencia personal de cada uno de nosotros, relativa a los propios actos, y a los de sus semejantes, nos enseña que no puede decirse absolutamente de ningún ser humano; ni siquiera de los que son tenidos por buenos y virtuosos. Esta completa y perfecta santidad de la vida de Jesucristo es uno de los principales argumentos de su divinidad, y particularmente si se agrega el hecho de que Él proclamó ser Dios: Hijo de Dios y una misma cosa con su Padre (Juan 10, 30; 11, 25-27; 7, 28-29; 5, 18; 4, 26; 8, 42 y 58; 10, 33 y 35-36; 14, 5-11; 14, 25 a 30; 19, 7). La proclamación de su filiación divina es el cargo que se le hace para que sea condenado a muerte (Lucas 22, 67-70; Marcos 14, 61-62; Mateo 26, 63-64).

1277.- La santidad de Jesús consta del hecho de que los judíos, queriendo obtener su condenación a muerte, no pudieron hacerle otro cargo que el que se hubiera proclamado Hijo de Dios (Juan 5, 18, y 19, 7; Lucas 22, 67-70; Marcos 14, 61-63; Mateo 26, 63-64); y consta por el juicio de quienes oían de Él su enseñanza, como los habitantes de Sicar, que dijeron a la samaritana a quien Jesús pidió agua, después de tratarlo: "Ya no creemos por tu palabra, pues nosotros mismos hemos oído y conocido que este es verdaderamente el Salvador del mundo" (Juan 4, 42); y como Marta, de Betania, que le dijo: "... yo creo que tú eres el Mesías, el Hijo de Dios, que ha venido a este mundo" (Juan 11, 27); y como el centurión presente en la crucifixión, que viendo morir a Jesús dijo: "Verdaderamente este hombre era justo" (Lucas 23, 47); y como el Buen Ladrón, que dijo al otro ladrón: "¿Ni tú, que estás sufriendo el mismo suplicio, temes a Dios? En nosotros se cumple la justicia, pues recibimos el justo castigo de nuestras obras; pero este nada malo ha hecho", y dirigiéndose a Jesús decía: "Jesús, acuérdate de mí cuando llegues a tu reino" (Lucas 23, 40-43), etc.

1278.- La santidad de Jesús consta también por sus biógrafos, los evangelistas, y por lo que dijo de Jesús, Pedro al centurión Cornelio: "... pasó haciendo el bien" (Hechos de los Apóstoles 10, 38).

Consta por la misión que llevó a cabo, y que Él describió con la profecía de Isaías que hablaba de Él, y que leyó en la sinagoga de Nazaret: "El espíritu del Señor está sobre mí, porque me ungió para evangelizar a los pobres; me envió a predicar a los cautivos la libertad, a los ciegos la recuperación de la vista; para poner en libertad a los oprimidos, para anunciar un año de gracia del señor" (Lucas 4, 18-19); porque nació y vivió en la pobreza sin tener ni reclamar riquezas ni honores para sí; por lo que pudo decir a quienes querían seguirlo: "Las raposas tienen cuevas y las aves del cielo nidos; pero el Hijo del Hombre no tiene dónde reclinar la cabeza" (Lucas 9, 58); y porque aceptó voluntariamente su pasión y muerte, que había previsto le acarrearía su predicación y anuncio del reino de Dios (Lucas 9, 44; Marcos 8, 31-33), a fin de ofrecer al Padre un sacrificio digno de Él para merecernos el perdón de nuestros pecados, y para que entendiéramos el mal del pecado al ver el castigo atroz que sufría Él —inocente— en lugar de nosotros.

La santidad de Jesús consta también porque nadie en toda la historia le ha imputado nunca falta moral alguna, ni siquiera entre los que no creen en Él.

II°) *Los milagros de Jesucristo*

1279.- Hizo Jesucristo innumerables milagros, que refieren los evangelios; es decir, hechos que salían de los límites fijados por las leyes de la naturaleza: sanaciones de ceguera y sordera, parálisis, etc.; resurrección de muertos, por medio solo de su voluntad; lo que demuestra un dominio de las leyes de la naturaleza que solo el creador de ellas —Dios— puede tener.

III°) *La sabiduría de la doctrina de Jesucristo*

1280.- Las verdades que Jesucristo nos reveló sobre Dios y su plan de salvación; o que nos revelaba el Antiguo Testamento, que Él confirmó y coronó con el nuevo; son tales que la razón humana no habría podido llegar a ellas; pero tales, también, que esa misma razón humana —una vez que le han sido reveladas— puede percibir la grandeza, valor y belleza de las realidades que reflejan, y la conveniencia de estas con otras realidades que el hombre conoce. Así ocurre, por ejemplo, con el misterio de la Santísima Trinidad: el hombre no habría podido saber que en Dios hay tres personas y un solo Dios: el Padre; la imagen que Padre tiene de sí, que es tan perfecta que es otra persona, el Verbo, el Hijo; y el amor que ambos se tienen, tan perfecto, que es también persona: el Espíritu Santo; pero sabido esto por la revelación, no puede dejar el hombre de percibir que está muy bien que sea así: que Dios no sea solo, sino familia, por así decirlo; el hombre no habría podido nunca alcanzar las verdades del destino suyo sobrenatural de asemejarse a Dios: de que él ha sido llamado gratuitamente, sin que su naturaleza misma lo exija, a ser hijo de Dios por adopción, y amigo de Dios, a quien Jesús comunica todo lo que ha oído a su Padre (Juan, 15, 14-15); participando misteriosamente de la vida íntima de Dios, por la gracia santificante: presencia especial de Dios en el hombre, que culminará, después de una vida de amor a Dios y al prójimo, con la visión y amor de Dios en el cielo (Juan, 16, 9-11 y 17; 17, 3 y 20-26); el hombre no habría podido nunca alcanzar las verdades del Pecado Original, de la Encarnación del Hijo de Dios, y de la Redención; pero reveladas ellas, no puede dejar de percibir la conveniencia, y bondad infinita de que así haya procedido Dios; y otro tanto puede decirse de la Eucaristía, de los demás sacramentos, de la institución de la Iglesia, etc.; de la belleza moral de las bienaventuranzas; del orden admirable y contenido de las súplicas de la oración llamada Padrenuestro, etc.

Por otra parte, es manifiesto que estas verdades que el hombre no puede sino admirar, y adorar a Dios por ellas, no se le habrían podido ocurrir —y de hecho no se le han ocurrido— a ningún hombre, todo lo sabio que se quiera.

IVº) *El cumplimiento en Jesucristo de las profecías del Antiguo Testamento y aun de los anuncios de los pueblos paganos*

a") *Profecías del Antiguo Testamento*

1281.- Después del pecado original, fuera el hombre del paraíso, no quedó, con todo, librado a su suerte. Dios le había prometido que su enemigo, el Demonio, que lo había inducido a la desobediencia, haciéndole perder el estado de santidad en que había sido creado, sería aplastado —vencido—, en definitiva, por el linaje de la mujer (Génesis 3, 15). Hay aquí un primer anuncio, hecho por Dios mismo, del Salvador, de Jesucristo.

1282.- Dios quiso, respetando la libertad del hombre, y con sabia pedagogía, preparar la misión del Salvador formándose un pueblo aparte —el pueblo elegido— para irle revelando las verdades de la religión y los preceptos morales básicos y establecer el sacerdocio y un culto oficial a Dios; cosa que a partir de ese pueblo, pudieran después propagarse la revelación y la práctica religiosa al resto de las naciones: las gentes. Para ello hizo Dios salir a Abraham de su tierra, diciéndole: "Sal de tu país y en ti serán benditas todas las naciones" (Génesis XXII, 18). Aquí hay un segundo anuncio del Redentor. Y dijo a Isaac "... yo estaré contigo y te bendeciré, pues a ti y a tu descendencia daré todas estas tierras, cumpliendo el juramento que hice a Abraham, tu padre, y multiplicaré tu descendencia como las estrellas del cielo, y le daré todas estas tierras, y se gloriarán en tu descendencia todos los pueblos de la tierra..." (Génesis XXVI, 3-4). Hay aquí un tercer anuncio del Redentor y se confirma la fundación de un pueblo del cual Él saldrá.

1283.- Más adelante dijo Dios a Jacob, el menor de los hijos de Isaac: "Yo soy Yavé, el Dios de Abraham, tu padre, y el Dios de Isaac; la tierra sobre la cual estás acostado te la daré a ti y a tu descendencia. Será esta como el polvo de la tierra, y te ensancharás a occidente y a oriente, a norte y mediodía (sur), y en ti y en tu descendencia serán bendecidas todas las naciones de la tierra..." (Génesis, XXVIII, 13-14).

Luego Jacob, al morir, bendiciendo a sus hijos, anuncia a Judá que de él vendrá el Salvador: "No faltará de Judá el cetro ni de entre sus pies el báculo hasta que venga aquel de quien es, y a él darán obediencia los pueblos" (Génesis 49, 10).

Después hablando a Moisés, en el desierto, Dios confirmó la vocación de Israel como pueblo elegido, diciendo: "Vosotros habéis visto lo que yo he hecho a Egipto y cómo os he llevado sobre alas de águila y os he traído a mí. Ahora, sí oís mi voz y guardáis mi alianza, vosotros seréis mi propiedad entre todos los pueblos; porque mía es toda la tierra, pero vosotros seréis para mí un reino de sacerdotes y una nación santa".

1284.- De entre los descendientes de Judá, Jesé, padre del rey David, es indicado por el profeta Isaías como antepasado de Jesucristo: "Y brotará una rama del tronco de Jesé, y retoñará de sus raíces un vástago. Sobre el que reposará el espíritu de Yavé, espíritu de sabiduría y de inteligencia, espíritu de consejo y de fortaleza, espíritu de entendimiento y temor de Yavé... En aquel día el renuevo de la raíz de Jesé se alzará como estandarte para los pueblos. Y le buscarán las gentes, y será gloriosa su morada" (Isaías11, 1, 2 y 10).

Ahora bien, Jesé era el padre de David, y todos los profetas llaman al Mesías "el Hijo de David" (Isaías, 11; Jeremías 23, y 28,5; Ezequiel 34, 22 y 23).

El profeta Isaías, que era del Siglo VIII A.C., vio que Jesucristo nacería de una virgen: "Oye, pues, casa de David... El Señor mismo os dará por eso la señal: he aquí que la virgen grávida da a luz a un hijo y le llama Emmanuel" (Dios con nosotros) (Isaías 7, 13-14). Poco más adelante (9, 5-6), añade: "... Porque nos ha nacido un niño, nos ha sido dado un hijo, que tiene sobre su hombro la soberanía, y que se llamará maravilloso consejero, Dios fuerte, Padre Sempiterno, Príncipe de la Paz...".

Y el profeta Miqueas, contemporáneo de Isaías, indicó el lugar en que había de nacer Jesucristo:

"Pero tú, Belén de Efrata, pequeño para ser contado entre las familias de Judá, de ti nacerá quien señoreará en Israel, cuyos orígenes serán de antiguo, de días de muy remota antigüedad" (Miqueas 5,2).

1285.- El profeta Isaías (cap. 53) predijo también la pasión de Jesucristo, y la Iglesia que de ella derivaría:

> "¿Quién creerá lo que hemos oído? ¿A quién fue revelado el brazo de Yavé? Sube ante Él como un retoño de raíz en tierra árida. No hay en él parecer, no hay hermosura que atraiga las miradas, no hay en él belleza que agrade. Despreciado, deshecho de los hombres, varón de dolores, conocedor de todos los quebrantos, ante quien se vuelve el rostro, menospreciado, estimado en nada".
>
> "Pero fue él, ciertamente, quien tomó sobre sí nuestras enfermedades y cargó con nuestros dolores, y nosotros le tuvimos por castigado y herido por Dios y humillado. Fue traspasado por nuestras iniquidades y molido por nuestros pecados. El castigo salvador pesó sobre él, y en sus llagas hemos sido curados. Todos nosotros andábamos errantes, como ovejas, siguiendo cada uno su camino, y Yavé cargó sobre él la iniquidad de todos nosotros".
>
> "Maltratado y afligido, no abrió la boca, como cordero llevado al matadero, como oveja muda ante los trasquiladores. Fue arrebatado por un juicio inicuo, sin que nadie defendiera su causa cuando era arrancado de la tierra de los vivientes y muerto por las iniquidades de su pueblo. Dispuesta estaba entre los impíos su sepultura, y fue en la muerte igualado a los malhechores, a pesar de no haber en él maldad ni haber mentira en su boca. Es que quiso quebrantarle Yavé con padecimientos".
>
> "Ofreciendo su vida en sacrificio por el pecado, tendrá posteridad y vivirá largos días, y en sus manos prosperará la obra de Yavé. Librada su alma de los tormentos, verá y lo que verá colmará sus deseos. El justo, mi siervo, justificará a muchos y cargará con las iniquidades de ellos. Por eso yo le daré por parte suya muchedumbres, y recibirá muchedumbres por botín; por haberse entregado a la muerte y haber

sido contado entre los pecadores cuando llevaba sobre sí los pecados de todos e intercedía por los pecadores".

1286.- También los profetas anunciaron detalles de la pasión que después relatan como hechos históricos los evangelios. Isaías vio a Cristo abofeteado: "He dado mis espaldas a los que me herían, y mis mejillas a los que me arrancaban la barba. Y no escondí mi rostro ante las injurias y los esputos" (50, 6); David, también siglos antes, le vio con sus manos y sus pies traspasados: "... han taladrado mis manos y mis pies" (Salmo 22 [V 21], 17); y el mismo David vio sortear su túnica (mismo salmo, 19).

El anciano Simeón, perteneciente al Antiguo Testamento, y que se asomó, por así decirlo, al nuevo, al ver a Jesús niño en el templo, anunció su misión con estas palabras, que puntualmente se cumplieron y se cumplen: "Ahora, Señor, puedes ya dejar ir a tu siervo en paz, según tu palabra; porque han visto mis ojos tu salud (salvación), la que has preparado ante la faz de todos los pueblos; luz para iluminación de las gentes y gloria de tu pueblo, Israel". Y dirigiéndose a María, agregó: "Puesto está para caída y levantamiento de muchos en Israel y para blanco de contradicción; y una espada atravesará tu alma para que se descubran los pensamientos de muchos corazones".

Con estas palabras Simeón anunciaba la mala acogida que tendría, de parte de muchos, el Señor, y su pasión (Lucas, 2, 29-35).

1287.- El cumplimiento en la persona de Jesucristo de todas estas profecías es una prueba clarísima de que Él fue el salvador enviado por Dios para quitar el pecado del mundo, lo que por lo demás anunció también Juan el Bautista, el último profeta del Antiguo Testamento (Juan, 1, 29), y si este salvador dijo ser Dios Él, como hijo de Dios y una misma cosa con el Padre, tiene que serlo, pues el Salvador no podría habernos engañado en esto ni en nada.

Fuera de la Biblia, consta por el historiador romano —de origen judío— Flavio Josefo, que existían estas profecías desde antiguo, y que los judíos creían en ellas: "En los libros antiguos, que llaman ellos sagrados —dice—, decían expresamente que, hacia ese tiempo, veríase un hombre que, procedente de Judea, tomaría el gobierno de todo el mundo" (Guerra de Judea, Lib. VI, C, XXXI).[1]

[1] Citado por Monseñor Bougaud, Obispo de Gaval, El Cristianismo y los Tiempos Presentes, traducción de la 9ª edición francesa; 2ª ed., Barcelona. Herederos de Juan Gili, 1910, t. III, pág. 479.

b") *Anuncios de los paganos sobre Jesucristo*

1288.- Jesucristo fue anunciado también por los paganos, lo que resulta bastante sorprendente. Pueden citarse testimonios como los siguientes:

1°) Confucio, el filósofo y moralista chino de los siglos sexto y quinto A.C., esperaba al "verdadero Santo", que habría de nacer al Occidente (Judea estaba al Occidente de China): "¡Oh maestro! —decía a Confucio uno de sus discípulos— ¿No sois un hombre santo? —Por más que me empeñe, mi memoria no me sugiere nadie que sea digno de ese nombre —Pero ¿los tres reyes no fueron santos? —Los tres reyes, dotados de rara bondad, han sido enriquecidos con ilustrado poder, con invencible fuerza; mas yo, Khieu, no sé si fueron santos. —¿Los cinco señores no fueron santos? —Los cinco señores han obrado con caridad divina y justicia inalterable, mas yo, Khieu, no sé si fueron santos. Si es así, ¿quién es, pues, aquel a quien se puede llamar santo? —Yo, Khieu, he oído decir que, en las regiones occidentales *habría un santo*, que, sin gobernar, prevendría las revoluciones, sin discurrir, inspiraría la fe. Ningún mortal puede decir su nombre; pero yo, Khieu, he oído decir que era Él el verdadero santo".[2]

2°) En las Galias, Gran Bretaña e Italia, se esperaba, antes de Cristo, un salvador que nacería en Oriente —y Judea está al Oriente de esas regiones—. En las Galias se han hallado altares levantados por los druidas —sacerdotes de los antiguos celtas—, en los bosques, con la inscripción: "Virgini Pariturae Druides", "A la virgen que ha de parir, los Druidas". En el Altar de Nogent dice: "Matri Futurae Dei Nascituri", "A la madre futura de Dios que va a nacer".[3]

3°) En Cumas, antigua ciudad cercana a Nápoles, existió una famosa sibila —las sibilas eran videntes de la antigüedad greco-latina— que vaticinó el nacimiento de un niño bajado del cielo que inauguraría una nueva edad de oro, de paz, virtud y armonía. El poeta latino Virgilio, del siglo primero antes de Cristo, en su égloga IV, cantó a este niño y a su edad dorada, y la Iglesia ha visto en el vaticinio de la Sibila de Cumas y en el poema de Virgilio, anuncios de la venida de Jesucristo. Dice así el comienzo de la égloga IV de Virgilio, dedicada al Cónsul Pollio:

---

2 Bougaud, *op.* y t. *cit.*, págs. 476-477.

3 Bougaud, *op.* y t. *cit.*, pág. 478.

"Musas sicilianas, cosas algo mayores cantaremos;
No a todos agradan las arboledas y los humildes arbustos:
Si cantamos las selvas, sean las silvas dignas del Cónsul.
Llega ya la última edad del vaticinio de Cumas:
Nace el gran orden de la totalidad de los siglos.
Y vuelve ya la virgen, torna la edad de oro.
Ya del alto cielo es enviado el nuevo vástago.
Tú, casta Lucina, solo favorece al niño que nace,
Para que primero se acabe la gente de fierro (dura).
"Y surja en todo el mundo la gente de oro (virtuosa): Ya reina tu Apolo…".
"… Si quedan en alguna parte vestigios de nuestra maldad,
Perpetuamente abolidos librarán del miedo al mundo".
"Él por Dios recibirá la vida, y verá con los dioses
A los héroes, y será por ellos respetado".
"Y con los poderes paternos regirá el mundo pacificado".[4]

4°) En el diálogo *Alcibiades* de Platón, se habla del *Justo* que ha de venir al mundo (siglos V y IV A.C.).

5°) El historiador romano Tácito, del siglo primero después de Cristo, dice: "Había generalmente una persuasión bajo la fe de antiguas profecías, que el Oriente iba a prevalecer, y que no se tardaría en ver salir de Judea a los que regirían el universo" (Historias, lib. V, c. XIII).[5]

6°) Suetonio, historiador romano de siglo primero D.C., dice, a su vez:

---

4 "*Sicelides musae, paulo maiora canamus,*
Non omnes arbusta iuvant humilesque myricae:
Si canimus silvas, silvae sint consule dignae.
Ultima Cumaei venit iam carminis aetas:
Magna ab integro saecolurum nascitur ordo.
Iam redit et Virgo, redeunt Saturnia regna;
Iam nova progenies caelo demittitur alto.
Tu modo nascenti puero, quo ferrea primum
Desinet, ac toto surget gens aurea mundo.
Casta, fave, lucina: tuus iam regnat Apollo…
… Si qua manent sceleris vestigia nostri,
Irrita perpetua solvent forminide terras.
Ille deum vitam accipiet, divisque videbit
Permixtos heroas, et ipse videbitur illis;
Pacatumque reget patriis virtutibus orbem".
(La traducción es del autor de esta obra).

5 Citado por Monseñor Bougaud, *op.* y *t. cit.*, pág. 478.

> "Todo el Oriente resonaba con esta antigua y constante opinión, que estaba predestinado que, hacia ese tiempo, iba a verse salir de Judea los que habrían de regir el universo" (*In Vespas*).[6]

1289.- Una de las explicaciones que se dan para estos anuncios de la venida de Jesucristo por los paganos, es que se fue transmitiendo la promesa del Redentor formulada por Dios en el Paraíso, después del pecado original.

V°) *La resurrección de Jesucristo de entre los muertos como prueba de su divinidad*

1290.- La resurrección de Jesucristo, si bien para que se crea en ella, requiere de la ayuda de la gracia, que actúa en general, sobre la base de motivos de credibilidad —que son todos los otros de este capítulo, y los que ahora se expondrán—, es, a su vez, motivo de credibilidad de la divinidad de Jesucristo, y Él la presentó como señal de la verdad de lo que afirmaba sobre Sí y sobre su misión.

1291.- La resurrección de Jesucristo es un hecho histórico: los evangelios la narran y dejan constancia de los antecedentes que llevan a la conclusión de que realmente tuvo lugar:

1°) Jesús fue muerto mediante la crucifixión, lo que nadie discute, y comprobó o quiso dejar establecido uno de los soldados, atravesándole con su lanza el costado, tras lo cual, al instante salió sangre y agua, según refiere San Juan, que hace constar que él estaba presente, y fue de ello testigo (Juan, 19, 33-35), hecho que, por lo demás, estaba anunciado por los profetas, como hace ver el propio San Juan (Juan 19, 36-37);

2°) Jesús fue sepultado en un sepulcro de José de Arimatea en el cual nadie había sido aún sepultado (Juan, 38, 42; Mateo 27, 57-60; Marcos 15, 42-46; Lucas 23, 45-50);

3°) Jesús fue fajado con bandas y aromas (unas cien libras) (Juan, 19, 40);

4°) Jesús había anunciado a sus discípulos que resucitaría al tercer día, en varias ocasiones (Juan 2, 19-22; Lucas 18, 31-33; 9, 22, etc.);

5°) Los judíos hicieron mantener guardia en el sepulcro y sellar la piedra, acordándose de que Jesús había dicho que resucitaría al tercer día, para

---

6 Bougaud, *op.* y t. *cit.*, pág. 479.

evitar que los discípulos robaran su cuerpo a fin de poder decir que había resucitado (Mateo, 27, 62-66);

6°) Algunos de los guardias fueron a los príncipes de los sacerdotes a contarles que María Magdalena y "la otra María" habían ido, estando para amanecer el primer día de la semana (el tercer día contado desde el viernes de la crucifixión e incluido este), y que había sobrevenido un terremoto, después un ángel del Señor había bajado del cielo, había removido la piedra y se había sentado sobre ella, anunciando luego a las mujeres la resurrección, y mostrándoles el sepulcro vacío; y los príncipes de los sacerdotes y los ancianos tomaron bastante dinero y se lo dieron a los soldados, para que dijeran que habiéndose ellos quedado dormidos, habían ido los discípulos y habían robado el cuerpo de Jesús, prometiendo a los soldados que si la cosa llegaba a oídos del Procurador, ellos lo aplacarían para que aquellos no fueran perjudicados (Mateo, 28, 11-14). Refiere San Mateo que los soldados, accediendo a la petición de los príncipes de los sacerdotes, dieron la noticia como estos les habían pedido, y que tal noticia se había divulgado entre los judíos (Mateo, 28, 15).

7°) Los discípulos no creyeron en la resurrección cuando las mujeres que habían ido al sepulcro les contaron lo sucedido, y cómo Jesucristo se les había aparecido (Marcos 16, 10-13 y 14; Lucas, 24, 11-12 y 36-42; y 24, 22-26; Juan, 20, 24-29). Y fue necesario que el Señor se les apareciera a ellos para que creyeran. Por otra parte, los discípulos temían a las autoridades de los judíos: huyeron cuando fue prendido Jesús (Marcos, 14, 50) y después de la crucifixión se ocultaban (Juan, 20, 19). Resulta entonces inverosímil pensar que ellos hayan inventado la historia de la resurrección. Y resulta también inverosímil pensar que la resurrección no haya sido verdadera, si los mismos discípulos, más adelante, llegaron a soportar grandes castigos, y a dar la vida como mártires, para dar testimonio de la resurrección de Jesucristo.

1292.- La resurrección de Jesucristo estaba también anunciada en el Antiguo Testamento, por David, en el Salmo 16 (V 15), 10; Salmo 22, 21, 22; y por Isaías, c. 53, quien después de describir la muerte del Siervo de Dios: 8-9, dice que librada su alma de los tormentos "verá, y lo que verá colmará sus deseos" (53, 11).

1293.- Asentada la resurrección del Señor tenemos el mejor motivo para creer en su divinidad.

VIº) *El carácter de institución sobrehumana de la Iglesia de Cristo*

1294.- La Iglesia fue fundada por Jesucristo, como aparece en los evangelios. En efecto, cuando Simón Pedro le confesó como el Mesías —el ungido por Dios o Cristo—, Jesús le dijo: "Yo te digo a ti que tú eres Pedro, y sobre esta piedra edificaré yo mi Iglesia, y las puertas del infierno no prevalecerán contra ella. Yo te daré las llaves del reino de los cielos, y cuanto atares en la tierra será atado en los cielos y cuanto desatares en la tierra será desatado en los cielos" (Mateo 16, 18-19). Al partir de este mundo, en el momento de la ascensión, Jesucristo resumió la misión de la Iglesia y le prometió su asistencia: "... Id, pues; enseñad a todas las gentes, bautizándolas en el nombre del Padre y del Hijo y del Espíritu Santo, enseñándoles a observar cuanto yo os he mandado. Yo estaré con vosotros siempre hasta la consumación del mundo" (Mateo, 28, 19-20).

1295.- La Iglesia, fundada por un hombre condenado a muerte en cruz por la justicia en un pueblo humanamente modesto del Asia menor, con la colaboración más inmediata de unos pescadores, no habría podido partir, ni mucho menos subsistir veinte siglos dando frutos de santidad por todas partes; de abnegación, de caridad, de santa alegría, y llevando a dividir la Historia en "Antes de Cristo" y "Después de Cristo", si no fuera obra del mismo Dios.

A este respecto hay que recordar las palabras de Gamaliel, que cuando el Sumo Sacerdote y las autoridades de los judíos perseguían a Pedro y los Apóstoles por predicar en nombre de Jesucristo, les dijo: "... Dejad a estos hombres, dejadlos; porque si esto es consejo u obra de hombres, se disolverá; pero si viene de Dios, no podréis disolverlo, y quizá algún día os halléis con que habéis hecho la guerra a Dios" (Hechos de los Apóstoles, 5, 38-39).

1296.- Los defectos y pecados de los cristianos, y excepcionalmente de sacerdotes, no son argumento contra la divinidad de la Iglesia, porque sus miembros están en la etapa de prueba y tentación que precede a la gloria del cielo, y venciendo en la cual, se llega a la vida eterna. Antes al contrario, tales defectos permiten ver que la Iglesia es divina, porque ha subsistido a pesar de ellos.

Jesucristo anunció en la última cena, al mismo Pedro, que Satanás lo tentaría, con estas palabras: "Simón, Simón, Satanás os busca para ahecharos como trigo (pasar por harnero); pero yo he rogado por ti para que no desfallezca tu fe, y tú, una vez convertido, confirma a tus hermanos" (Lucas 22, 31-32).

1297.- La Iglesia, como institución que no puede sensatamente explicarse por causas meramente humanas, es, pues, ella misma, motivo de credibilidad de la divinidad de Jesucristo.

VII°) *Lo que Jesucristo afirmó de sí*

1298.- Finalmente, es motivo de credibilidad de la divinidad de Jesucristo, el solo hecho de que Él haya dicho de sí que era Dios, como lo declaró cuando su pedagogía le indicó que era oportuno decirlo (ver numerando 1268 precedente), porque los oyentes podían recibir una verdad tan extraordinaria. Si un hombre así, con la sabiduría y la santidad de vida que Él tenía, y que no era loco —lo que nunca nadie ha pretendido—, declaró ser Dios, no puede ser sino porque lo era.

Esta declaración de ser Él Dios, adoptó a veces otras formulaciones, en que tal verdad estaba implícita pero inequívocamente. Entre estas otras formulaciones, podemos citar las siguientes:

1°) "Yo soy la luz del mundo; el que me sigue no anda en tinieblas, sino que tendrá luz de vida" (Juan, 8, 12);
2°) "Yo soy la resurrección y la vida, el que cree en mí, aunque muera, vivirá; y todo el que vive y cree en mí no morirá para siempre" (Juan, 11, 25-26);
3°) "Yo soy el camino, la verdad y la vida; nadie viene al Padre sino por mí" (Juan, 14, 6);

Ningún hombre se ha atrevido nunca a decir nada semejante. El solo hecho de que Jesús lo haya dicho demuestra su divinidad.

Los mismos alguaciles del Templo, mandados por los príncipes de los sacerdotes y fariseos a prender a Jesús, no pudieron hacerlo por darse cuenta de que lo que decía Jesús no podía provenir de un hombre, y cuando quienes los habían mandado les preguntaron: "Por qué no le habéis traído?", dieron esta admirable y sorprendente respuesta: "Jamás hombre alguno habló como este" (Juan, 7, 46).

VIII°) *El cumplimiento de los anuncios o profecías de Jesucristo*

1299.- El propio Jesús hizo diversos anuncios, de los cuales varios se han cumplido ya. Entre ellos podemos señalar:

1°) Los de su pasión, muerte y resurrección al tercer día (Mateo, 16, 21-23; 17, 22-23; y 20, 17-19, etc.);

2°) El de la destrucción de Templo de Jerusalén, del que predijo que no quedaría piedra sobre piedra antes de que pasase la generación de entonces (Mateo 24, 1-2, y 34 y Lucas, 19, 41-44), lo que efectivamente tuvo lugar, cuando se apoderó Tito de Jerusalén en el año 70, y

3°) La traición de Judas (Juan, 6, 70-71; 13, 21-30).

d) *El Estado tiene el deber objetivo de reconocer a Jesucristo y a su Iglesia*

1300.- Si bien la fe necesaria para creer en la divinidad de Cristo y de su Iglesia no puede imponerse a nadie, porque es de su esencia ser un asentimiento libre, movido por la gracia de Dios, objetivamente, todos los hombres "están obligados a buscar la verdad, sobre todo en lo que se refiere a Dios y a su Iglesia, y una vez conocida, a abrazarla y practicarla", nos dice el Catecismo de Juan Pablo II (n° 2104), citando la Constitución *Dignitatis Humanae* del Concilio Vaticano II. "Este deber —añade— se desprende "de su misma naturaleza". No contradice el respeto sincero hacia las diversas religiones que no pocas veces reflejan, sin embargo, un destello de aquella verdad que ilumina a todos los hombres", ni a la exigencia de la caridad que empuja a los cristianos "a tratar con amor, prudencia y paciencia a los hombres que viven en el error o en la ignorancia de la fe" —cita, esta última, de la referida Constitución del Concilio Vaticano II— (Catecismo citado, n° 2104).

Y a continuación, el Catecismo establece el deber de la sociedad civil de reconocer a la Iglesia, rindiendo a Dios, como tal sociedad, un culto auténtico. Dice el Catecismo en su párrafo 2105:

> "El deber de rendir a Dios un culto auténtico corresponde al hombre individual y socialmente considerado. Esta es "la doctrina tradicional católica sobre el deber moral de los hombres y de las sociedades respecto a la religión verdadera y a la única Iglesia de Cristo" (cita la referida Constitución *Dignitatis Humanae* del Concilio Vaticano

II) (Catecismo oficial de la Iglesia aprobado por San Juan Pablo II, nº 2105).

A continuación añade el parágrafo 2105:

"Deber social de los cristianos es respetar y suscitar en cada hombre el amor de la verdad y del bien. Les exige dar a conocer el culto de la única verdadera religión, que subsiste en la Iglesia Católica y Apostólica. Los cristianos son llamados a ser la luz del mundo. La Iglesia manifiesta la realeza de Cristo sobre toda la creación y, en particular sobre las sociedades humanas". El Catecismo se refiere aquí a Cristo Rey, rey de la creación y de todas las sociedades humanas.

1301.- En conclusión, el Estado tiene la obligación objetiva de reconocer a la Iglesia de Cristo, y de rendir a Dios el culto que ella enseña. Por cierto, ni el Estado ni nadie puede desconocer la libertad de conciencia de los ciudadanos, y a este respecto, dice también el Catecismo:

> "En materia religiosa, ni se obligue a nadie a actuar contra su conciencia, ni se le impida que actúe conforme a ella, pública o privadamente, solo o asociado con otros. Este derecho se funda en la naturaleza misma de la persona humana, cuya dignidad le hace adherirse libremente a la verdad divina, que trasciende el orden temporal. Por eso, permanece aun en aquellos que no cumplen la obligación de buscar la verdad y adherirse a ella". (parágrafo 2106)

Pero, aclara el Catecismo, el derecho a la libertad religiosa se refiere a la libertad civil, a la "inmunidad de coacción exterior en los justos límites, en materia religiosa por parte del poder político"; y no es, por tanto, una permisión moral de adherirse al error (párrafo 2108). Además, advierte el parágrafo 2109, este derecho a la libertad religiosa no puede ser ilimitado, ni limitado solamente por un orden público concebido de manera positivista o naturalista. Los justos límites que le son inherentes —continúa el Catecismo— deben ser determinados para cada situación social por la prudencia política, según las exigencias del bien común.

1302.- El deber objetivo de reconocer a la Iglesia Católica que tiene la sociedad civil, implica, entre otras cosas, el de respetar los feriados religiosos, en orden a los actos de culto y al descanso, etc., y el de reconocer la regulación canónica del matrimonio de los bautizados, y las sentencias de los tribunales eclesiásticos a él relativas.

LECTURAS

CONCILIO VATICANO II

I°) "Se debe rechazar la funesta doctrina que pretende construir la sociedad prescindiendo en absoluto de la religión" (Constitución sobre la Iglesia, c. IV, n° 36).

II°) "El poder público debe... crear condiciones propicias para el fomento de la vida religiosa a fin de que... la propia sociedad disfrute de los bienes de la justicia y de la paz que provienen de la fidelidad de los hombres a Dios y a su santa voluntad" (Constitución sobre Libertad Religiosa, c. 6).

III°) "Como la libertad religiosa que los hombres exigen para el cumplimiento de su obligación de rendir culto a Dios se refiere a la inmunidad de coacción en la sociedad civil, deja íntegra la doctrina tradicional católica acerca del deber moral de los hombres y de las sociedades para con la verdadera religión y la única Iglesia de Cristo" (Constitución sobre Libertad Religiosa, n° 1).

BIBLIOGRAFÍA

Aristóteles, *Política*, traducción de Manuela García Valdés, Gredos, Madrid 1988.

Aristóteles, *Política*, versión de Aguilar, Obras de Aristóteles, Madrid, 1967, 2ª ed.

Balmes, Jaime, *El protestantismo comparado con el catolicismo en sus relaciones con la civilización europea, Obras Completas*, Vols. V-VIII, Barcelona, 1925.

Blackstone, William, *Commentaries on the Laws of England*, 1765, facsímil de la 1ª edición, Prensas de la Universidad de Chicago, Chicago y Londres, 1979.

Bougaud, Monseñor Obispo de Gaval, *El cristianismo y los tiempos presentes*, traducción de la 9ª edición francesa; 2ª ed., Barcelona. Herederos de Juan Gili, 1910.

Cicerón, *De los deberes*.

Conts Grau, José, *Historia de la Filosofía del Derecho*, 2ª ed., Editora Nacional, Madrid, 1968.

Corts Grau, José, *Curso de Derecho Natural*, 5ª ed., Editora Nacional, Madrid, 1974.

Cronología de Rousseau, por Armiño Mauro, en la edición de El Contrato Social de Biblioteca Edaf, Madrid, 2013.

Dante, "Monarchia", en *Obras Completas*, Biblioteca de Autores Cristianos, Madrid, 1965.

Del Vecchio, Giorgio, *Filosofía del Derecho*, 9ª ed. española, Bosch, Barcelona, 1974.

Diccionario Hispanoamericano.

Eyzaguirre, Jaime, "Ideario y Rutas de la Emancipación Chilena", Santiago, 1957.

Fagothey, Fr. Austin S.J., *Rigth and Reason*, Tan Books and Publishers, Inc., 2ª ed., St. Louis, 2000.

Galán y Gutiérrez, Eustaquio, *Ius Naturae*, Sucesores de Rivadeneyra, Madrid, 1961.

Grimberg, Carl, *Historia Universal*, t. 18, edición en español de Ercilla, Santiago, 1985.

Grocio, Hugo *De iure belli*, lib. I, c. I, § 14, nº 2.

Hayek, Friedrick A., *Derecho, Legislación y Libertad. Una nueva formulación de los principios liberales de la justicia y de la economía política*, versión española y reunión de las obras Law, legislation and liberty; The Mirage of the social justice; y The Political order of a free people, de Unión Editorial S.A., Madrid, 2006.

Heinecio, Juan Teófilo, *Elementos de Derecho de la Naturaleza y de Gentes*, ed. italiana con la nueva versión del sacerdote Silvestro Pisani, 2ª ed., vol. II, Nápoles, Stablimento all insegno dell' Ancone, 1840.

Herrero Llorente, Víctor José, *Diccionario de expresiones y frases latinas*, Gredos, 3ª ed. Madrid, 2ª reimpresión, 2010.

Hobbes, Thomas, *De Cive*, traducción española de Carlos Mellizo, Alianza Editorial, Madrid, 2016.

Hobbes, Thomas, *Elementos de Derecho Natural y Político*, Centro de Estudios Constitucionales, Madrid, 1979.

Ibáñez Langlois, José Miguel, *Doctrina Social de la Iglesia*, Ediciones Universidad Católica de Chile, 2ª ed., Santiago, 1988.

Ibáñez Santa María, Gozalo, *Persona y derecho en el pensamiento de Berdiaeff, Mounier y Maritain*, Ediciones Universidad Católica de Chile, Santiago, 1984.

Koninck, Charles de, *La Primauté du bien commun contre les personalistes*, Éditions de l'Université Laval, Montreal: Éditions Fides, 1943.

Leclercq, Jacques, *Leçons de Droit Naturel, II, L'État ou La Politique*, 3ª ed., Namur, Lovaina, 1948.

León XIII, Encíclica *Au milieu des solicitudes*.

León XIII, Encíclica *Diuturnum Illud*.

Lienhardt, Godfrey, *Antropología Social*, Fondo de Cultura Económica, traducción de Demetrio Aguilera, de la edición de la Oxford University Press, México, 1966.

Lira, Osvaldo, *El Orden Político*, Santiago de Chile, Editorial Covadonga, 1985.

Manser, Gallus María, O.P., *La Esencia del Tomismo*, Consejo Superior de Investigaciones Científicas, Instituto Luis Vives de Filosofía, 2ª ed., Madrid, 1953.

Mariana, Juan de, *De rege et regis institutione*, Toledo, Apud Petrum Rodericum Typo. Regium, t. I, 1599.

Maritain, Jacques, *El Hombre y el Estado*, versión de Editorial del Pacífico, Santiago, 1974.

Maritain, Jacques, *Persona y Bien Común*, Club de Lectores, Buenos Aires, 1968, traducción de Leandro Selma.

Millán Puelles, Antonio, *Persona Humana y Justicia Social*, Rialp, Madrid, 2ª ed., 1973.

Philippi Izquierdo, Julio, *La estructura social del pueblo yámana*, en Academia Chilena de Ciencias Sociales, Políticas y Morales del Instituto de Chile, Testimonio de la Sociedad Chilena en su Transición hacia un Nuevo Siglo, vol. II, Santiago, 2000.

Pío XI, *Encíclica Divini Redemptoris*, nºs 27 y 29, Doctrina Pontificia, Documentos Políticos, Biblioteca de Autores Cristianos, Madrid, 1958.

Pío XII, "Grazie", Radiomensaje de Navidad de S. S. Pío XII, de 1940.

Pío XII, "Comunidad Internacional y Tolerancia", discurso al 1er Congreso de los Juristas Católicos Italianos.

Pío XII, *Encíclica Mistici Corporis Christi*.

Pío XII, Radiomensaje de Navidad de 1941, Nell' Alba.

Platón, *Leyes*, traducción de José Manuel Pabón y Manuel Fernández Galiano, Centro de Estudios Constitucionales, Madrid, 1983.

Pufendorf, Samuel Von, *De Iure Naturae et Gentium*, L. VI, C. II, X.

Pufendorf, Samuel Von, *De la obligación del hombre y del ciudadano según la ley natural*, en dos libros, (Cambridge. De la Casa de John Hayer, Impresor para la celebrada Universidad, 1682, traducción de Lelia B.V. de Ortiz, Universidad Nacional de Córdoba. Dirección General de Publicaciones, 1980

Ramón, Chornet, Consuelo, *¿Violencia Necesaria? La Intervención Humanitaria en Derecho Internacional*, Editorial Trotta, Madrid, 1995

Recasens Siches, Luis, *Panorama del Pensamiento Jurídico en el siglo XX*, Editorial Porrúa, México, 1963.

Rhonheimer, Martín, *The Common Good of Constitutional Democracy*, The Catholic University of America Press, Washington D.C., 2013.

Rousseau, Juan Jacobo, *Discours Sur l' origine et les fondements de l' inégalité permi les hommes*. Sitio web http://www.uquac.uquebec. ca/zone30/ Classiques des sciences sociales/ index. Html.

Rousseau, Juan Jacobo, *Confesiones*, La Renaissance du Livre, París, t. II.

Rousseau, Juan Jacobo, *El Contrato Social*, edición en francés de Metalibri Digital Library.

Sagrada Biblia, versión de Nácar y Colunga, 8ª ed., Biblioteca de Autores Cristianos.

Sainz de Robles, Federico, nota preliminar a la edición de *El Criterio de Aguilar*, Colección Crisol, Madrid, 1957.

San Isidoro de Sevilla, *Etimologías*.

San Pablo, *Epístola a los Romanos*, 13, 1-2 (Versión de Nácar y Colunga, 8ª ed.)

San Pío X, *Encíclica Notre Charge Apostolique*.

Santo Tomás de Aquino, *Comentarios a la Política de Aristóteles*.

Santo Tomás de Aquino, *del Gobierno de los Príncipes*, traducción de don Alonso de Ordóñez das Seijas y Tobar, compuesta en 1624 y revisada por el Padre Ismael Quiles S.J., Editorial Losada, Buenos Aires, 1964.

Soto, Domingo de, *De iustitia et iure*.

Ugarte Vial, Jorge, "Democracia y Derecho Natural en Estados Unidos: el pensamiento de los padres fundadores", en *Estudios Públicos*, n° 119, 2010, Centro de Estudios Públicos, Santiago de Chile.

Urdanoz, Fr. Teófilo, O. P., *Introducción a la Relección Primera De Indis*, Obras de Francisco de Vitoria, Relecciones Teológicas, Biblioteca de Autores Cristianos, Madrid, 1960.

Urdánoz, Teófilo O.P. *Introducción a la Relección de Vitoria sobre la Potestad Civil*, en Francisco de Vitoria, Obras, Relecciones Teológicas, Biblioteca de Autores Cristianos, Madrid, 1960.

Urdánoz, Teófilo, *El bien común según Santo Tomás*, apéndice en Suma Teológica de Santo Tomás de Aquino, Biblioteca de Autores Cristianos, Madrid, 1956.

Urdánoz, Teófilo, *Introducción a la Relección de Vitoria sobre la Potestad Civil*, en obras de Francisco de Vitoria, Relecciones Teológicas. Biblioteca de Autores Cristianos, Madrid, 1960.

Vásquez de Mella, Juan, *Nostalgia de Vásquez de Mella*, Editorial Difusión Chilena, Santiago, 1942.

Virgilio, *Obras*; Publii Virgilii Maronis, Opera, París, Librairie Hachettte, 1878

Vitoria, Francisco de, *Comentarios a la Segunda Sección de la Segunda Parte de la Suma Teológica de Santo Tomás de Aquino.*

Vitoria, Francisco de, *Relecciones Teológicas*, versión española e introducciones de Teófilo Urdánoz O.P., Biblioteca de Autores Cristianos, Madrid, 1960.

*ÍNDICE DE NOTAS BIOGRÁFICAS**

* Los números que se indican corresponden al párrafo en que está la nota.

*ÍNDICE ANALÍTICO ALFABÉTICO DE MATERIAS**

* En este índice, los números corresponden a los párrafos y no a las páginas..

ÍNDICE ONOMÁSTICO*

* Este índice comprende los nombres que figuran en ambos tomos de la obra. Los números que se indican corresponden al párrafo en que figura cada nombre y no a la página.

Made in the USA
Monee, IL
18 October 2026

66035485R10125